근대의 사회적 상상

경제 · 공론장 · 인민 주권

근대의 사회적 상상

경제 · 공론장 · 인민 주권

찰스 테일러 지음

이상길 옮김

이음

근대의 사회적 상상

경제·공론장·인민 주권

초판발행 | 2010년 3월 5일
1판 4쇄 발행 | 2019년 11월 15일
1판 5쇄 제작일 | 2024년 5월 1일

지은이 | 찰스 테일러
옮긴이 | 이상길

발행인 | 주일우
북디자인 | 조혁준·김윤미

발행처 | 이음
등록일자 | 2005년 6월 27일
등록번호 | 제2005-000137호
주소 | 서울시 마포구 월드컵북로1길 52 운복빌딩 3층
전화 | (02) 3141 – 6126
팩스 | (02)6455-4207
전자우편 | editor@eumbooks.com
홈페이지 | www.eumbooks.com

인쇄·제본 | 삼성인쇄(주)

ISBN 978-89-93166-23-1 93300
값 28,000원

완다(Wanda)에게

애초부터 근대 사회과학의 첫 번째 문제는 근대성(modernity) 그 자체였다. 근대성이란 새로운 실천과 제도적 형식(과학, 기술, 산업생산, 도시화), 새로운 생활양식(개인주의, 세속화, 도구적 합리성), 그리고 새로운 형태의 불안들(소외, 무의미, 절박한 사회적 해체감)의 역사적으로 예기치 않은 아말감(amalgam)이라 할 수 있다.

이제 이 문제는 새로운 각도에서 제기될 필요가 있다. 이것은 단일한 현상인가? 아니면 우리는 '다원적 근대성'(multiple modernities)에 관해 말해야 하는? 이 [근대성의] 복수형은 다른 비서구권 문화들이 자기들 나름의 방식으로 근대화를 이루었으며, 만일 우리가 원래 서구의 경우만을 염두에 두고 고안된 일반 이론 속에서 그 문화들을 포착하고자 한다면 그것들을 제대로 이해하지 못하리라는 사실을 반영한다.

이 책은 우리가 근대성을 구성해온 자기 이해(self-understandings)를 더 명확하게 정의할 수만 있다면, 근대성에 관한 근원적인, 그리고 현재적인 쟁점들 모두를 좀 더 잘 파악할 수 있을 것이라는 가정을 탐색한다. 이러한 관점에서 볼 때 서구의 근대성은 어떤 유형의 사회적 상상(social imaginary)과 분리될 수 없는 것이다. 그리고 오늘날 다양한 근대성들 사이의 차이는 거기에 어떤 상이한 사회적 상상이 연루되었는가 하는 관점에서 이해될 필요가 있다.

이러한 접근은 근대성의 '제도'와 대립되는 '관념'에 초점을 맞추는 식의 접근과는 다르다. 사회적 상상은 어떤 관념들의 집합체가 아니다. 오히려 그것은 의미를 부여함으로써 한 사회의 실천들을 가능하게 만드는 그 무엇이다. 이 중요한 논점은 3장에서 더 자세히 다뤄질 것이다.

이 책의 목표는 소박한 것이다. 나는 서구 근대성의 출현에 버팀목이 되었던 사회적 상상의 형식들에 대한 평가를 스케치해보려 한다. 나는 서양사에 초점을 맞추었고, 따라서 오늘날 존재하는 다양한 대안적 근대성들 (alternative modernities)은 다루어지지 않은 채로 남았다. 하지만 나는 서구의 특수성에 대한 좀 더 면밀한 정의가 우리에게 동시대 근대화의 상이한 경로들 사이의 공통점을 더 명확하게 보여주는 데 도움이 되어줄 것이라고 기대하고 있다. 이 책을 쓰면서, 나는 베네딕트 앤더슨(Benedict Anderson)이 『상상의 공동체』(Imagined Communities)[1]에서 수행했던 선구적인 작업, 그리고 위르겐 하버마스(Jürgen Habermas)와 마이클 워너 (Michael Warner), 피에르 로장발롱(Pierre Rosanvallon) 등의 저작에 상당히 많이 의존했다. 그들에 대한 내 감사의 마음은 논의가 전개됨에 따라 자연히 드러날 것이다.

나의 기본적인 가정은 서구 근대성의 핵심이 사회의 도덕질서(moral order)에 대한 새로운 개념화라는 것이다. 처음에는 몇몇 영향력 있는 사상가들의 마음속에 있었던 하나의 아이디어였던 그것이 나중에는 더 넓은 층의 사회적 상상을 형성하게 되었고, 마침내 사회 전체로 확산되었다. 그리고 이제는 여러 가지 가운데 가능한 관념의 하나로 보기 어려울 정도로 우리에게는 너무도 자명한 것이 되었다. 우리의 사회적 상상 속에서,

이러한 도덕질서관의 변화는 서구 근대성을 본질적으로 특징짓는 모종의 사회적 형식들, 특히 시장경제(market economy)와 공론장(public sphere) 그리고 주권을 가진 인민(self-governing people)의 도래이기도 하다.

| 지은이 주 |

1 Benedict Anderson, *Imagined Communities* (London: Verso, 1991)[윤형숙 옮김, 『상상의 공동체: 민족주의의 기원과 전파에 대한 성찰』, 나남, 2002].

차례

일러두기

* 지은이 주(註)는 각 장의 미주(尾註)로 편집했으며, 옮긴이 주(註)는 해당 본문의 각주(脚註)로 편집했다.

* 옮긴이 주의 작성을 위해 각종 사전류와 관련논문, 저서 등을 폭넓게 참조했으나, 글의 특성상 출전을 별도로 달지는 않았다.

* 'modern', 'modernity'는 각각 '근대(적)', '근대성'으로 옮겼다. '모던', '모더니티' 혹은 '현대(적)', '현대성'과 같은 대안을 두고서 그렇게 옮긴 이유는 'modern'이 어떤 특징적인 제도·행위유형·태도의 총체뿐만 아니라 '17세기 이후 서구'에 대한 시대구분과 직접적으로 관련된 개념이며, 이는 역사학에서 일반적으로 '근대'로 통용되기 때문이다. '근대(적)', '근대성'이 가장 널리 쓰이는 역어라는 주관적인 판단 또한 작용했다. 'contemporary'는 '당대(의)'로 옮겼다.

명사형 'imaginary'는 '상상'(또는 아주 드물게 '상상계')이라고 옮겼다. 또 'imagination'은 '상상력', 'imagining'은 '상상작용'으로 옮겼다.

'agent'는 '행위자', 'agency'는 '행위자성' 또는 '행위주체성'이라고 옮겼다. 사실 'agent'와 'agency'는 사전적으로 거의 같은 뜻을 갖는다. 'agent'에 대행자·대리인·매개자·행위자·작인(作因)·동인(動因) 등의 의미가 있다면, 'agency'에는 그 외에도 기능, 작용, 행위, 매개 등 추상적인 의미가 덧붙는다. 'agent'는 구조와의 관련(대리, 매개) 속에서 이해되는 행위자인 동시에 구조를 변형시킬 수 있는 힘을 가진 행위자를 말한다. 'agency'는 주로 '행위자'나 '행위수행' 등으로 번역되어왔다. 여기서는 'agency'가 자유로운 행위자로서의 속성을 나타내기 위해 쓰이는 경우 '행위자성'으로 옮겼으며, 문맥에 따라서는 '행위주체성'으로 옮겼다. 그 직접적인 이유는 두 가지다. 먼저 'collective agency'라는 표현이 자주 나오는데, 이는 '인민'이나 '민족'의 동의어로 주어지기 때문이다. 이 경우 '행위자성'·'행위수행'·'작용'·'매개' 등의 역어는 부적절한 것으로 여겨졌다. 또한 'agent'가 개인 행위자를 가리키는 데 비해, 'collective agency'는 사람들의 추상적인 집합체가 어떤 활동이나 행위의 주체로서 상상되는 상황과 관련되며 이는 '객관화 내지 대상화'(objectification)와 대조되기 때문에 '행위주체성'이 낫다고 보았다.

10

제1장　　　　　근 대 의

도 덕 질 서

나는 도덕질서의 새로운 비전으로부터 출발하려 한다. 그것은 17세기에 떠올랐던 새로운 자연법 이론들* 안에서 가장 분명하게 진술되었다. 그 이론들은 상당 부분 여러 종교전쟁이 빚어낸 국내적, 국제적 무질서에 대한 반응이었다. 후고 그로티우스(Hugo Grotius)**와 존 로크(John Locke)***는 여기에서 우리 목적을 위해 가장 중요한 전거가 되는 이론가들이다.

그로티우스는 정치 사회의 기초를 이루는 규범적 질서를 그 구성원들

---

* 자연법(Natural Law) 이론: 실정법에 대비되는 개념으로, 신의 법칙이나 인간본성에 근원을 둔 보편적이면서 근원적인 규범의 성격을 띤다. 근대의 자연법 이론가들을 통해 자연법은 인간이성에 중점을 둔 개인적, 주관적 권리가 강조된 자연권으로 변모하였고, 근대 유럽 시민 혁명기의 이론적 토대가 되었다.

** 후고 그로티우스(Hugo Grotius, 1583~1645): 네덜란드의 정치사상가이자 법학자. 근대 국제법 확립에 기여한 인물로 평가받고 있다. 특히 그는 인간의 이기적 성향을 부정하고 인간은 기본적으로 사회생활을 지향하는 사회적 본성의 욕구가 있음을 강조했다.

*** 존 로크(John Locke, 1632~1704): 영국의 철학자이자 정치사상가. 인간은 자연상태에서 생명, 자유, 재산의 권리를 가지며 국가는 이를 보장하는 임무를 지닌다고 주장했다. 국가권력의 한계를 설정하고, 인민의 저항권을 인정하는 그의 정치사상은 영국의 명예혁명, 프랑스 혁명, 미국의 독립혁명 등에 큰 영향을 미쳤다.

이 지닌 본성으로부터 추출해낸다. 그에 따르면, 인간은 합리적이고 사교적인 행위자로서 자신들의 상호이익을 위해 평화적으로 협력할 수 있는 존재이다.

17세기에 출현한 이러한 생각은 우리의 정치적 사고와 우리가 사회를 상상하는 방식에 대한 지배의 폭을 점점 더 넓혀왔다. 그것은 정치 사회가 무엇인지, 즉 그것이 왜 있으며 어떻게 생겨났는지에 대한 이론으로서, 그로티우스의 논의에서 출발하였다. 하지만 그 어떤 내용이라도, 이러한 종류의 이론은 도덕질서에 대한 특정한 관념을 제공하지 않을 수 없다. 우리가 사회 안에서 어떻게 더불어 살아가야 하는지에 관해 말해주는 관념 말이다.

사회상이란 바로 희망하는 목표를 갖고 기존의 어떤 도덕적 배경에 의지하면서 함께 모여 하나의 정치적 실체를 이룬 개인들의 상을 말한다. 여기에서의 도덕적 배경은 일종의 자연권(natural rights)이다. 이 사람들은 이미 서로에 대해 모종의 도덕적 의무를 가지는 것이다. 또 여기서 추구되는 목표는 일종의 공동이익이며, 그 중에서도 가장 중요한 이익은 안전이다.

도덕질서의 근간을 이루는 관념은 정치적 결속 이전에, 그 외부에서라도 우리가 한 개인으로서 서로에 대해 지니는 권리와 의무를 강조한다. 정치적 의무는 이처럼 더 근본적인 도덕적 유대의 확장이나 적용으로서 여겨진다. 정치적 권위(political authority)는 그것이 개인들에 의해 합의되었다는(원초적 계약[original contract]) 이유에서만 그 자체로 정당하며, 이 계약은 약속은 지켜져야 한다는 선행원리의 힘에 따라 구속력 있는 의무들을 창출해낸다.

나중에 이 계약 이론에서 무엇이 나왔는지, 또 같은 세기의 더 나중에 로크가 그것으로 무엇을 만들었는지를 생각해본다면, 그로티우스가 그로부터 끌어낸 도덕적, 정치적 결론들은 너무나 온건해서 놀라울 정도다. 정치적 정당성(political legitimity)을 합의 위에 정초하려는 시도는 기존 정부들의 자격을 문제삼기 위한 것이 아니다. 그 작업의 목적은 오히려 신념에 찬 열성분자들이 너무 무책임하게 몰아댔던 반란의 이유들을 아래로부터 쳐내는 데 있었다. 기존의 합법적 체제들이 궁극적으로는 그러한 종류의 합의에 기초해 있다는 가정 아래 말이다. 그로티우스는 또한 신념에 눈이 먼 트집 잡기를 넘어서, 전쟁과 평화의 기본 규칙들에 견고한 토대를 제공하고자 했다. 잔혹한 종교전쟁이 계속해서 벌어졌던 17세기 초반이라는 맥락 속에서 이러한 강조는 전적으로 이해할 만한 것이었다.

혁명을 정당화하고 제한 정부(limited government)를 주장하기 위한 근거로 이 이론을 이용했던 최초의 인물이 바로 로크이다. 권리는 이제 권력에 맞서 진지하게 변호되었다. 동의(consent)는 단순히 정부를 세우는 데 응하는 원초적인 합의가 아니라, 세금 납부에 응하거나 거부할, 지속적으로 문제가 되는 권리가 되었다.

그 이후 3세기의 시간이 흐르는 동안, 즉 로크로부터 우리 시대에 이르기까지, 계약이라는 언어가 점차 쇠잔해 소수의 이론가들에 의해서만 쓰이게 되었음에도 불구하고, 사회가 개인들의 (상호)이익과 그들의 권리 수호를 위해 존재한다는 기본 아이디어는 점점 더 큰 중요성을 띠게 되었다. 즉 그것은 사회에 관한 오래된 이론들과 새롭게 등장한 경쟁 이론들을 정치적 삶과 담론의 주변으로 밀어내면서 지배적 관점이 되었고, 정치적 삶과 관련해 더 원대한 요구들을 발생시켰던 것이다. 원초적 동의에 대한 요구는 납세에 대한 동의라는 로크의 중간 단계를 거쳐 인민 주권이라는 원칙(doctrine)으로 성숙했으며, 우리는 지금 그 원칙 아래에서 살고 있다. 자연권 이론은 우리 시대 정부의 중요한 특징이 된 헌법 내 권리 헌장들(entrenched charters)을 통해 마침내 사법과 행정행위에 대한 조밀한 제약의 그물을 낳게 되었다. 인간이 우월성과 열등성의 모든 관계 바깥에 있는 '자연 상태'*라는 출발점에 내재되어 있는 평등의 가정[1]은 더욱 더 많은 맥락 속에 적용되어왔으며, 대개의 헌법 내 권리 헌장들이 필수적으로 포함하는 동등한 대우 또는 비차별의 다양한 법규정들로 귀결되었다.

달리 이야기하면, 지난 4세기 동안, 이러한 사회관에 내재한 도덕질서의 아이디어는 그 범위에 있어서(더 많은 이들이 그에 따라 살아가며, 그 아이디어는 지배적인 것이 되었다), 그리고 그 강도에 있어서(그 아이디어가 자아내는 요구는 더 무거워졌으며, 분화되었다) 이중적인 확장을 경험해왔다. 말하자면, 그 아이디어는 일련의 '개정안'(redactions)을 거쳤으며, 오늘날에 이르기까지 각각의 개정안은 그 이전에 비해 더 풍부하면서도 많은 주문을 담은 것이 되었다.

이러한 이중적 확장은 여러 가지 방식으로 추적될 수 있다. 자연법의 근대적 담론은 상대적으로 전문화된 영역(niche) 속에서 시작되었다. 그것은 철학자들과 법 이론가들에게 정부의 정당성, 전쟁과 평화의 규칙, 근대 국제법의 초창기 원칙들에 관해 말할 수 있는 언어를 제공했다. 하지만 그 후에 그것은 다른 영역들의 담론에 침투해 그것을 변형시켰다. 가령 새로운 도덕질서관은 신의 섭리 및 인간과 우주에 구축된 신의 질서를 묘사하고 설명하는 방식을 굴절시키고 재정식화했는데, 이는 내가 지금 하고 있는 이야기에서 핵심적인 역할을 수행한다.

오늘날 우리의 삶에 훨씬 더 중요한 것은 이러한 질서관이 사회와 정치 체제에 대한 우리의 개념들을 재편하면서, 거기서 점점 더 중심적인 자리를 차지한다는 점이다. 이러한 확장과정에서, 그것은 소수의 전문가들의

---

* 자연상태: 로크가 말하는 '자연 상태'란 지상에 어떤 정부나 정치 사회도 존재하지 않았던 자연적인 무정부상태를 가리킨다.

담론을 활성화하는 이론으로부터 우리의 사회적 상상에 필수적인 부분으로 변화해왔다. 이때, 사회적 상상이란 우리의 동시대인들이 스스로 살면서 유지하는 사회를 상상하는 방식을 가리킨다.

하나의 영역에서 많은 영역으로, 그리고 이론에서 사회적 상상으로 퍼져가면서, 이제 제 3의 축을 따라서도 확장이 이루어졌다. 제3의 축이란 이 도덕질서가 우리에게 어떤 요구를 하는가와 관련된다.

도덕질서를 개념화한다고 해서 사람들이 항상 실제로 그것이 온전히 성취되리라고 기대하는 것은 아니다. 이는 아예 아무런 기대도 없다는 뜻은 아니다. 만일 그렇다면, 그런 것은 내가 지금 쓰고 있는 의미에서의 도덕질서에 대한 아이디어일 수 없을 것이다. 그것은 열심히 추구해야 할 그 무엇이자, 몇몇 이들에 의해 실현되는 것으로 여겨진다. 하지만 적어도 현재의 조건 아래서는 단지 소수만이 그것을 성공적으로 뒤따를 수 있다는 것이 일반적인 의미일 것이다.

따라서 신약의 복음서는 신을 위한, 서로를 위한, 그리고 인류를 위한 사랑으로 고취된 성자들의 공동체라는 아이디어를 만들어낸다. 그 구성원들에게는 서로에 대한 경쟁심이나 적개심, 사리사욕, 지배의 야심 등이 없다. 중세에는 일반적으로 소수의 성자들만이 이를 진정으로 열망하는데, 이들은 [정작 현실에서는] 이러한 이상과는 거리가 먼 세상에서 살아가야만 한다고 믿었다. 하지만 때가 차면, 그러한 이상이야말로 최후의 섭리 안에서 신 주위에 모인 자들의 질서가 될 것이다. 우리는 바로 이 점에서 그것이 단순히 불필요한 이상이 아닌 도덕질서라고 말할 수 있다. 그것이 완전한 실현으로 가는 과정 속에 있다고 여겨지기 때문이다. 그 시간이 아직 오지 않았을 뿐이다.

다른 맥락에서 이와 다소 거리가 있기는 하지만 비슷한 사례로 유토피아에 대한 몇몇 근대적 정의를 들 수 있을 것이다. 이것들은 궁극에는 어떤 충족 가능한 조건들 아래서 실현되겠지만, 그렇게 되기까지 한동안은 방향설정의 기준으로 기능할 수 있는 세상 이치를 우리에게 가리켜 보여 준다.

지금 여기에서 거의 완전한 실현을 요구하는 질서들은 이와는 좀 다르다. 그것은 두 가지 방식으로 이해될 수 있다. 한편으로, 질서는 분명히 실현되어야 하는 것으로 주장된다. 그것은 정상적인 세상 이치의 기초가 된다. 정치질서에 대한 중세적 개념이 종종 이러한 유형에 속했다. '왕의 두 몸'(king's two bodies)*에 대한 인식 위에서, 왕의 개인적이며 생물학적인 존재는 죽지 않는 왕실의 '몸'(royal 'body')을 구현하고 실증하는 것이다. 예컨대 어떤 끔찍한 왕위찬탈이 일어난 경우에도 극히 특별하고 놀라울 만큼 무질서한 상황이 벌어지지는 않았던 데에서 그 질서는 완전히 실현된다. 존재의 대사슬(Chain of Being)**이 우리를 둘러싼 우주와의 관계 속에서 그것을 이해하는 열쇠로서 실천적 규정들을 제공하는 것과는 달리, 이러한 질서는 현실에 대한 어떤 실천적 규정도 제공하지 않는다. 그러한 질서는 다만 현실적인 것을 이해하기 위한 해석적 단서를 제공할 뿐이다.

하지만 도덕질서가 현실과 또 다른 관계, 아직 실현되지는 않았지만 완

---

* 왕의 두 몸(Kings two bodies): 이는 에른스트 칸토로비츠(Ernst Kantorowicz)의 1957년 저작 『왕의 두 몸: 중세의 정치신학 연구』(*The King's Two Bodies: A Study in Medieval Political Theology*)에서 상세히 다루어졌다. 칸토로비츠에 의하면, 서양 중세 때부터 왕은 늙고 병들고 죽는 '자연적 몸'과 더불어 영원불변의 '신성한 몸'을 갖는다고 인식되었다. 즉 그는 성대한 의식들과 행차, 담론을 동원하는 일종의 '몸 정치학' 속에서 신의 뜻과 결합된 '정치적 몸'을 갖게 되었던 것이다. 이 '정치적 몸'은 왕 개인의 생로병사와 무관하게 왕정 체제의 지속성을 보장한다. 칸토로비츠는 중세에 기원을 둔 이러한 '두 개의 몸'이 초기 근대유럽의 절대왕정에까지 이어지는 역사적 과정을 추적한다.
** 존재의 대사슬(Chain of Being): 플라톤, 아리스토텔레스에 뒤이어 신플라톤학파 철학자인 플로티노스가 체계화하기에 이른 우주관이다. 플로티노스는 이원론을 배격하고 여러 단계와 온갖 종류를 포함하는 거대한 하나의 존재 계열이 있다고 보았는데, 이러한 사유는 중세 시대에 신, 인간 그리고 자연이 엄격한 위계질서를 이루고 있다는 우주관으로 전유되었다.

전히 실행되어야 한다고 요구하는 관계를 맺고 있을 수도 있다. 그것은 피할 수 없는 실천적 규정(imperative prescription)을 제시한다.

이러한 구분들을 요약해보면, 도덕질서 혹은 정치질서라는 관념은 성자들의 공동체처럼 궁극의 것일 수도 있고 바로 지금 여기를 위한 것일 수도 있으며, 후자의 경우에는 해석적인 것일 수도 처방적인 것일 수도 있다고 하겠다.

중세의 기독교적 이상과 대비되어, 근대적 질서 관념은 애초부터 지금 여기를 위한 것으로 비춰졌다. 하지만 그것이 더 해석적인 쪽에서부터 더 처방적인 쪽으로 나 있는 경로를 따라 이동해왔음은 분명하다. 그로티우스와 푸펜도르프(Pufendorf)* 같은 사상가들에 의해 본연의 전문적 영역 내에서 이용될 때, 그것은 확립된 정부들의 기초가 어떤 것이어야 하는지 해석하는 역할을 했다. 실상 그 정부들은 창건 계약(founding contract)이라는 전제를 근거로 정당성을 의심받지 않았던 것이다. 자연법 이론은 애당초 정당화의 해석학이었다.

하지만 정치이론은 이미 로크와 더불어 혁명을 정당화할 수 있었으며, 실제로 어떤 상황에서는 혁명을 도덕적으로 피할 수 없는 것으로 만들고 말았다. 동시에 인간의 도덕적 상태의 또 다른 일반적 특성들은 소유권과 관련된 정당성의 해석학을 제공하기도 한다. 이 계보를 좀 더 따라 내려오면 이러한 질서 관념은 훨씬 더 혁명적인 변화를 요구하는 개정안들 속으로 섞여 들어가게 된다. 그 변화에는, 예컨대 루소(Rousseau)**와 마르크

---

* 사무엘 푸펜도르프(Samuel Pufendorf, 1632~1694): 독일의 법학자. 이기심과 사교성이 조화 가능함을 주장함으로써, 홉스와 그로티우스의 입장을 종합한 근대적 자연법학과 국제법 체계 발전에 기여했다. 『자연법과 국제법』(1672)에서 도덕과 구별되는 합리적 자연법을 제창하고, 국제사회가 자연상태에 있으며 국제법은 곧 자연법이라 하였다.
** 장-자크 루소(Jean-Jacques Rousseau, 1712~1778): 프랑스의 계몽주의 철학자이자 소설가. 그의 자유민권 사상은 프랑스 혁명지도자들의 정신적 지주가 되었다. 『인간불평등기원

스(Marx)의 이론과 같은 영향력 있는 이론들 속에도 반영되었듯이, 소유관계까지가 포함된다.

따라서 하나의 전문적 영역으로부터 여러 영역으로, 이론으로부터 사회적 상상으로 이동하는 동안, 근대적인 질서 관념은 제3의 축 위를 여행하였다. 그리고 거기서 태어난 담론들은 해석적인 것에서 처방적인 것으로 이르는 경로를 따라 [스펙트럼과도 같이] 늘어서게 되었던 것이다. 이 과정에서 질서관념은 광범위한 윤리적 개념들과 얽히게 되었다. 하지만 그 결과 생겨난 다양한 아말감들은 근대의 자연법 이론으로부터 내려오는 정치 및 도덕질서의 이해를 본질적으로 활용한다는 점에서 공통성을 지닌다.

이렇듯 세 개의 축을 따라 이루어지는 확장은 확실히 주목할 만한 것이다. 여기에는 설명이 요구된다. 하지만 불행히도 근대의 사회적 상상이 부상하게 된 과정에 대한 인과적 설명은 상대적으로 초점을 좁히려는 내 의도를 벗어나는 일이다. 나는 다만 그것이 취했던 형태들을 조금 명확히 보여주는 데에서 만족하려 한다. 그래도 이러한 작업은, 그 성격상, 인과적 설명의 쟁점들의 초점을 더 정확히 하는 데 도움이 될 것이다. 나는 나중에 그 쟁점들에 관한 몇 가지 두서없는 생각을 덧붙일 작정이다. 현재로서는 이 근대적 질서의 특이한 양상들을 좀 더 탐색해보고자 한다.

앞에서 이야기했던 내용에서 명확히 해야 할 요점은 내가 사용하는 도덕질서라는 개념이 우리의 상호관계와/나 정치생활을 지배해 마땅하다고 제안되었던 규범들의 예정범위를 넘어선다는 것이다. 도덕질서에 대

론』(*Discours sur l'origine de l'inégalité parmi les hommes*, 1755), 『사회계약론』(*Du Contrat social*, 1762), 『에밀』(*Émile*, 1762) 등의 저서로 유명하다.

한 이해는 어떤 규범들을 인식하고 수용하게 할 뿐만 아니라, 그것들을 옳으면서도 (지정된 수준까지는) 실현 가능한 것으로 만드는 세계, 신적 행위, 인간생활의 특색 역시 규명할 수 있게끔 한다. 달리 말해, 질서의 이미지는 무엇이 옳은지를 정의할 뿐만 아니라, 옳은 것을 열망하고 (적어도 부분적으로나마) 그 실현을 희망하는 것이 의미 있다고 승인해주는 맥락 또한 정의하는 것이다.

그로티우스와 로크의 자연법 이론들 안에 각인된 것으로부터 일련의 변형을 거치며 이어져 내려온 도덕질서의 이미지들은 전근대기의 사회적 상상 속에 담긴 이미지들과는 약간 다르다. 여기서 전근대적 도덕질서의 중요한 두 가지 유형을 따로 언급하는 것은 충분히 가치가 있다. 그것들은 정치적 근대성으로 이행하는 동안 점진적으로 그로티우스-로크의 노선에 의해 대체되거나 자리 이동하거나 주변화되었기 때문이다. 하나의 유형은 어떤 인민의 법(Law of a people)이라는 관념에 기초해 있다. 이 법은 어떤 인민을 아주 먼 옛날부터 통치해왔던 것이며, 어떤 의미로는 이 인민을 하나의 인민으로 규정해주는 것이기도 하다. 다양한 역사적 시기에 유럽으로 쏟아져 들어왔던 인도유럽 종족들 사이에는 이러한 관념이 널리 퍼져 있었던 것 같다. 그것이 초기 헌정(Ancient Constitution)*의 모습을 띠

---

* 초기 헌정(ancient constitution): 영국은 대륙의 다른 국가들보다 한 세기 앞선 17세기에 시민혁명을 치렀다. 1640년대의 내전으로부터 1688년이 명예혁명에 이르기까지 반세기에 걸친 변화는 정치활동과 논의의 중심지를 궁정에서 의회로 완전히 옮겨놓았다. 초기 헌정이란 이 의회 주도의 혁명을 정당화하기 위해 17세기의 진보적인 법률가들과 의회주의자들로부터 나온 개념이다. 그에 따르면, 이미 통일국가가 된 무렵부터 영국에는 선현의 지혜를 모아 이루어진 관습법과 잘 정비된 헌정이 있었다. 이러한 초기 헌정은 왕권 이전에 존재하며, 왕권으로부터 규제받지 않는다. 그런데 그 존재가 국왕의 전횡에 의해 파괴될 위기에 놓이자 결국 그 책임자를 몰아내고 헌정을 지키고자 한 데 영국 혁명의 본령이 있다는 것이다. 이와 같은 맥락에서 혁명(revolution)이라는 용어 자체가 완전히 새로운 위치로의 변화가 아니라, 초기의 어떤 위치로의 회귀 내지 순환을 의미한다는 점을 상기할 수 있다. 초기 헌정이란 혁명을 합리화하는 일종의 신화적 과거인 셈이다.

었던 17세기의 영국에서는 매우 강력했으며, 왕에 맞서는 반역이라는 발상을 정당화시켜주는 핵심 관념의 하나가 되었다.[2]

그와 같은 관념들이 취지에 있어서 언제나 보수적이지만은 않았다는 점을 보여주기에는 이러한 사례로도 충분할 것이다. 하지만 우리는 이 범주에 규범적인 질서에 대한 감각 또한 포함시켜야 한다. 그러한 감각은 농민 공동체들 속에서 몇 세대에 걸쳐 이어졌던 것으로 보이며, 사람들은 그로부터 '도덕경제'(moral economy)에 대한 그림을 발전시켰다. 농민 공동체들은 이에 근거해 영주들이 자신들에게 지웠던 짐이나 국가와 교회가 그들에게 자행한 착취를 비판할 수 있었다.[3] 여기서도, 처음에는 받아들일 만했던 부담의 배분이 강탈로 변화했지만, 이는 원래대로 되돌려져야 한다는 발상이 되풀이되었던 듯하다.

또 다른 유형의 도덕질서는 우주에서의 위계서열을 표현하며 그에 상응하는, 사회 내의 위계서열이라는 개념을 둘러싸고 조직된다. 이는 플라톤과 아리스토텔레스의 형상(Form) 개념*에서 유래한 언어로 이론화되

---

* 플라톤과 아리스토텔레스의 형상(Form) 개념: 여기서의 형상(form) 개념은 플라톤의 이데아(idea), 아리스토텔레스의 에이도스(eidos) 개념을 영역한 것이다. 플라톤에 따르면, 이데아는 순수하게 이성적인 사고에 의해 인식되고 시간과 공간을 초월한 영원의 비물질적인 실재로서, 수학적 대상이라든가 선이나 미 등의 가치 자체가 그에 속한다. 우리가 감각하는 현실 세계의 모든 사물은 이데아를 원형으로 하는 불완전한 모사에 지나지 않는다. 플라톤이 이처럼 이데아 세계와 현존의 사물 세계를 이원론적으로 인식하면서 이데아만을 실체로 보았다면, 아리스토텔레스는 이데아 혹은 에이도스가 질료와 더불어 실체를 구성한다고 보았다. 즉 실체는 존재하는 것이며, 존재하는 것은 형상과 질료의 상호성에 의해 결정된다는 것이다. 아리스토텔레스가 보기에, 형상은 활동적이고 질료는 수동적이다. 형상을 취함으로써 질료는 현실적인 것이 된다. 하나의 구체적인 사물을 예로 들자면, 금반지에서 반지모양은 형상이고 금은 질료인 것이다. 형상은 그 사물이 완전한 성격을 획득할 수 있게 해주는 최종적인 규정을 의미하고 질료는 이 최종적인 규정을 아직 받아들이지 않은 무엇인 셈이다. 결국 아리스토텔레스에게 세계는 가능태인 질료가 목적인 형상을 실현하여 현실태가 되어가는 발전과정이다. 이처럼 플라톤과 아리스토텔레스의 형상 개념은 내적으로 상당한 차이를 보인다. 하지만 테일러는 이러한 차이를 강조하기보다는 두 사람 사유의 공통성, 그리고 중세 기

있는데, 그 근간이 되는 개념은 감응설들(theories of correspondence)*에서도 뚜렷이 모습을 드러냈다. 예컨대 왕과 왕국의 관계는, 사자와 뭇 짐승들, 독수리와 모든 새 사이의 관계와 같다는 것이다. 인간 영역에서의 혼란은 자연 안에서 공명하는데, 이는 바로 사물의 질서 자체가 위협받기 때문이라는 생각이 이러한 관점에서 출현한다. 던컨 왕(Duncan)이 살해당하던 밤**은 "공중에서 들리는 비탄의 소리, 죽음의 기묘한 비명들"에 의해 어지러웠고, 벌써 동틀 시간이 되었는데도 날은 계속 어두웠다. 그 앞 주의 화요일에는 쥐 잡는 올빼미가 매를 죽였고, 밤이 되자 던컨 왕의 말들이 "그 전처럼 순종하기는커녕, 인간과 전쟁이라도 벌일 듯" 사납게 날뛰었다.[4]

두 경우 모두, 특히 두 번째 경우에, 질서는 세상사의 흐름에 의해 부과된다. 그것을 위반하면 단순한 인간의 영역을 넘어서는 수준의 반격을 맛보게 되는 것이다. 도덕질서에 대한 전근대적 관념에서는 이것이 무척이나 일반적인 특징인 듯 보인다. 아낙시만드로스(Anaximandrer)***는 자

독교 신학과 세계관에까지 미친 그 영향에 주목하는 것으로 여겨진다. 이때, 핵심은 관념으로서의 형상이 모든 것을 가능하게 하고 알게 하는 하나의 모범 내지 본(paradeigma)이며, 현실 세계 속에 있는 만물을 규정짓는 범주라는 점이다.

* 감응설들: 문맥상, 천상계와 지상계, 정신세계와 물질세계, 또는 세상 만물 간에 교감과 유사성, 그리고 상응관계가 성립한다고 보는 이론들을 가리킨다.

** 던컨 왕(Duncan)이 살해당하던 밤: 이는 셰익스피어의 작품 『맥베스』(Macbeth)에 나오는 이야기이다. 던컨 왕에게는 맥베스와 벤쿠오, 두 장군이 있었는데, 두 장군은 집으로 향하던 중 마녀들을 만난다. 맥베스는 마녀들로부터 장차 스코틀랜드의 왕이 될 것이라는 예언을 듣게 되고, 이후 부인과 공모하여 자신의 성에서 잠을 청하던 국왕 던컨을 살해하고는 왕위에 오른다.

*** 아낙시만드로스(Anaximander 또는 Anaximandros, BC 610~BC 546): 고대 그리스 밀레토스 학파의 철학자. 흙, 공기, 불, 물 등은 궁극적인 실체가 여러 가지로 변화해가는 가운데 나타나는 모습들이라고 주장하였으며, 세계의 상태는 고정되어 있거나 종국적인 것이 아니라는 우주론을 역설했다.

연의 흐름으로부터 이탈하는 것을 불의에 견주고, 무엇이든 자연을 거스르는 것은 종국에 "그 대가를 치르고 시간의 평가에 따라 그 불의에 대한 응분의 보복을 당하게 되리라"[5]고 말했다. 헤라클레이토스(Heraclitus)*는 태양이 예정된 경로에서 벗어난다면 복수의 여신들이 그것을 끌어다가 제자리에 돌려놓을 것이라며 아낙시만드로스와 비슷한 언어로 사물의 질서를 논하고 있다.[6] 변화하는 세계에서 플라톤적인 형상들은 사물과 사건을 모양잡는 데에 능동성을 발휘한다.

여기서 분명한 것은 도덕질서가 단순한 일련의 규범들 이상이라는 것이다. 그것은 또한 그러한 규범들을 실현 가능하게 만드는 세계의 특징들을 규명하면서, 우리가 '존재론적'(ontic)이라고 부를 수 있을 만한 구성요소를 포함한다. 그로티우스나 로크로부터 내려오는 근대적 질서는, 던컨 왕의 죽음에 대한 우주의 반응이나 헤시오도스(Hesiod)**, 플라톤이 상기시키는 의미에서는 자기실현적이지 않은 것이 된다. 그러므로 사람들은 우리의 근대적 도덕질서관에는 존재론적 구성요소가 결여되어 있다고 생각하고 싶을 것이다. 그런데 이는 실수다. 분명히 중요한 차이는 있다. 하지만 그 차이는 이러한 구성요소가 신이나 우주가 아니라 우리 인간들과 관련된 특징이라는 것이지, 흔히 추정하듯 존재론적 차원이 완전히 빠져 있다는 것이 아니다.

질서에 대한 근대적 이해의 특수성은 자연법 이론의 이상화된 관념들

---

* 헤라클레이토스(Heraclitus 또는 Herakleitos, BC 530~BC 470): 고대 그리스의 철학자. '만물은 유전한다'라는 말을 통해 현실은 정체되는 것이 아니라 계속되는 과정에 놓여 있다는 주장을 펼쳤다.
** 헤시오도스(Hesiod 또는 Hēsiodos, 기원전 8세기 경 활동한 것으로 추정): 고대 그리스의 서사시인. 인류 역사상 영웅시대가 있었다고 처음으로 기술했다. 『신통기(神統記)』(Theogonia), 『노동과 나날』(Erga kai Hēmerai) 등 종교적이며 교훈적인 성격의 서사시를 썼다.

(idealizations)이 이전에 지배적이었던 것들과 얼마나 다른지에 초점을 맞추어보면 명확하게 드러난다. 전근대의 사회적 상상, 그 가운데 특히 위계서열적인 유형은 다양한 위계서열적 상보성(hierarchical complementarity)의 양식에 의해 구조화되어 있었다. 사회는 상이한 계층들(orders)로 이루어져 있는 것으로 여겨졌다. 이 계층들은 서로를 필요로 하며 보완해주지만, 그렇다고 해서 그 계층들의 관계가 진정으로 상호적이었다는 의미는 아니다. 그것들은 동등한 수준에 놓여 있지 않기 때문이다. 오히려 그 계층들은 하나의 위계서열을 이루는데, 그 안에서 어떤 것은 다른 것보다 더 큰 존엄성과 가치를 갖는다. 흔히 이야기되는 예는, 세 계층의 사회라는, 중세의 이상화된 관념이다. 세 계층이란 **성직자**(*oratores*), **전사**(*bellatores*), **농부**(*laboratores*), 즉 기도하는 자, 싸우는 자, 일하는 자를 말한다.* 각각의 계층이 다른 계층을 필요로 한다는 것은 분명했지만, 여기서 [위계서열의] 아래로 내려갈수록 그 존엄성의 등급이 낮아진다는 것 또한 틀림없었다. 어떤 기능은 본질상 다른 기능에 비해 더 고귀했던 것이다.

이런 이상에서 중요한 것은 기능들의 배분이 그 자체로 규범적 질서의 핵심부분이라는 점이다. 그것은 세상사가 좀 다르게 돌아갈 수도 있는 가능성(예컨대 모든 사람들이 조금씩 기도와 전투와 노동을 하는 세계)을 열어놓은 채로, 여러 계층들이 교환관계를 맺는다는 가정 아래 각각의 계층이 다른 계층을 위해 고유한 기능을 수행해야만 했다는 말이 아니다. 결코 그렇지 않다. 위계서열적 분화는 그 자체가 세상사의 고유한 질서인 양 여겨졌

---

* 중세의 세 층위: 이에 관한 논의는 중세사학자 조르주 뒤비(George Duby)의 저작 『세 층위 혹은 봉건제의 상상』(*Trois ordres, ou l'imaginaire du féodalisme*, 1978)에 자세하게 나와 있다. 뒤비에 따르면, 프랑스에서는 사제-전사-농민의 세 기능 체제의 형식을 띤 완전한 사회질서에 대한 어떤 정신적 표상이 천년 가량 면면히 이어져 내려왔다.

다. 그것은 자연의 일부이거나 사회의 형상이었다. 플라톤적 또는 신플라톤적 전통에서, 이러한 형상은 이미 세계의 원리로 잘 작동하고 있었으며 그로부터 벗어나려는 어떠한 시도도 현실에서 용납되지 않았다. 사회는 그러한 시도 속에서 본래의 성질을 잃게 될 것이다. 그리하여 초기 이론들에서는 유기체적 은유가 엄청난 힘을 지닐 수 있었다. 유기체는 작용 중인 형상들의 패러다임이 되는 장소처럼 나타난다. 그것은 스스로의 상처를 낫게 하고 병을 고치려 애쓴다. 동시에 그것이 보여주는 기능들의 배열은 단순한 우연이 아니다. 그것은 '정상적'이며 당연한 것이다. 발은 마땅히 머리 아래에 있어야만 하는 것이다.

질서에 대한 근대의 이상화된 관념은 여기에서 근본적으로 벗어난다. 그것은 단지 거기에 플라톤적 유형의, 작용 중인 형상(Platonic-type Form at work)이라는 개념이 들어설 자리가 없다는 의미가 아니다. 여기서는 한 사회가 발전시킨 기능 배분이 어떤 것이든 우연적인 것으로 간주된다. 그것은 도구적으로 정당화되거나 또는 정당화되지 않을 것이다. 그것은 그 자체로 선(善)을 정의할 수 없다. 기초에 있는 규범적 원칙은 사실 사회 구성원들이 서로의 욕구에 봉사하며 서로를 도와준다는, 한 마디로, 합리적이며 사교적인 피조물로서 행동한다는 것이다. 이런 식으로 그들은 서로를 보완해준다. 하지만 이를 가장 효과적으로 수행하기 위해 필요한 특수한 기능적 분화에는 아무런 본질적 가치도 부여되어 있지 않다. 그것은 우발적이며, 잠재적으로 교환 가능하다. 그것은 어떤 경우에는, 단지 고대 도시국가의 원칙에서 그랬던 것처럼 한시적일 수도 있다. 우리가 번갈아가며 통치자가 될 수도 있고 피치자가 될 수도 있는 것이다. 또 어떤 경우에는, 일생에 걸쳐 전문적 기량을 닦아야 할 수도 있다. 하지만 거기에 내재적인 가치는 전혀 없으며, 신이 보시기에는 모든 소명들이 동등하다. 어떤 식으로든 간에, 근대적 질서는 위계서열이나 어떤 특수한 분화 구조에 아무런 존재론적인 지위도 주지 않는다.

달리 말해서, 새로운 규범적 질서의 요점은 사회를 구성하는 개인들의 상호존중과 상호봉사이다. 현행 구조들은 이러한 목적에 이바지하게 되며, 그에 비추어 도구로서만 평가된다. 구질서에서도 일종의 상호봉사를 보장했다는 사실 때문에 이러한 차이점이 가려질 수도 있다. 성직자들은 속인들을 위해 기도했으며, 속인들은 성직자들을 위해 싸우고 일했던 것이다. 그러나 구질서에서는 [사람들이 속하게 되는] 유형들의 분리가 위계서열에 따른 배열 속에서 이루어졌다는 점이 중요하다. 반면 새로운 [질서에 대한] 이해에서는 개인들, 그리고 그들이 상호봉사에 대하여 갚아야 할 빚이 출발점이다. 그리고 [유형들의] 분리는 그들이 [서로에 대한] 빚을 가장 효율적으로 갚을 수 있는 방안으로 나타난다.

플라톤은 개인이 자족적이지 않기 때문에 상호봉사의 질서가 필요하다는 추론으로 『국가』(Republic)의 책 2I를 시작한다. 하지만 이러한 질서의 [위계서열적] 구조가 기본 논점이라는 사실은 금세 분명해진다. 이 질서가 영혼 안에서 규범적 질서와 유비관계를 맺고 상호작용한다는 [플라톤의] 주장을 보게 되면 마지막 남은 의구심조차 사라진다. 이와 반대로 근대적 이상에서는, 어떻게 성취되든 간에 상호존중과 봉사가 온전한 목적이다.

나는 이러한 이상을 그 이전의 것, 즉 위계서열적 상보성이라는 플라톤 식으로 모델화된 질서들로부터 구별 짓는 두 가지 차이점을 언급한 바 있다. [플라톤적인] 형상이 더 이상 현실 속에서 작용하지 않는다는 점, 그리고 기능들의 배분이 그 자체로 규범적이지는 않다는 점이 바로 그것들이다. 여기서 세 번째 차이점이 등장한다. 플라톤에서 파생된 이론들에서는 계층들이 적절한 관계를 맺고 있을 때, 상호봉사는 각각의 계층을 최고 덕성(virtue)의 상태로 고양시키는 것까지를 포함한다. 사실상 이것은 전체

질서가 모든 구성원들에게 제공하는 봉사인 것이다. 하지만 근대적 이상 속에서 상호존중과 봉사는 우리의 일상적인 목표들, 즉 생활, 자유, 자기와 가족의 생계유지를 향해 있다. 위에서 말했듯, 사회조직은 그 내적 형상에 근거해서가 아니라 도구로서만 평가된다. 이제 우리는, 이 조직의 쓸모가 탁월한 덕성과 관련되는 것이 아니라, 자유로운 행위자로 존재하기 위한 기본적인 조건들과 관련된다고 덧붙일 수 있다. 비록 이 조직에서 나름의 몫을 다하기 위해서는 높은 수준의 덕성이 요구된다고 판단할 수도 있을 테지만 말이다.

그렇기에 기본적으로 우리가 서로를 위해 해줄 수 있는 것은 (후대의 언어로 이야기한다면) 우리의 생명과 재산을 법 아래에서 무사하게 지켜주는, 집단적 안전의 제공이다. 하지만 우리는 또한 경제적 교환행위를 하면서도 서로에게 봉사한다. 이제는 이 두 가지 주요 목적, 즉 안전과 번영이 조직화된 사회의 중심 목표가 되었다. 그리고 사회는 그 구성원들에게 이익을 주는 교환의 성격을 갖는 것으로 인식되기에 이르렀다. 이상적인 사회질서란 우리의 목표들이 조화롭게 맞물리고, 각자가 스스로를 발전시키면서 다른 사람들을 돕는 것이다.

이러한 이상적 질서가 단순히 인간의 고안물로만 여겨졌던 것은 아니다. 그것은 차라리 신에 의해 설계된 것이었으며, 이 질서 안에서 모든 것은 신이 뜻한 바에 따라 결합해 있었다. 이후 18세기에는 동일한 모델이 우주에 투사되었다. 그 세계관 속에서 우주는 서로 완벽하게 연결된 부분들의 집합이며, 여러 유형의 피조물들은 그 용도가 서로 모두 연계되어 있다.

이러한 질서는 우리의 건설적인 활동을 위한 목표를 설정한다. 물론 우리가 망치거나 실현시킬 능력이 있는 목표에 한해서 말이다. 물론 총체적으로 본다면 그 질서는 이미 많이 현실화되었다. 하지만 인간사에 눈길을 던져본다면, 우리는 우리가 얼마나 거기에서부터 멀리 떨어져 있으며 얼마나 그것을 망쳐놓았는지도 알게 될 것이다. 결국 그것은 우리가 되돌아가기 위해 애써야 하는 규범이 된다.

이러한 질서는 사물의 본성상 명명백백한 것으로 간주되었다. 물론 신탁을 받든다고 해도 우리가 준수해야 할 요구들은 명확히 드러날 것이다. 하지만 우리에게 신의 의도를 말해줄 수 있는 것은 오로지 이성뿐이다. 우리를 포함한 모든 생물들은 스스로를 보존하기 위해 노력한다. 이는 신이 하시는 일이다.

> 신은 인간을 만들어, 모든 다른 동물에게 그랬듯이, 그 안에 강한 자기보존의 욕망을 심어놓으시고, 음식과 빛과 삶의 필수품이 될 만한 것들을 주었다. 이는 인간이 지상에서 살고 머무르게 하려는 그의 섭리에 도움이 되는 것이었다. 신의 솜씨가 빚어낸 그토록 진기하고 놀라운 작품이 그 자체의 부주의나 생필품 부족으로 다시 사라지지 않도록 하려는 것이었다. […] 신은 […] 감각과 이성에 의거해 […] 생존에 유용한 것들, 자기보존의 수단으로 주어진 것들을 활용하도록 인간에게 말씀하셨고, (즉) 명하셨다. […] 인간 안에는 자신의 삶과 존재를 보존하려는 강한 욕망이 신에 의해 행동의 원리로서 자리 잡았다. 그러므로 인간 안에 있는 신의 목소리인 이성은, 인간이 자기 존재를 지켜야 한다는 자연의(본성의) 성향을 추구하는 것이 창조자의 의지를 따르는 것임을 가르치고 또 확신시키지 않을 수 없었다.[7]

이성을 부여받았기에, 우리는 우리의 삶뿐만 아니라 모든 인간들의 삶이 보존되어야 함을 안다. 게다가 신이 우리를 사회적인 존재로 만들었기에 "모든 사람은 자신을 보존해야 하며 고의로 자신의 위치를 떠나서는 안 된다. 따라서 비슷한 이유로 그 자신의 보존이 위태롭지 않을 때에는 인간은 가능한 최대한의 다른 사람들을 보존해야 한다."[8]

비슷하게, 로크는 신이 우리에게 이성과 규율의 능력을 주었기에 우리가 자기보존의 과업을 효과적으로 수행할 수 있다고 추론한다. 그러므로 우리는 '근면하고 이성적'(Industrious and Rational)[9]이어야만 한다는 것이다. 규율과 개선의 윤리는 그 자체로 신이 설계한 자연질서의 필요조건이다. 인간의지에 의한 질서의 부과는 그 자체로 신의 계획에 의해 요청되었다는 것이다.

우리는 이러한 로크의 정식화 속에서, 그가 얼마나 상호봉사를 이익이 되는 교환이라는 측면에서 바라보았는지 알 수 있다. '경제적'(즉 질서 잡힌, 평화로운, 생산적인) 활동은 인간 행위의 모델이자 조화로운 공존의 열쇠가 되었다. 위계서열적 상보성의 이론들과는 대조적으로, [이제] 우리는 화합과 상호봉사의 지대에서 만난다. 이러한 만남이 우리의 일상적 목표와 의도를 초월하는 범위로까지 확장되지는 않지만, 그것들을 신의 계획대로 실행하는 과정에서 이루어지는 것이다.

이와 같은 이상적 관념은 처음에는 세상사가 실질적으로 돌아가는 방식과 심층에서 맞지 않았고, 따라서 사회의 모든 수준과 관련되어 있는 실제의 사회적 상상과도 맞지 않았다. 왕국으로부터 시(市), 주교구, 소교구, 벌족(閥族), 가족에 이르기까지, 사람들의 삶은 현실적으로는 위계서열적 상보성의 원리에 따라 꾸려졌다. 가족의 경우에는 아직까지도 이러한 불균형의 감각이 생생하게 남아 있다. 남성과 여성 사이의 위계서열적 상보성이라는 낡은 이미지는 사실 우리 시대에 들어와서야 광범위한 도전을 받게 되었기 때문이다. 하지만 이는 오랜 여정의 마지막 단계라고 할 수 있다. 그 과정에서 근대의 이상적 관념은 위에서 논한 세 개의 축을 따라 진전하면서 실질적으로 모든 수준에서 우리의 사회적 상상과 연계되었고, 그것을 변형시켰으며, 혁명적인 결과들을 낳았다.

그 결과들의 혁명적 성격을 돌이켜보면, 이 이론을 처음 개발해냈던 사람들이 오늘날 우리에게는 자명해 보이는 많은 영역들에 그것을 적용할 수 있으리라고는 미처 생각지 못했으리라는 점은 거의 확실하다. 위계서열상에서 서로를 보완하는 관계로서의 삶의 형식들이—가족, 집안의 주인과 노예, 영지의 영주와 농민, 교육받은 엘리트와 대중 사이에— 강력히 남아있는 현실로 말미암아, 새로운 질서의 원리는 명확히 어떤 테두리 안에서만 적용되어야 하는 듯 보였다. 때때로 이는 제한으로조차 여겨지지 않았다. 18세기에 휘그당(Whig)이 소수독재 권력을 인민의 이름으로 방어했던 것*이 지금의 우리에게는 고약한 모순처럼 비치지만, 휘그당 지도자 자신들에게는 단순한 상식에 불과했던 것이다.

사실 그들은 '인민'에 대한 오래된 이해, 즉 질서에 대한 전근대적 관념으로부터 파생된 이해에 의존하고 있었다. 이는 앞에서 언급했던 첫 번째 유형의 이해인데, 거기서 인민은 태고적부터 언제나 이미 존재해왔던 법(Law)에 의해 인민으로 구성된 것으로 나타난다. 이 법은 어떤 집단에 지도력을 부여할 수 있으며, 따라서 이 집단의 구성원들은 아주 자연스럽게 인민을 대변할 수 있는 것이다. 근대 초기 유럽에서의 혁명들(또는 우리가 그렇게 간주하는 것들)마저도 이러한 이해에 따라 수행되었다. 예를 들어,

---

* 18세기에 휘그당(Whig)이 소수독재 권력을 인민의 이름으로 방어했던 것: 휘그당은 토리당과 더불어 영국 정당의 시초로 꼽힌다. 휘그당은 귀족층을 중심으로 부유한 상인이나 비국교도(非國敎徒)의 지지를 받은 반면, 토리당은 영국국교도와 지주층을 대표했다. 명예혁명 때에는 두 당이 서로 협력하였으나 실질적인 주도권은 휘그당이 쥐고 있었기 때문에 그 후에는 휘그당이 거의 우세를 유지하였다. 특히 1714년의 하노버 왕가 성립 이후 휘그당은 약 50년간 전성기를 맞이하였다. 즉 왕과 휘그 정권의 결탁으로 인해 정치는 일당 체제나 다름없는 상황이었으며, 휘그당은 점점 궁정당이 되어갔다. 1780년대에 와서야 휘그당의 독점이 끝나고 처음으로 양당 체제가 공공연해졌다.

프랑스 종교전쟁에서 모나르코마크(monarchomachs)가 조직화되지 않은 대중들이 아닌 '하급 행정관료들'(subordinate magistrates)에게 저항권을 부여했던 것이 그렇다.* 이는 또한 [영국] 의회가 찰스 1세(Charles I)에 대해 일으킨 반역**의 기초가 되기도 했다.

이 오랜 여정은 아마도 오늘에 이르러서야 끝나는 중이다. 어쩌면 우리 역시 정신적 제약의 피해자일지도 모른다. 그 점에 대해 우리 후손들이 우리를 가리켜 모순적이라거나 위선적이라고 비난할 수도 있을 것이다. 어떤 경우든, 이 여정의 매우 중요한 구역들은 아주 최근에서야 나타났다. 나는 그런 점에서 우리 시대의 젠더(gender) 관계를 언급한 적이 있다. 하지만 근대적이라고 추정되는 우리 사회의 구석구석이 얼마 전까지만 해도 이러한 근대의 사회적 상상의 바깥에 존재했다는 점 또한 기억해야만

---

* 프랑스 종교전쟁에서 ~ 부여했던 것이 그렇다: 모나르코마크(Monarchomaques)는 1600년 영국에서 처음 등장했던 용어로, '일인 통치 체제에 반대하여 투쟁하는 사람들'을 의미했다. 이후 그것은 인민주권론과 계약론 그리고 폭군에 대한 저항권을 중심으로 표출된 일련의 정치이론과 이론가들을 규정하는 개념으로 자리 잡았다. 프랑스에서는 특히 16세기 후반 구교와 신교 간의 갈등으로 전개된 종교전쟁(1562~1598), 이른바 '위그노 전쟁'(Huguenots Wars)에서 정치적 열세에 처해 있던 교파[칼뱅파, 이후에는 가톨릭 신성연맹]가 이 사상을 제기하며 투쟁에 나섰다. 모나르코마크는 정치이론으로 인민주권론을 내세웠으나, 이 때 저항의 주체인 인민은 일반 대중들이 아니라 하급관리들이었다. 그 이론에 따르면, 하급관리들은 개인적으로는 주권자인 국왕 아래에 있지만 단체로서는 국왕 위에 있는, 그리하여 국왕을 통제할 능력을 갖춘 자들이다. 결국 모나르코마크들이 이야기하는 인민 주권은 오직 단체의 차원에서만 이해되었으며, 그 단체란 신분제의회나 관리들의 조직화된 공동체에 의해 대표될 수 있을 뿐이었다.

** 의회가 찰스 1세(Charles I)에 대해 일으킨 반역: 스튜어트 왕조의 영국 왕이었던 찰스 1세(1600~1649) 시기에 일어났다. 당시 의회에는 국왕의 무익한 대외정책과 국민에 대한 과세 부담으로 인한 불만이 쌓여 있었다. 국왕의 잘못된 정책 수행을 비판하기 위해 의회는 1628년 권리청원을 제출하였으나 찰스 1세는 이듬해 의회를 해산하고 11년간 의회를 소집하지 않는 악정을 일삼았다. 1648년 초에 스코틀랜드 군과 연합하여 2차 내전을 야기한 찰스 1세에게 책임을 물어야 한다는 의견이 확대되고 있던 가운데, 1649년 1월 6일 의회는 찰스 1세를 재판하기 위해 국왕재판법을 통과시키고, 국가반역죄로 그를 처형하였다.

한다. 유진 웨버(Eugen Weber)는 엄청나게 많은 프랑스 농민 공동체들이 19세기 후반에 와서야 변화를 겪었으며 곧 4,000만 개별 시민들의 국민국가(nation) 프랑스 안에 편입되었다는 사실을 보여주었다.[10] 그는 그 이전까지 농민들의 생활양식이 동등성과는 거리가 먼, [위계서열상] 상보적인 행동양식에 얼마나 의존적이었는지를 분명히 알려주었다. 그것이 양성 간의 관계에서 더 두드러졌던 것은 사실이지만, 거기에만 한정된 것은 아니었다. 가족의 재산을 함께 불려나가기 위해 자기 몫의 상속을 포기해야만 했던 손아래 형제들의 숙명도 있었다. 가난과 불안정, 그리고 사람들을 위협했던 기근이 끊임없이 판치던 세상에서, 가족과 공동체의 규칙들은 생존을 위한 유일한 보장책으로 간주되었다. 근대의 개인주의적 양식들은 사치이자 위험한 방종으로 보였던 것이다.

이는 잊기 쉬운 사실이다. 일단 근대의 사회적 상상 안에 안착하게 되면, 그것은 유일하게 가능한 것, 유일하게 의미 있는 것으로 나타나는 것이다. 결국 우리는 모두 개인이 아니었던가? 우리는 상호이익을 위해 사회 속에서 연합해 있는 것이 아니었나? 어떻게 사회적 삶을 달리 평가할 수 있다는 말인가?

우리는 근대적 범주들 안에 깊숙이 끼어 있기에 [새로운 규범 원리의 정착에 이르는] 그 과정을 상당히 왜곡된 관점으로 바라보기도 쉽다. 이는 두 가지 측면에서 그렇다. 첫째, 우리는 이 새로운 질서 원리의 진전 그리고 그 원리에 의한 전통적인 상보성 양식의 대체를 '공동체'의 희생을 대가로 한 '개인주의'의 부상으로 읽어내는 경향이 있다. 그럼에도 불구하고, 개인에 대한 새로운 이해의 뗄려야 뗄 수 없는 이면은 사회성(sociality)에 대한 새로운 이해이다. 즉 사회는 상호이익의 사회이며 그 기능적 분화는 궁극적으로 우연한 것이고 그 구성원들은 근본적으로 평등하다는 이해 말이다. 그런데 통상 이 점은 시야에 잡히지 않게 된다. 즉 개인이 일차적인 것으로 보이는데, 이는 우리가 이전의 상보성의 형식들이 대체되는 현상을 바로 공동체의 침식으로 읽기 때문이다. 우리에게 남은 것은 어떻게 해서 개인을 모종의 사회질서 속으로 끌어들이거나 밀어넣을 것인가, 어떻게 해서 그를 규칙에 순응하고 복종하게끔 만들 것인가 하는, 영원한 난제뿐인 듯하다.

이렇게 되풀이되는 [공동체] 붕괴의 경험 역시 충분히 현실적이다. 하지만 그 때문에 근대성이란 새로운 사회성 원리들의 부상이기도 하다는 사실이 가려져서는 안 된다. 프랑스 혁명의 사례에서 볼 수 있듯이, 붕괴는 일어난다. 사람들이 새로운 구조에 익숙해지기 전에, 즉 새로운 원리들에 변화된 실천을 연결시켜 생생한 사회적 상상을 형성하기 전에—전쟁, 혁명, 또는 급속한 경제적 변화를 통해— 오래된 형식들로부터 내쫓기기 때문이다. 그러나 이것이 근대적 개인주의가 본질적으로 공동체의 용해제라는 증거는 아니다. 근대 정치의 곤경 또한, 홉스가 정의하는 것처럼 원자화된 개인을 어떻게 죄수의 딜레마*로부터 구출해낼 것인가 하는 데 있지 않다. 현실은, 그리고 되풀이되는 문제는 토크빌(Tocqueville)**에 의해, 또 오늘날에는, 프랑수아 퓌레(François Furet)***에 의해 더 잘 정의되었

---

* 죄수의 딜레마: 죄수의 딜레마는 게임이론의 유명한 사례로서 두 명이 참가하는 비제로섬(non zero-sum) 게임의 일종이다. 그것은 타인을 신뢰하며 협동할 것인가 또는 자신에게 최대한의 이익이 된다고 생각하는 쪽으로 행동할 것인가와 관련된 딜레마를 가리킨다. 이 사례는 협력을 통해 서로 이익이 되는 상황이 아닌 더욱 불리한 상황을 선택하는 문제가 발생하는 것을 보여주고 있다.

** 토크빌(Alexis de Tocqueville, 1805~1859): 민주주의 도래의 필연성을 주장했던 프랑스 태생의 정치가, 역사가, 정치학자. 자유와 평등 사이의 긴장 관계를 고찰하면서 정치적 자유의 중요성을 강조했고, 이를 참여민주주의와 결합하는 사유를 시도했다. 저서로 『미국의 민주주의』(De la démocratie en Amérique, 1835~1840), 『구체제와 혁명』(L'Ancien Régime et la Révolution, 1856) 등이 있다.

*** 프랑수아 퓌레(François Furet, 1927~1997): 프랑스의 역사가. 자유주의적 해석에 바탕을 둔 수정주의적 시각으로 프랑스 혁명을 연구했다. 저서로 『프랑스 혁명을 생각한다』

다.

두 번째 왜곡은 익숙한 것이다. 근대적 원칙이 너무도 자명한 것처럼 보이기 때문에—우리는 태어날 때부터, 그리고 본질적으로 모두 개인이 아닌가?—, 우리는 근대성의 부상에 대해 '소거법'*이라는 유혹을 받게 된다. 우리는 단지 낡은 지평으로부터 스스로를 해방시킬 필요가 있었고 상호봉사로서의 질서관은 남아 있는 가장 명확한 대안이었다. 거기에는 아무런 창조적 통찰이나 구성적 노력이 필요하지 않았다. 그러므로 개인주의와 상호이익은 우리가 낡은 종교와 형이상학을 탈피한 뒤에 남은, 명백한 잔여 관념일 뿐이라는 것이다.

하지만 사실은 정반대다. 사람들은 그 역사의 대부분을, 정도의 차이는 있지만 일정한 위계서열과 결합된 상보성의 양식 속에서 살아왔다. 고대 그리스 도시국가의 시민들과 같이 평등성의 섬이라 할 만한 것들이 있기는 했지만, 더 큰 그림 속에서의 위치를 보면 그것 또한 위계서열이라는 바다 위에 떠 있는 섬이나 다름없었다. 이 사회들이 근대적 개인주의에 얼마나 이질적인 것인지는 굳이 말할 필요도 없다. 놀라운 점은 근대적 개인주의가 이론의 수준을 넘어서, 사회적 상상을 변형시키고 거기에 침투하는 데 전면적인 성공을 거둘 수 있었다는 사실이다. 이제 이러한 상상은 인간 역사에 있어 전례 없는 권력을 갖는 사회들과 연계되어버렸기에, 거기에 저항한다는 것은 불가능하고 정신 나간 일인 듯 여겨진다. 하지만 이것은 늘 그랬다는 식으로, 시대를 혼동하는 사고방식에 빠지지는 말아야

(*Penser la Révolution française*, 1978), 『허상의 과거』(*Le Passé d'une illusion*, 1995) 등이 있다.

* 소거법: 여기서 말하는 소거법적 관점이란 근대사회의 특성, 예컨대 개인주의나 상호이익의 질서가 도덕적인 제약을 비롯한 여러 전통적인 제약들의 점진적인 제거를 통해 자연스럽게 확보되었다는 식의 입장이다.

할 것이다.

이러한 오류에 대한 가장 좋은 해독제는, 이 이론이 우리의 상상력을 이처럼 장악하는 데 성공하기까지 거쳐온, 길고도 결코 순탄치만은 않았던 여정의 몇몇 국면을 다시 떠올려보는 것이다. 내 주장을 진전시켜나가면서, 나는 그러한 작업을 약간 시도해보려 한다. 지금 단계에서는 앞서 이루어진 논의를 재정리하고, 도덕질서에 대한 근대적 이해가 지닌 주요 특징들을 개관할 것이다. 이는 대강 세 가지 논점으로 요약될 수 있는데, 나는 거기에 네 번째 논점을 추가하고자 한다.

1. 상호이익이라는 이 질서는 애초에 권리와 정당한 통치에 관한 이론에서 하나의 이상화된 관념으로 나타난다. 그것은 개인으로부터 출발하며, 사회를 개인들의 이익을 위해 구축된 것으로 개념화한다. 정치 사회는 정치적인 것 이전의 무엇인가를 위한 수단으로 여겨진다. 이러한 개인주의는 이전에 지배적이었던 위계서열의 관념에 대한 거부를 의미한다. 그 [기각된] 관념에 따르면, 인간은 본질상 위계서열적 상보성을 보여주는 더 큰 사회적 총체 속에 편입될 때에만 올바른 도덕적 행위자가 될 수 있다. 하지만 초기 형식 속에서, 그로티우스—로크 이론은 [위계서열적] 사회 바깥에서도 누구든지 충분히 유능한 인간 주체가 될 수 있음을 부정하는 이러한 시각들—그중에서 가장 탁월한 것을 우리는 아리스토텔레스에게서 찾을 수 있다—에 맞선다.

이러한 질서관이 전진하고 새로운 개정안들을 발생시켜가면서, 그것은 인간을 스스로는 도덕적일 수 없는 사회적 존재로 재규정했던 철학적 인간학과 또다시 연결되었다. 루소, 헤겔, 그리고 마르크스가 초창기의 사례들이며, 우리 시대의 많은 사상가들이 그들을 뒤따르고 있다. 하지만 나는 이것들이 아직도 근대적 관념의 개정안이라고 파악한다. 왜냐하면 그들이 말하는 질서정연한 사회란 평등한 개인들 사이의 상호봉사 관계를 핵심요소로서 포함하기 때문이다. 이는 부르주아 개인을 허구라고 보는 사람들에게조차 목표가 되는데, 이 목표는 공산주의 사회에서만 성취될 수 있다. 근대적 관념의 이러한 핵심은 실상 그들이 거부했던 아리스토텔레스에 더 가까우면서도, 자연법 이론가들의 것과는 대립하는 윤리적 개념들에 연결되어 있다. 그러면서 그것은 우리 세계의 주도이념(idée force)으로 남아 있는 것이다.

2. 하나의 도구로서, 정치 사회는 이 개인들이 안전을 제공하고 교환과 번영을 촉진하면서 상호이익을 위해 서로 봉사하는 것을 가능하게 한다. 사회 내에서 일어나는 어떠한 분화도 이러한 목적성(telos)에 의해 정당화된다. 위계서열적인 형식이건 어떤 형식이건 본질적으로 좋은 것은 없다.

   우리가 앞에서 살펴보았듯, 이는 상호봉사가 개인들에게 최고의 덕성을 보장해주려는 목적보다는, 일상생활의 필요에 집중한다는 뜻이다. 상호봉사는 자유로운 행위자로서의 개인이라는 존재조건을 확보해주는 데 목표를 두고 있다. 여기서도 역시 이후의 개정안들은 수정을 가한다. 예를 들면, 루소와 더불어 자유 그 자체는 덕성을 새롭게 정의하기 위한 기초가 되며, 진정한 상호이익의 질서는 자기신뢰(self-dependance)라는 덕성의 확보와 불가분의 관계에 놓여 있다. 하지만 루소와 그의 추종자들은 아직도 자유, 평등, 그리고 일상생활에 필요한 것들을 보장하는 데 중점을 둔다.

3. 이론은 정치 사회가 봉사해야만 하는 개인들로부터 출발한다. 더욱 중요한 점은 이러한 봉사가 개인들의 권리 보장이라는 측면에서 정

의된다는 사실이다. 자유는 이 권리들의 중심에 있다. 자유의 중요성은 정치 사회가 거기 속박되는 개인들의 합의 위에 정초되어야만 한다는 요구 조건 속에서 입증된다.

만일 우리가 이러한 이론이 효력을 가졌던 맥락을 성찰해본다면, 자유에 대한 결정적인 강조가 중층 결정된(overdetermined) 것임을 알수 있다. 상호이익의 질서는 구축되어야 할 이상이다. 그것은 안정적인 평화를 확립하고 사회를 그 규범들에 더 근접하도록 재정비하고자 하는 사람들에게는 지침이 된다. 이론의 지지자들은 이미 스스로를, 의무로부터 벗어나 있으면서도 규율 잡힌 행동을 통해 자신의 삶뿐만 아니라 더 큰 사회질서까지도 개혁할 수 있는 행위자로 여긴다. 그들은 보호 장치를 갖춘, 규율 바른 자아들이다. 자유로운 행위자로서의 성격이 그들의 자기 이해에서는 중심적이다. 여러 권리에 대한 강조, 그중에서도 자유의 선차성에 대한 강조는 사회가 그 구성원들을 위해서만 존재한다는 원칙으로부터 파생된 것이 아니다. 그것은 권리 소유자들이 자신의 행위자성(agency)에 대해, 그리고 그것이 세계 안에서 규범적으로 요구하는 상황, 즉 자유에 대해 품고 있는 감각을 반영하는 것이기도 하다.

그러므로 여기에서 작동되는 윤리는 이러한 행위자성이라는 조건 못지않게 이상적 질서에 대한 요구라는 측면에서도 정의되어야 한다. 우리는 그것을 자유와 상호이익의 윤리로서 생각해야만 한다. 이 표현에서 [자유와 상호이익이라는] 두 용어는 모두 본질적이다. 이러한 윤리로부터 나온 정치이론들에서 합의가 그토록 중요한 역할을 하게 되는 이유가 바로 거기에 있다.

요약하자면, 우리는 다음과 같이 말할 수 있다. 첫째, 상호이익의 질서는 개인들(또는 최소한 더 큰 위계서열적 질서에 독립적인 도덕적 행위자들) 사이에서 유지된다. 둘째, 이익에는 결정적으로 생명과 생활수단의 보장까지가 포함된다. 비록 이것들의 보장이 덕성의 실천과 관련된다 할지라도 말이다. 셋째, 질서란 자유의 확보를 의미하며, 이는 권리들의 측면에서 쉽게 표현된다. 여기에 우리는 네 번째 논점을 덧붙일 수 있을 것이다.

4. 이 권리들, 이 자유, 이 상호이익은 모든 참여자들에게 평등하게 보장되어야만 한다. 평등(equality)이 정확하게 의미하는 바는 달라질 수 있다. 하지만 위계서열적 질서가 거부되고 나면, 어떤 형식 속에서든 평등을 주장하는 목소리가 뒤따르게 될 것이다.

이는 모두 결정적 특징들이며, 그 개정안이 제아무리 다양하게 변형될지라도 도덕질서에 대한 근대적 개념 속에서 언제나 되풀이되곤 하는 상수들이기도 하다.

1 『통치론』(*Second Treatise on Government*)에서, 존 로크는 자연 상태를 다음과 같이 정의한다. "그것은 평등의 상태이기도 한데, 거기서 모든 권력과 사법적 권한(Jurisdiction)은 호혜적이며 무릇 어느 누구도 다른 사람보다 더 많이 소유하지 않는다. 동일한 종류의 피조물은 차별 없이 자연의 동일한 혜택을 받고 태어나 동일한 재능을 사용하기 때문에, 그 피조물의 주인이자 지배자가 그의 의지를 명시적으로 선언함으로써 어느 하나를 다른 하나보다 위에 놓고 뚜렷하고 명백한 지명을 통해서 의심할 여지없는 지배권과 주권을 그에게 수여하지 않는 한 어떠한 복종이나 종속 없이 상호간에 평등해야 한다는 것은 너무도 명백한 사실이다." *Locke's Two Treatises of Government*, ed. Peter Laslett (Cambridge, England: Cambridge University Press, 1967), part 2, chap. 2, para. 4, p. 28[강정인 · 문지영 옮김, 『통치론: 시민 정부의 참된 기원, 범위 및 그 목적에 관한 시론』, 까치, 1996].

2 J. G. A. Pocock, *The Ancient Constitution and the Feudal Law*, 2d ed. (Cambridge, England: Cambridge University Press, 1987)를 보라.

3 '도덕경제'라는 용어는 톰슨에게서 빌려온 것이다. E. P. Thompson, "The Moral Economy of the English Crowd in the Eighteenth Century", *Past and Present* 50(1971): pp. 76~136.

4 *Macbeth*, 2.3.56; 2.4.17~18. 또한 Charles Taylor, *Sources of the Self* (Cambridge: Harvard University Press, 1992), p. 298.

5 Louis Dupré, *Passage to Modernity* (New Haven: Yale University Press, 1993), 19에서 재인용.

6 "태양은 스스로의 경계를 넘어서지 않으리라. 만일 그렇게 한다면, 정의의 시녀들인 에리니에스가 그를 찾아낼 것이니." George Sabine, *A History of Political Theory*, 3d ed. (New York: Holt, Rinehart and Winston, 1961), p. 26에서 재인용.

7 *Locke's Two Treatise*, part 1, chap. 9, para. 86, p. 223.

8 *Ibid.*, part 2, chap. 2, para. 6, p. 289; 그리고 part 2, chap. 11, para. 135, p. 376을 보라. 또한 *Some Thoughts concerning Education*, para. 116.

9 *Locke's Two Treatise*, part 2, chap. 5, para. 34, p. 309.

10 Eugen Weber, *Peasants into Frenchmen* (London: Chatto and Windus, 1979), chap. 28을 보라.

제2장 '사회적 상상'이란 무엇인가?

나는 앞서 '사회적 상상'(social imaginary)이라는 용어를 몇 차례 사용했다. 이제 그 용어가 함축하는 것이 무엇인지 명확히 할 때가 된 듯하다.

사회적 상상이라는 용어를 통해 내가 의미하려고 하는 바는, 사람들이 흔히 사회적 현실에 관해 자유롭게 생각할 때 떠올리는 그런 지적 도식보다는 훨씬 폭넓고 심층적인 어떤 것이다. 내가 염두에 두고 있는 것은 사람들이 자신의 사회적 실존에 대해 상상하는 방식, 사람들이 다른 이들과 서로 조화를 이루어가는 방식, 사람들 사이에서 일이 돌아가는 방식, 통상 충족되곤 하는 기대들, 그리고 그러한 기대들의 아래에 놓인 심층의 규범적 개념과 이미지들이다.

사회적 상상과 사회 이론 사이에는 중요한 차이점들이 존재한다. 내가 '상상(적인 것)'이라는 용어를 쓰는 데에는 몇 가지 이유가 있다. 첫째, 내 논의의 초점이 바로 평범한 사람들이 자신들의 사회적 환경을 '상상하는' 방식에 맞추어져 있으며, 이는 이론적인 용어로 표현되지 않는 경우가 많기 때문이다. 그것들은 이미지와 이야기, 그리고 전설 속에 담겨 있다. 둘째, 이론은 소수의 전유물이기 쉽다. 하지만 사회적 상상에서 흥미로운 점은 그것이 사회 전체는 아닐지라도 폭넓은 인간 집단에 의해 공유된다는 사실이다. 여기서 세 번째 차이가 나타난다. 그것은 바로, 사회적 상상이란 공통의 실천을 가능하게 하고 정당성에 대한 감각을 공유하도록 만드는 공통의 이해라는 점이다.

이론이란 처음에 몇몇 사람들에 의해서만 주장되다가 우선은 소수 엘리트의 사회적 상상 속으로, 그리고는 사회 전체의 사회적 상상 속으로 침투해 들어가곤 한다. 이는 그로티우스와 로크의 이론들에도 **대체로** 적용되는 편이다. 비록 그 경로에 따라 수많은 변형이 이루어져왔고 궁극적인 형식들 또한 꽤나 다양하기는 하지만 말이다.

어떤 주어진 시기에 우리의 사회적 상상은 복합적이다. 그것은 우리가 서로에게 바라는 어떤 규범적인 기대감이라든지, 사회생활 속에서 통상적으로 행해지는 집단적인 실천을 가능하게 만드는 공통의 이해를 포괄하는 것이다. 사회적 상상은 우리가 공통의 실천을 할 때 조화를 이루는 방식에 대한 모종의 감각 역시 포함한다. 그러한 이해는 구체적인 사실과 관련되는 동시에 규범과도 관련된다. 즉 우리는 세상사가 평소에 어떻게 돌아가는지에 대한 감각을 지니는데, 이는 세상사가 어떻게 돌아가야 좋은지, 어떤 실수들이 실천의 효력을 없애는지에 대한 관념과 한데 어우러져 있다. 가령, 보통선거를 통한 정부의 선출이라는 실천을 보자. 모든 시민들이 참여해 동등한 대안들 가운데 개인적으로 [한 후보를] 선택하는 행위 전체, 그리고 미시적 결정들을 취합해 하나의 구속력 있는 집단적 결정을 끌어내는 데 대한 인식은 투표행위를 각자에게 의미 있는 것으로 만드는 배경 이해(background understanding)의 일부다. 이런 거시적 결정의 함의를 이해하는 데 본질적인 것은 무엇이 규칙위반인가를 가려낼 수 있는 능력이다. 모종의 영향력 행사, 표 매수행위, 협박 같은 것들 말이다. 달리 말하자면, 이런 종류의 결정이 그 의미를 온전히 실현할 수 있기 위해서는 어떤 규범들을 충족시켜야 한다. 예컨대, 소수파가 다른 사람들을 자기들 명령에 순응하도록 강제한다면 그 결과는 더 이상 민주적 결정이 될 수 없을 것이다.

이러한 규범의 이해에는 잠재적으로 이상적인 경우들(예컨대, 개별 시민이 자율적으로 자신의 판단력을 최대한 행사하고, 모든 사람들의 목소리가 담긴 선거)을 바로 알아볼 수 있는 능력이 포함된다. 그러한 이상 너머에는 어떤 도덕적 혹은 형이상학적 질서관이 존재한다. 그리고 규범과 이상은 그와 같은 질서관의 맥락 안에서만 의미를 갖는다.

내가 사회적 상상이라고 부르는 것은 우리의 특정한 실천들을 의미 있는 것으로 만드는 즉각적인 배경 이해를 넘어선 곳에까지 펼쳐진다. 그것은 개념을 자의적으로 확장한 결과가 아니다. 지식 없이 이루어지는 실천이 우리에게는 아무런 의미가 없으며 따라서 가능하지도 않은 것처럼, 이러한 이해 역시 우리가 처해 있는 총체적 상황에 대한 더 폭넓은 인식—가령 우리가 서로 어떤 위치에 서 있는지, 우리가 지금 서 있는 위치에 어떻게 이르게 되었는지, 우리가 다른 사회집단들과는 어떤 식으로 관계 맺는지 등—을 전제할 때에만 의미를 갖기 때문이다.

이러한 더 폭넓은 인식에는 명확한 한계가 없다. 바로 그것이 동시대 철학자들이 '배경'[1]이라고 표현했던 것의 본질이기도 하다. 사실 그것은 우리의 총체적 상황에 대한 구조화되지 않은, 불분명한 이해라 할 수 있다. 그 안에서 우리 세계의 특수한 형상들은 우리에게 그것들이 갖는 의미를 드러낸다. 그것은 결코 명백한 학설의 형태로 적절히 표현될 수 없다. 그 자체가 본래 무한하고 불확정적인 것이기 때문이다. 이 또한 여기에서 이론이 아닌 상상을 이야기하는 또 다른 이유가 된다.

따라서 다양한 실천과 그 뒤에 있는 배경 이해 사이의 관계는 일방적인 것이 아니다. 만일 이해가 실천을 가능하게 한다면, 그러한 이해의 대부분을 실천이 이끌어간다는 것 또한 사실이다. 어떤 특정한 시기에 특정한 사회 집단이 이용할 수 있는 집합 행동(collective actions)의 '레퍼토리' (repertory)라는 말을 쓸 수도 있을 것이다. 그것은 집단 구성원들이 어떻게 수행해야 할 것인지를 아는 공동 행위들이다. 그러한 행위들은 전 사회가 연루되는 보통선거에 참여하는 것에서부터, 어떤 연회장에서 안면이 있는 사람들과 예의바르면서도 피상적인 대화를 시작하는 것에 이르기까지 다양하다. 이러한 행동을 하기 위해 우리가 갖추어야 하는 분별력, 즉 누구에게 언제 어떻게 말해야 할 것인가에 관한 지식에는 사회 공간에 대한 암묵적인 지도(implicit map), 그러니까 어떤 상황에서 어떤 방식으로 어떤 종류의 사람들과 어울려야 할지를 판단하게 해주는 일종의 지도가 포함된다. 연회장에서 만난 모든 사람들이 사회적으로 나보다 우위에 있다든가 상급자들이라든가 순전히 여자들뿐이라면, 아마도 내가 대화를 시작하지는 않을 것이다.

사회 공간에 대한 이러한 암묵적인 인식은, 상이한 부류의 사람들 및 그들과 연계된 규범을 구별하는 이론적인 서술과는 다른 것이다. 실천에 잠재되어 있는 이해와 사회 이론 사이의 관계는, 비유하자면, 친숙한 어떤 곳을 돌아다닐 수 있는 내 능력과 그 지역을 그린 (문자 그대로의) 지도 사이의 관계와도 같다. 나는 지도가 제공하는 전체적 조망이라는 관점을 채택하지 않더라도, 방향을 잘 잡을 수 있다. 이와 비슷하게, 대부분의 인류 역사와 사회생활은, 이론적 조망에 의존하지 않고도 바로 그러한 공동 레퍼토리에 근거한 인식에만 기대어왔다. 인간은 스스로에 관해 이론화하는 작업을 시작하기 전에도 사회적 상상을 이용해 삶을 훌륭하게 영위해 왔던 것이다.[2]

이러한 암묵적 이해의 범위와 심층성을 더 생생히 실감할 수 있게끔 도와줄 또 다른 예가 있다. 우리가 시위를 조직한다고 해보자. 이는 이 행동이 이미 우리의 행위 레퍼토리 안에 있다는 사실을 의미한다. 우리는 어떻게 사람들을 모으고 피켓을 들고 행진해야 할 것인지를 안다. 우리는 이것이 결국 어떤 경계 안에 머물러 있게 된다는 사실도 안다. 그 경계는 공간적인 것(어떤 공간들은 침범하지 않는다)인 동시에 다른 사람들에게 영향을 미치는 방식(공격성의 한계, 폭력의 금지)과도 관련되어 있다. 우리는 이 의례를 이해하는 것이다.

우리로 하여금 이러한 행동을 가능하게 만드는 배경 이해는 복합적이다. 하지만 그것을 의미 있게 만드는 것 가운데 한 부분은—말하자면 동족으로서 또는 인류로서— 일정하게 관계 맺고 있는 타자들에게 말하는 우리 자신에 대한 상이다. 이를테면, 여기에 발화 행위(speech act)가 있다. 화자(addresser)와 청자들(addressees), 그리고 이 관계 속에서 그들이 서로 어떤 위치에 있어야 하는지에 대한 모종의 이해도 있다. 또 공적인 공간들(public spaces)이 있다. 이제 우리는 이미 서로 일종의 대화 상태에 있는 것이다. 모든 발화 행위가 그렇듯, 말해질 내용에 대한 예측 속에서 이전에 말해진 내용에 대한 응대가 이루어진다.[3]

우리가 말을 거는 양식(mode of address)은 청자와 맺고 있는 관계에 관해 중요한 사실을 알려준다. 이 행동에는 힘이 실려 있다. 즉 그것은 우리 메시지를 듣지 않을 경우에 생겨날 어떤 결과들을 마음에 아로새기게 하며, 심지어 위협하기까지 하는 것이다. 한편 그것은 또한 설득하기 위한 것이기도 하다. 폭력의 이러한 [부드러운] 측면은 남아 있다. 그것은 청자를, 함께 토론할 수 있고 또 그래야만 하는 사람으로 간주한다.

우리가 지금 하고 있는 일, 즉 더 이상 외면하지 말라는 메시지를 정부와 동료 시민들에게 전달하는 일에 대한 즉각적인 감각은 더 넓은 맥락 안에서 의미를 갖는다. 그 안에서 우리는 스스로를 다른 사람들과의 지속적인 관계 속에 있는 존재로서 본다. 또한 그 안에서는 겸손한 탄원이나 무장봉기의 협박으로가 아니라, 이런 식으로 다른 사람들에게 말을 거는 것이 적절하다. 우리는 이러한 종류의 시위가 안정적이고 질서정연하며 민주적인 사회에서 정상적인 것이라고 말함으로써 모든 것을 재빨리 몸짓으로 [즉 시위로] 표현할 수 있게 된다.

무장봉기가 완벽하게 정당화될 수 있는 사례들—1985년의 마닐라, 1989년의 톈안먼(天安門)—이 없다는 의미가 아니다. 하지만 정확하게도, 그와 같은 상황에서 이러한 행동의 핵심은 독재 체제로 하여금 스스로 민주적 이행을 하도록 권유하는 데 있었다.

우리가 지금 당장 하고 있는 행동에 대한 이해(그것이 없었다면 우리는 이 행동을 할 수 없었을 것이다)가 어떻게 그것이 나타내는 바로 그 의미를 갖는지 알 수 있는 것은 더 광범위한 상황에 대한 우리 인식 덕분이다. 즉 우리가 타자와 권력에 대한 관계 속에서 지속적으로 어떤 위치에 서왔으며, 또 서 있는지 알기 때문이다. 그것은 이번에는 공간과 시간 안에서 우리의 좌표에 관한 더 넓은 시야를 열어준다. 이는 구체적으로는 다른 국가와 민족에 대한 우리의 관계(예컨대 우리가 모방하고자 하는 민주적 삶의 외부 모델, 또는 우리가 배격하고자 하는 전제정치의 외부 모델), 그리고 역사 속에서, 또 변전(變轉)의 서사 속에서 우리가 차지하는 위치와 관련된다. 그에 따라 우리는 평화적으로 시위할 수 있는 이 능력을 선조들이 힘겹게 얻어낸 민주정의 성취로서, 혹은 이 공동 행위를 통해 가능해진, 우리가 되고자 열망한 어떤 것의 성취로서 인식하는 것이다.

국제적이며 역사적인 이 위치감각은 시위 자체의 도상학(iconography) 속에서 소환될 수도 있다. 예를 들어, 1989년의 톈안먼 사태에서는 프랑스 혁명이 준거점이 되었고 자유의 여신상을 통해 미국의 사례가 인용되었다.

따라서 어떤 주어진 행위를 의미 있는 것으로 만드는 배경은 넓고도 깊다. 물론 그것이 세상의 모든 것을 포함하는 것은 아니다. 하지만 적절한 의미를 부여하는 특성들이 제한될 수 있는 것도 아니다. 이 때문에 우리는 의미 부여란 세계 전체, 즉 시간 속에서, 공간 속에서, 타자들 사이에서 그리고 역사 속에서 우리의 총체적 상황에 대한 감각에 의존한다고 말할 수 있는 것이다.

이 확장된 배경의 아주 중요한 한 부분이 내가 앞에서 도덕질서에 대한 감각이라고 불렀던 바로 그것이다. 이 말을 통해 나는 사회적 실천 아래 놓인 규범들에 대한 단순한 인식 이상의 무엇인가를 의미하고자 한다. 그 규범들은 실천을 가능하게 하는 즉각적인 이해의 일부이다. 내가 앞서 언급했듯 그러한 규범들을 실현 가능한 것으로 만드는 어떤 감각이 존재하는데, 그 역시 행위의 맥락을 구성하는 아주 본질적인 부분이다. 사람들은 불가능한 것, 유토피아적인 것⁴을 위해서는 시위하지 않는다. 만일 그런 일이 있더라도, 그것은 **사실상** [시위와는] 조금 다른 행위가 된다. 우리가 톈안먼에서 행진하며 말한 것은 부분적으로 (더욱) 민주적인 사회가 가능하다는 점이며, [중국의] 노인 정치 지배자들의 회의적인 시선에도 불구하고 우리는 그것을 훌륭하게 이루어낼 수 있다는 점이다.

이러한 믿음의 토대—예컨대 인간이란 민주 질서를 유지할 수 있는 존재라거나 그것이 인간의 많은 잠재적 능력 가운데 하나라는 것—는 도덕질서의 이미지들을 포함하고 있다. 바로 그 이미지들을 통해 우리는 인간의 삶과 역사를 이해하는 것이다. 위의 논의로부터, 도덕질서에 대한 우리의 이미지들이 어떤 행동들의 의미를 만들어주는 것이기는 하지만 반드시 **현 상태**에 기울어 있어야만 할 필요는 없다는 것 역시 명확히 해야 할 것이다. 그것들은 마닐라나 베이징에서 그랬듯이 혁명적 실천의 근간이 될 수도 있지만 기존의 질서를 옹호할 수도 있다.

도덕질서에 대한 근대적 이론은 점차 우리의 사회적 상상 안으로 침투하며 그것을 변형시킨다. 이 과정에서, 원래 이상화된 관념에 불과했던 것이 사회적 실천들에 흡수되고 그것과 연관되면서 복합적인 상상이 된다. 그 때 연관되는 실천들은 부분적으로는 전통적인 것이지만, [상상과의] 접촉에 의해 변화되는 것들인 경우도 빈번하다. 이는 내가 앞에서 도덕질서에 대한 이해의 확장이라고 표현했던 것과 관련해서도 매우 중요하다. 우리 상상의 이러한 침투/변형이 없었더라면, 그것은 우리 문화에서 지배적인 시각이 될 수 없었을 것이다.

우리는 가령 동시대 서구세계의 거대한 창건 혁명들, 즉 미국의 독립혁명이나 프랑스 대혁명에서 바로 이러한 이행의 과정을 볼 수 있다. 미국 혁명의 경우에는 그 이행이 훨씬 순조로웠고 덜 파국적이었다. 인민 주권에 대한 이상화된 관념이 인민의 의회 선거라는 기존 관행과 비교적 큰 문제없이 연계되었기 때문이다. 반면 프랑스 혁명의 경우에는 똑같은 원칙을 이미 사회적 합의가 이루어진 일련의 안정된 관행들 속으로 옮겨놓는 일이 불가능했고, 이는 결국 백 년 이상의 시간 동안 나타난 엄청난 갈등과 불확실성의 원천이 되었다. 하지만 이 두 가지의 대사건들 모두에서 사람들은 이론이 갖는 역사적 우월성을 어렴풋이 감지하고 있었다. 이것이 혁명에 대한 근대적 관념에서는 핵심적이었고, 바로 그것에 근거해 우리는 합의된 원칙들에 따라 정치적 삶을 재구성하는 작업에 착수하였다. 그리고 이러한 구성주의(constructivism)는 근대 정치문화의 중심적 특징이 되었다.

하나의 이론이 사회적 상상으로 침투하여 그것을 변형시킬 때는 정확히 어떤 일들이 벌어지는 것일까? 사람들은 대개 새로운 실천들을 받아들이거나 즉흥적으로 수행하거나, 또는 전수받는다. 그러한 실천들은 새로운 사고방식에 의해 의미를 지니게 되는데, 그 사고방식은 처음으로 이론 속에서 명확하게 표현된다. 달리 말해, 그러한 사고방식은 새로운 실천들에 의미를 부여하는 맥락이 된다. 따라서 새로운 이해란 전에 없던 방식으로 참여자들에게 접근 가능한 그 어떤 것이다. 그것이 참여자들에게는 자신을 둘러싼 세계의 윤곽을 규정하는 데에서 시작해서 종래에는 말할 필요조차 없이 명백한, 세상사의 당연하고도 자연스러운 형상으로 여겨지게 되는 것이다.

하지만 이론이 사회적 상상을 변환하는 이 과정 역시 일방적인 것만은 아니다. 행동을 의미 있게 만들어주면서, 이론이 이러한 실천들의 맥락으로서 특수한 외양을 띠게 되기 때문이다. 추상적 범주가 시공간의 현실에 적용되면서 '도식화된다'(schematized)고 했던 칸트의 말처럼, 이론은 공동의 실천이라는 빽빽한 영역 안에서 도식화된다.[5]

이 과정은 여기서 멈추지 않는다. 새로운 실천은 그것이 낳는 암묵적 이해와 더불어 이론을 수정하는 근거가 되기도 한다. 그렇게 수정된 이론은 또다시 실천(관습)을 변화시킬 수 있다. 이런 과정이 계속해서 반복된다.

내가 오랜 전진 혹은 여정(long march)이라 부르는 과정 속에서, 새로운 실천들 혹은 오래된 실천들의 수정은 특정한 집단이나 인구층의 자생적 참여를 통해 발전하거나(이를테면 18세기 교육받은 엘리트들 사이에서의 공론장, 19세기 노동자들 사이에서의 노동조합), 엘리트들에 의해 착수되고서 점점 더 넓은 기반을 확보해가는 식으로 나타났다(예를 들면 파리에서의 자코뱅주의자들의 구역조직*). 또는 그 대신에 일련의 실천들이 서서히 발전

---

* 파리에서의 자코뱅파들의 구역조직: 원래 선거 단위였던 파리의 각 구역(section)은 혁명 이후 곧 지역의 직접민주주의 기구인 정치토론장이 되었다. 파리구역회의는 원래 민주주의와 공화정의 이념을 전파하던 지식인과 법률가들이 주도하다가 상퀼로트라 불린 장인, 소자영업자들에게도 문호를 개방했다. 1792년에는 파리의 총 48개 구역 가운데 47개 구역이 국왕의 폐위를 요구했다. 의회가 이를 묵살하자 48개 구역의 대표자들은 8월 9~10일 시청에 자리 잡고 새로운 시 자치기구 '봉기코뮌'(Commune insurrectionnelle)을 구성해 민중 봉기를 일으켰다. 이는 성공을 거두었으며 그 결과, 의회는 왕권을 정지시켰고 봉기코뮌의 주동인물이었던 당통(Danton) 등을 포함하는 임시행정위원회를 구성했다.

하거나 분화되어가면서 사람들에게 갖는 의미가 점차 변화하기도 하고, 따라서 새로운 사회적 상상(이를테면 '경제')을 구성해내도록 돕기도 했다. 어찌되었든, 결과적으로는 서구사회들의 사회적 상상에, 그리하여 우리가 살고 있는 세계에 심대한 변화가 일어났던 것이다.

1 하이데거(Martin Heidegger), 비트겐슈타인(Ludwig Wittgenstein), 그리고 폴라니(Michael Polanyi)의 저작에 기대어 있는 다음 책들의 논의를 보라. Hubert Dreyfus, *Being in the World* (Cambridge: MIT Press, 1991)과 John Searle, *The Construction of Social Reality* (New York: Free Press, 1995).

2 사회적 상상이 이론화된 것(혹은 이론화될 수 있는 것)을 넘어서도 펼쳐져가는 방식은 사회적 신뢰의 경제에 관한 프란시스 후쿠야마(Francis Fukuyama)의 흥미로운 논의가 보여주고 있다. [그에 따르면] 어떤 경제들에서는 대규모의 비국영 기업이 세워지기가 어렵다. 가족 너머로 확장되는 신뢰의 풍조가 아예 없거나 약하기 때문이다. 이러한 사회들에서의 사회적 상상은 경제적 결사를 위한—친족과 비친족 사이의— 구분을 표시해준다. 이는 그 사회에 사는 사람들까지를 포함해 우리 모두가 알고 있는 경제이론들이 지금까지 대개 주목하지 않았던 사실이다. 정부는 정책이나 법률 개정, 유인동기를 채택할 수 있게 되는데, 이 때 전제는 규모야 어떻든 모든 기업의 설립 활동이 행위 레퍼토리 안에 있으며, 따라서 적절하게 고무하고 자극하기만 하면 된다는 것이다. 하지만 가족을 둘러싼 뚜렷한 상호 신뢰 범위의 감각이 행위 레퍼토리를 심하게 제약할 수도 있다. 사람들에게 사업 방식의 변화가 가져올 이익에 대해 이론적으로 아무리 잘 증명해놓았다 하더라도 말이다. 사회 공간에 대한 암묵적 지도에는 깊은 균열들이 문화와 상상 속에 심층적으로 자리 잡고 있다. 이는 더 나은 이론으로 수정될 수 있는 성질의 것이 아니다. Francis Fukuyama, *Trust* (New York: Free Press, 1995).

3 Mikhail Bakhtin, *Speech* Genres *and Other Late Essays* (Austin: University of Texas Press, 1986).

4 이는 어떠한 종류의 실현가능성도 없는 유토피아를 의미하는 것이 아니다. 그들이 묘사하고 있는 것은 오늘날에는 흉내낼 수도 없는 머나먼 곳 그리고 머나먼 미래 사회다. 우리는 앞으로도 그것을 결코 흉내내지 못할지도 모른다. 하지만, 그 밑에 깔려 있는 아이디어는 이러한 [유토피아적인] 것들이 인간본성의 경향에 바탕을 두고 있다는 의미에서 [아주 어려울지는 모르지만] 실제로 실현 가능하다는 것이다. 토마스 모어(Thomas More)의 책에 등장하는 화자는 유토피아의 사람들이 본성에 따라 살아가고 있다고 생각한다. Bronisław Baczko, *Les Imaginaires Sociaux* (Paris: Payot, 1984), p. 75를 보라. 이는 또한 모어의 책과 그 밖의 많은 '유토피아 관련' 문헌들에 하나의 모델을 제공했던 플라톤의 생각이기도 하다.

5 Immanuel Kant, "Von dem Schematismus der reinen Verständnisbegriffe", in *Kritik der reinen Vernunft*, Berlin Academy Edition (Berlin: Walter de Gruyter, 1968), 3: S. 133~139.

제3장 관 념 론 이 라 는

유 령

나는 서구의 근대성에 관한 이 논의를 그 바탕에 있는 질서관으로부터 시작했다. 그 질서관은 처음에는 이론이었다가 나중에는 사회적 상상의 형성을 촉진시켰다. 어떤 독자들에게는 이러한 논의전개가 역사에서 관념이 독립된 힘을 갖는다고 보는 '관념론'의 혐의를 불러일으킬 수도 있을 것이다. [이러한 독자들이 보기에는] 인과의 화살은 분명히 반대 방향으로 날아간다. 예를 들자면, 질서에 대한 근대적 이해에 있어서 경제모델의 중요성은 실제로 일어났던 일을 반영해야만 한다는 식이다. 상인들과 자본주의적 농업 방식의 출현이라든지, 시장의 확대 같은 것들 말이다. 그리고 이는 올바른 '유물론적' 설명을 제공한다.

나는 이러한 부류의 반대가 관념과 물질적 요인을 서로 경쟁하는 인과적 동인으로 파악하는 잘못된 이분법에 기초해 있다고 본다. 사실 우리가 인간 역사에서 보는 것은 다양한 범주의 인간적 실천이다. 그것은 공간과 시간 안에서 인간 존재에 의해 수행된 물질적 실천으로서, 많은 경우에 강제적으로 유지되며 자기에 대한 개념(self-conceptions)인 동시에 이해의 방식이기도 하다. 사회적 상상에 관한 논의를 기술하는 데 있어 이것들은 흔히 분리될 수 없다. 자기 이해는 행위자들에게 실천의 의미를 부여한다는 점에서 볼 때 실천의 필수조건이기 때문이다. 또 인간적 실천은 의미를 만들어내는 것이며, 어떤 관념들은 그 실천에 내재적이기 때문이다. 그 누구도 무엇이 무엇의 원인이 되었는가 하는 질문을 위해 두 가지를 구분해낼 수는 없다.

만일 유물론이 나름대로 의미 있고자 한다면, 다른 식으로 정식화되어야만 할 것이다. 예컨대, 제랄드 코헨(Gerald A. Cohen)이 사적 유물론에 관한 훌륭한 설명에서 그렇게 했듯이 말이다.[1] 사적 유물론이란 역사 속에서 어떤 동인, 즉 물질적이거나 경제적인 것, 생활수단 혹은 아마도 권력수단을 위한 동인이 지배적이라는 취지의 테제일 것이다. 이 테제는 '더욱 고도의' 형식을 향해 나아가는 생산양식들의 진보적인 전환을 설명하려 한다. 어떤 경우에든, 일정한 생산양식은 일정한 관념, 법률 형식, 널리 수용되는 규범 등을 요구한다. 따라서 마르크스 이론에서는 충분히 발전된 자본주의가 중세적 노동 조건과 양립할 수는 없다고 인식된다. 그것은 형식적으로 (법률적으로) 자유로운 노동자들, 이동의 자유를 갖고 자신이 적절하다고 여길 때 노동력을 팔 수도 있는 노동자들을 필요로 하기 때문이다.

유물론적 테제에서는 생산양식과 법률 형식, 관념들의 이러한 꾸러미 가운데 생산양식이 가장 결정적인 설명 요인이라고 말한다. 행위자들이 새로운 생산양식을 채택하도록 추동하는 기층의 동기가 새로운 법률 형식 역시 채택하도록 유도한다. 생산양식에는 이 법률 형식이 필수적이기 때문이다. 여기서의 설명방식은 목적론적(teleological)이지, 작용인(efficient causation)*의 문제가 아니다. 작용 인과관계는 역사적 설명 속에

---

* 작용인(efficient causation): 아리스토텔레스가 말한, 사물을 생성하고 변화시키는 네 가지 원인 가운데 하나를 말한다. 예를 들면, 책상의 작용인은 목수나 그 작업이 될 수 있다. 아리

전제되고 포함되어 있다. 특정한 법률 형식이 자본제적 생산양식을 촉진시키기 때문에(작용인), 이 생산양식에서 근본적인 우위를 점하는 행위자들은 새로운 법률 형식을 선호하도록 이끌리게 된다(비록 애초에는 무의식적인 행동일지라도 말이다). 이것은 목적 환원적인 설명, 달리 말하면 목적론적 기술이다.

이렇게 정식화된 유물론은 일관성을 지니지만, 보편적 원칙으로서 받아들여지기 어렵다는 대가가 뒤따른다는 점이 지적되어야 할 것이다. 구체적인 여러 맥락에서 우리는 경제적 동인이란 일차적이며 특정한 도덕관념들의 수용을 설명한다는 사실을 간파할 수 있다. 1960년대에 광고인들이 표현적 개인주의라는 새로운 언어를 채택했고 궁극적으로는 새로운 이상 안으로 끌려들어갔듯이 말이다. 그런데 신앙에 의한 구원이라는 종교개혁 원칙의 확산을 경제적인 용어로 설명하려는 시도는 별로 그럴듯해 보이지 않는다. 역사에 있어 유일한 일반규칙은, 언제나 추동력으로 작용하는 한 가지 수준의 동기를 규명해주는 일반규칙은 없다는 것이다. 관념은 언제나 모종의 실천들에 둘러싸인 상태로 역사 속에 나타난다. 비록 그 실천들이 단지 담론적인 성격의 것일지라도 말이다. 그런데 이 [실천으로 싸인 관념의] 꾸러미들을 채택하고 확산시키도록 추동하는 동기들은 아주 다양할 수 있다. 사실 인간 역사를 통틀어, 그러한 동기들의 유형론(경제적 대 정치적 대 관념적 등)이 유효한 적이 있었는지도 분명하지 않다.

하지만 관념들은 그러한 꾸러미들 속에서 나타나기 때문에, 도덕질서

스토텔레스는 작용인과 더불어 질료인·형상인·목적인을 연구대상으로 꼽았다. 사물의 물질적 바탕은 질료인, 그 질료의 성장이나 발전을 규제해주는 법칙은 형상인, 발전을 시작할 수 있도록 최초의 충격을 가해주는 작용자 내지 발전 과정의 출발점은 작용인, 유기체의 경우 성장의 전 과정이 그리로 향하고 있는 최종적인 결과, 사물의 경우 인간이 질료를 변형시키기 전 미리 계획하는 머릿속의 구도가 목적인이다.

에 대한 새로운 관념이 어떻게 힘을 얻어 궁극적으로는 근대성의 사회적 상상들을 형성하기에 이르렀는지에 관해 약간 이야기해본다면, 이는 그 자체로 유용할 뿐만 아니라 관념론에 대한 불편한 마음을 없애줄 수 있을 것이다.

이미 나는 한 가지 맥락, 어떤 의미에서는 이 근대적 질서관의 본거지를 언급했다. 종교전쟁들로 인해 빚어진 파괴에 대응하는 이론가들의 담론적 실천 속이었다고 말이다. 그들의 목적은 신앙과 신념의 차이점들을 넘어서 정당성의 안정된 기초를 발견하는 데에 있었다. 하지만 이 전체적인 시도가 아직은 좀 더 광범위한 맥락 안에 놓일 필요가 있다. 14세기 말부터 16세기까지 지속되었던, 중세 귀족 길들이기라고 이름 붙일 수 있을 만한 맥락이 바로 그것이다. 내가 의미하는 바는 귀족계급의 변화이다. 귀족은 준─독립적인 전사들의 수장에서 왕실/국가의 관리로 변화했다. 전사들의 수장으로서의 귀족계급은 종종 대규모의 부하들을 거느렸고, 이론적으로는 왕에게 충성을 바쳐야 했지만 실제로는 왕권에 의해 제재 받지 않는 온갖 목적을 위해 강제력을 이용할 수 있었다. 한편 왕실/국가의 관리로서 귀족은 때때로 군사력을 이용할 수는 있었지만 더 이상 이런 능력을 독립적으로 사용할 수 없었다.

영국에서 본질적으로 변화가 일어났던 것은 튜더 왕조의 치하였다. 튜더 왕조는 장미전쟁에서 왕국을 황폐하게 만들었던 구(舊) 전사계급의 잔존세력들에 대응하는 새로운 관리귀족(service nobility)을 발흥시켰다. 프랑스에서는 그러한 과정이 훨씬 더 길었고 더 많은 갈등을 낳았다. 그리고 그 과정을 통해 종래의 **무관귀족**(*noblesse d'épée*) 곁에 **법복귀족**(*noblesse de robe*)이 형성되었다.

이러한 전환은 귀족과 젠트리(gentry)* 엘리트들의 자기 이해를 변화시켰다. 이 때, [변화된] 그들의 사회적 상상은 전체 사회가 아니라, 사회 내의 하나의 계급 혹은 지위였으며 그들 자신과 관련되어 있는 것이었다. 그와 더불어 새로운 사회성의 모델, 새로운 이상, 그리고 그들이 제 역할을 하기 위해 받아야 할 새로운 훈련의 개념들도 생겨났다. 또한 결투의례를 지니는 준-독립적 전사, **용사**(*preux chevalier*)의 상(像)보다는 다른 사람들과 함께 왕권에 조언하고 봉사하는 조신(朝臣, courtier)의 상이 더 이상적인 것으로 여겨졌다. 새로운 젠틀먼(gentleman)이 주로 필요로 했던 것은 무기를 다루는 훈련이 아니라, 행정관료가 될 수 있게 해주는 인문주의 교육이었다. 이제 그의 기능은 우선적으로 동료들에게, 궁극적으로는 통치권력에 조언을 해주고 상대를 설득하는 것이었다. 자기표현, 수사학, 설득, 우정을 얻기, 멋지게 보이기, 조정하기, 호감 주기와 같은 능력들의 계발이 필수적이었다. 구 귀족들이 자신들에게 종속된 가신들로 둘러싸인 채 영지를 기반으로 생활했다면, 새로운 최상층은 궁정이나 도시에서 활동해야만 했다. 거기에서는 위계질서가 훨씬 복잡했고, 자주 모호했으며, 때로는 아직 정해져 있지 않기도 했다. 누군가가 숙련된 책략을 쓴다면 순식간에 정상에 오를 수도 있었기 때문이다(또 누군가가 실수를 한다면 급작스럽게 추락해버릴 수도 있었다).**2**

그리하여 엘리트들을 위한 인문주의 훈련의 중요성이 새롭게 조명되었다. 당신의 아이에게 말을 타거나 창 쓰는 법을 가르치는 대신에, 에라스무스*나 카스틸리오네(Castiglione)**를 읽게 하라. 적절하게 말하는

---

* 젠트리: 가문의 문장(紋章)을 가질 수 있는 영국의 신분계층으로 기사, 에스콰이어, 젠틀먼과 같은 하급귀족을 가리킨다. 젠트리의 제일 아래에 있는 젠틀먼은 넓게는 작위귀족을 포함하는 모든 귀족층을, 좁게는 에스콰이어 아래에 있는 소지주를 가리킨다. 젠트리는 시골에 사는 지주이기에 향신(鄕紳)이라고 옮기기도 하며, 역사적으로는 17세기 청교도 혁명의 주요 세력이었다. 혁명 이전 젠트리는 합리적 토지경영과 관직 등을 통해 부와 지위를 획득했고 궁정이나 의회로 진출했다.

* 에라스무스(Desiderius Erasmus, 1469~1536): 네덜란드의 신학자이자 인문학자. 기독교 공동체라는 이상을 견지하면서 교회의 타락을 비판했으며, 인문주의적 가치를 강조하면서 전

법, 좋은 인상을 주는 법, 아주 다양한 상황에서 다른 사람들과 능란하게 대화하는 법을 아이가 알 수 있도록 말이다. 이러한 훈련은 귀족계급이나 상류사회의 아이가 나아가야 할 새로운 종류의 사회 공간, 새로운 유형의 사회성에서 의미가 있었다. 새로운 사회성을 정의하는 패러다임은 의례화된 전투가 아니라, 유사−평등성(qausi−equality)의 맥락에서 대화하기, 말하기, 호감을 주기, 설득력을 발휘하기 등이었다. 유사−평등성의 맥락이라는 말은 위계질서의 부재를 가리키는 것이 아니다. 궁정 사회는 위계질서로 가득 차 있었기 때문이다. 그보다도 내가 말하고자 하는 것은 앞에서 언급된 복잡성, 모호성, 비결정성 탓에 위계질서가 부분적으로 고려대상에서 제외되어야만 했던 맥락이다. 상류사회의 구성원은 예절이라는 어떤 공통된 제약 안에서 매우 다양한 수준으로 사람들에게 말하는 법을 배우게 된다. 상대방에게 호감을 주고 설득력을 발휘할 수 있으려면 화법이 요구되기 때문이다. 언제나 계급으로 아랫사람들을 억누르면서 무시하거나, 말이 짧아 윗사람들에게 제대로 이야기하지 못한다면 당신은 성공할 수 없을 것이다.

이러한 자질들은 종종 '예의'(courtesy)라는 말 안으로 묶여 들어갔다. 이 말의 어원은 그 자질들이 펼쳐져야만 했던 공간을 가리키고 있다['courtesy'의 어원인 'court'는 궁정을 의미한다]. 그것은 [11~14세기 무렵에 주로 프랑스 남부에서 활약했던] 음유시인들의 시대로까지 거슬러 올라가며 15세기에는 융성한 부르고뉴 궁정의 시대를 거쳤던 아주 오래된 용어이

유럽적 문예공동체의 실현을 위해 노력했다. 라틴어로 쓴 신학저작 이외에도, 『격언집』(*Adagia*, 1500), 『우신예찬』(*Encomium Moriae[Laus Stultitae]*, 1511), 『대화집』(*Colloquia*, 1518) 등의 문학작품이 있다.

** 발데사르 카스틸리오네(Baldessare Castiglione, 1478~1529): 이탈리아의 시인이자 외교관. 주요 작품 『궁정인』(*Cortegiano*, 1528)을 통해 이상적인 궁정인 혹은 교양인의 상을 기술했다.

다. 하지만 그 의미는 변했다. 예전의 궁정들이란 준-독립적인 전사들이 이따금씩 한데 모여 마상 창시합을 벌이거나 왕가를 둘러싸고는 신분위계를 과시하던 장소였다. 그런데 카스틸리오네가 엄청난 인기를 끌었던 저작 『궁정인』(Courtier)*을 썼을 때, 그 맥락은 우르비노 공작부인(Duchess of Urbino)의 도시-궁정을 가리키고 있었다. 그곳이 바로 궁정인의 거주지였고, 거기서 그의 직업은 통치자에 대한 조언이었다. 삶이란 끊임없는 대화였던 것이다.

나중에 갖게 된 의미에서, 예의는 또 다른 용어인 '문명성'(civility)과 연계되기에 이르렀다. 이 용어 역시 그 배경이 아주 빽빽하다.

이 이야기의 중요한 가닥은 우리 '문명'(civilization)의 선조, 즉 르네상스 시대의 문명성이라는 개념과 더불어 그만큼 강력하게 시작된다. 그것은 탁월성, 세련미 등 우리가 생활에서 가치 있게 여기는 중요한 성취들이 결여되어 있는, 다른 이들은 못 가지고 우리만이 가지고 있는 그 무엇이다. 이 다른 이들이 '야만인'(savages)이었다. 그 용어에서 알 수 있듯, 바탕에 깔려 있는 핵심은 숲 속에서의 삶과 도시 안에서의 삶 사이의 대비였다.

고대인들에게 도시는 가장 뛰어나고도 고상한 인간 삶의 장소로 여겨졌다. 아리스토텔레스는, 인간은 단지 도시국가 안에서만 완전한 자신의

---

* 『궁정인』(Courtier)[프랑스어 제목]: 『궁정인』은 이상적인 궁정 신하의 덕목과 처세에 관해 다룬 책으로, 1507년 3월의 나흘 저녁에 걸쳐 신사와 귀부인들이 우르비노 궁정에서 모여 대화를 나누는 장면을 상상하여 쓴 대화록이다. 카스틸리오네는 문답 형식을 빌려 자신이 살았던 시간적, 공간적 배경 아래 대두되던 생생한 사안들을 다루고 있을 뿐만 아니라, 중세의 이상적인 기사도 정신과 고대 사회의 미덕 그리고 당시 인문주의자들의 염원을 광범위하게 담아내고 있다. 르네상스의 궁정 사회는 치열한 자기검열과 상호경쟁이 벌어졌던 냉혹한 정치 세계의 축소판이었다. 이러한 세계에서 살아남기 위해 카스틸리오네는 아리스토텔레스적 모델에 따라 극단적 삶의 양식을 거부하는 일종의 중용의 덕을 필수 생존 전략으로 제시한다.

본성에 이를 수 있다고 밝혔다. 문명성은 도시국가(civitas)를 번역한 라틴어 단어와 연관된다. 사실은 그리스어 단어의 파생어들도 이와 밀접한 의미로 쓰였다. 17세기에 프랑스인들은 자신들은 갖고 있지만 **야만인들**(*sauvages*)은 갖고 있지 않은 **문명화된 국가**(*état police*)를 이야기했다(나중에 나는 '세련된'[polished] 사회라는 이상이 지니는 중요성을 논할 것이다).

이 용어가 가리키고 있는 것 가운데 하나는 통치양식이었다. 즉 인민은 법전 아래에서 법질서에 맞게 다스려져야 하며, 통치자와 판사들 역시 법에 따라 그들의 기능을 수행해야 한다는 것이다. '자연 상태의 인간'이라는 이미지가 투사되었기 때문에, 야만인들은 이러한 것들을 결여하고 있다고 주장되었다. 하지만 그들 대부분에게 진정으로 빠져 있었던 것은 우리가 근대 국가라고 생각하고 있는 것의 형성이었다. 사회에 대한 엄청난 권력을 손안에 쥐고서, 이 사회를 의미 있는 방식으로 다시 주조해낼 수 있는 통치의 지속적인 수단으로서의 근대 국가 말이다.[3] 그리고 이 국가가 발전함에 따라, 그것은 문명화된 국가의 결정적인 양상으로 여겨지기에 이르렀다.

문명성에 의해 요구되는 통치양식은 영토 내부의 평화를 일정 정도 보장하기도 했다. 팔팔한 귀족 난봉꾼들 사이에서든 아니면 인민들 사이에서든 간에 그것은 난폭함, 승인 받지 않은 마구잡이식 폭력, 또는 공개적인 싸움과는 조화를 이루지 못했다. 물론 근대 초기에는 이런 일이 숱하게 벌어졌다. 그리고 이는 르네상스 담론에서 문명성이 차지하는 자리와 우리 시대의 담론에서 문명이 차지하는 자리 사이에 존재하는 중대한 차이점을 일깨워준다. 조간신문에서 보스니아나 르완다에서의 대학살 혹은 라이베리아에서의 정부 붕괴에 관한 기사를 읽을 때, 우리는 우리가 문명이라는 것을 평온하게 누리며 살고 있다고 느끼는 경향이 있다. 비록 그렇게 큰 소리로 터놓고 말하는 것은 약간 민망하게 여길 수 있겠지만 말이다. 우리나라에서 인종폭동이 일어나면 잠시 마음의 평정을 잃었다가 곧 [원래 상태로] 되돌아간다.

그런데 이러한 이상이 널리 확산되어 있던 르네상스 시대의 엘리트들은 그것이 외국에 존재하지 않을 뿐만 아니라 자국 내에서도 정말로 불완전하게밖에는 실현되어 있지 않다는 점을 너무도 잘 알고 있었다. [문명성의 구현에서] 일반인들은 아직도 갈 길이 먼 상태로 남아 있었다. 미국에 사는 야만인들이나 유럽 주변부의 야만인들(예를 들면 아일랜드인, 러시아인 등등)⁴보다는 훨씬 나은 사람들일지라도 말이다. 1551년 공공 교육에 관한 베네치아 법이 제안했던 것처럼, 심지어 지배엘리트의 구성원들조차도 새로운 세대는 매번 확고한 훈육을 받을 필요가 있었다.⁵ 문명성이란 우리가 문명에 관해 생각하는 것과는 달리, 역사의 어떤 단계에서 성취하고는 그 안으로 느긋하게 들어가버리기만 하면 되는 그런 것이 아니었다.

문명성은 내가 위에서 귀족층 길들이기로서 묘사했던, 1400년경부터 유럽 사회들이 겪어온 이행을 반영하는 것이다. 새로운(혹은 새롭게 재발견된) 이상은 새로운 생활양식을 반영했다. 장미전쟁 이전의 영국 귀족과 젠트리의 삶을 튜더 왕조 치하의 삶과 비교해보면, 그 차이는 충격적일 정도이다. 국왕을 위한 전쟁 상황이 아닌 한, 전투는 더 이상 이 계급의 정상적인 생활양식의 일부가 될 수 없었다. 이러한 과정이 4세기 이상 지속되었고 드디어 1800년경 정상적인 문명국가라는 말이, 영토 내부의 계속적인 평화를 보장할 수 있고 상업이 전쟁 대신에—또는 최소한의 전쟁과 함께—정치 사회가 중시하는 최고의 활동으로서 자리 잡은 국가를 가리키게 되었다.

이러한 변화가 아무런 저항 없이 이루어졌던 것은 아니다. 귀족 젊은이들은 갑작스럽게 결투를 벌이기도 했다. 카니발은 폭력 흉내와 진짜 폭력 사이의 아슬아슬한 경계선 위에서 흔들렸다. 산적들도 수두룩했다. 유랑자들은 잠재적으로 위험한 존재였다. 도저히 견딜 수 없는 생활 조건으로 말미암은 시민폭동과 농민봉기도 되풀이되었다. 문명성은 어느 정도 쟁취해야 할 강령일 수밖에 없었던 것이다.

질서정연한 통치는 문명성의 한 단면이었다. 하지만 또 다른 단면들도 있었다. 지금의 우리라면 테크놀로지라고 불렀을 만한 기술과 과학의 일정한 발전(여기서 다시 우리 문명과의 유사성이 드러난다), 합리적이고 도덕적인 자기 통제의 발전, 그리고 또 중요하게는 취향, 예의, 세련성—즉 건전한 교육과 정중한 예의범절의 발전.[6] 하지만 이러한 발전들은, 질서 잡힌 통치와 영토 내부의 평화 못지않게 훈육과 훈련의 결실로서 간주되었다. [여기서 작동하고 있는] 근본적인 이미지는 본래 거칠고 날것 그대로인 본성을 잘 길러낸 혹은 길들인 결과로서의 문명성이라는 것이었다.[7] 지금 우리 눈에는 충격적인, 우리 선조들의 자민족중심주의(ethnocentricity)의 바탕에는 바로 이런 이미지가 있었다. 다시 말하자면 그들은 미국 인디언들과 자신들의 차이를, 오늘날 우리가 말하듯 두 문화 사이의 차이가 아니라 문화와 자연 간의 차이로 보고 있었다. 우리는 훈련받고 훈육되고 교육받았으며, 그들은 그렇지 않다. 날 것이 익힌 것을 만난 셈이다.

이러한 대비에는 양가감정이 있었다는 점을 잊지 않는 것이 중요하다. 많은 이들이, 문명성은 우리의 기운을 빼앗는다고, 우리를 맥빠지게 만든다고 주장했다. 아마도 최상의 미덕은 변질되지 않은 바로 그 본성에서 찾아야 할 것이었다.[8] 물론, 예컨대 몽테뉴가 그러했듯이, 이 모든 자민족중심적인 인식에서 자유로운, 영예로운 예외들이 있다.[9] 하지만 '야생의/길들여진'이라는 대비 속에서 생각했던 사람들은 어느 편에 서 있든 일반적으로 우리를 야생의 상태로부터 길들여진 상태로 이끌었던 과정이 혹독한 훈육을 수반했다고 보았다. 립시우스*는 그것을 "거기에 닿기만 하면 사람이건 짐승이건 모두 길들게 되는, 이전에는 모두 사납고 제멋대로였던 이들을 위압감과 적절한 복종 속으로 몰아가는 키르케(Circe)의 마술지 팡이"[10]라고 정의했다. '키르케의 마술지팡이'*는 무척이나 멋진 문학적 이미지이며 훈육을 쉬워보이게 하지만, 문장의 두 번째 부분은 이러한 전환이 지리하고 힘든 일이라는 점을 일깨우고 있다. 문명성은 단지 사물을 있는 그대로 내버려두는 것이 아니라 변화시키면서, 당신 자신에 대해 작업할 것을 요구하는 것이다. 이는 우리 자신을 다시 만들어가는 싸움이나 다를 바 없다.

이렇게 해서 [15세기 말~16세기 초] 전성기 르네상스(high Renaissance)의 예의범절에 대한 이해는 문명성에 대한 당대의 이해에 가까워지게 된다.[11] 이러한 수렴은 귀족층 길들이기와 당시 태동 중이던 근대 국가 치하에서 사회가 내적 평온을 얻었던 상황을 반영한다(외부와의 전쟁은 다른 문제였다). 이 두 가지 미덕은 새로운 엘리트 사회 공간 안에서 [구성원들을] 응집시키기 위해 필요했던 특질들을 나타내고 있다. 즉 "모든 인간 사회는 예의범절과 인류애에 의해 유지되고 보존"되며 "문명성의 주된 기호는 평온, 화합, 합의, 연대감, 우애"인 것이다. 사회의 조화와 전체적인 평화를 장려하는 덕목들에는 문명성뿐만 아니라 "예의범절, 친절, 공손, 온화, 인류애"[12]도 포함된다.

문명성에 대한 논의를 통해 우리는 온순해진 엘리트로의 이행이 지니는 세 번째 측면에 주목하게 된다. 문명성은 인간 존재의 자연적인 조건이

---

* 유스투스 립시우스(Justus Lipsius, 1547~1606): 플랑드르 태생의 인문주의자이자 고전학자. 고전문학과 역사 연구에 정통했으며 윤리와 정치이론에 대한 평론으로도 유명한 인물로 알려져 있다.
* 키르케의 마술지팡이: 키르케는 전설의 섬 아이아이에(Aiaie)에 살면서 마술지팡이를 사용하여 그 섬에 오는 사람들을 짐승으로 변하게 했던 그리스 신화의 마녀이다. 트로이 함락 후 귀국 중이던 오디세우스가 부하들과 함께 아이아이에에 도착했고, 섬의 탐험에 나섰던 부하들은 키르케에 의해 돼지로 변해버렸다.

아니었고 쉽게 성취될 수 있는 것도 아니었다. 그것은 엄청난 훈육 노력, 날 것의 본성 길들이기를 요구했다. 어린아이란 법이 없는 '자연적인' 조건을 체현하며, 그것은 바뀌어야만 하는 것이다.[13]

그러므로 우리는 문명성의 개념을 단순히 귀족층 길들이기라는 맥락에서가 아니라, 훨씬 더 광범위하고 야심찬 시도와의 관계 속에서 이해할 필요가 있다. 훈육의 새로운 형식들—경제적, 군사적, 종교적, 도덕적—을 통해서 사회의 모든 계급을 변화시키려는 시도가 바로 그것이다. 이는 최소한 17세기 이래 유럽 사회의 놀라운 모습이었다. 이러한 전환은 양쪽에서 그 동력을 얻고 있었다. 한쪽은 개신교와 가톨릭에 공통적이었던, 완벽한 종교개혁에 대한 열망이었고, 다른 한쪽은 더욱 막강한 군사력과 그 필요조건으로서 한층 생산적인 경제를 성취하려는 국가들의 야망이었다. 사실 이 두 개의 프로그램은 종종 서로 교차되곤 했다. 종교개혁 정부들은 종교를 훈육의 아주 좋은 원천으로, 교회를 편리한 도구로 보았다. 많은 종교개혁가들은 질서정연한 사회생활을 개종의 필수 표현으로 간주했다.

예를 들면, 훌륭한 삶에 대한 청교도적 개념은 성인(聖人)을 새로운 사회질서의 지주로 여겼다. 수도사, 거지, 유랑자 그리고 게으른 신사는 나태하고 무질서하지만, 성인은 "정직하고도 품위 있는 생업에 종사하며 게으름이 자신의 감각을 둔화시키도록 내버려두지 않는다."[14] 이 생업은 단순히 아무런 활동이든 상관없는 것이 아니라, 평생의 소명으로서 그가 헌신하는 활동을 의미하는 것이다. "일상적으로 종사할 정직한 직업이 없는 자, 자신이 헌신할 정해진 진로가 없는 자가 신을 기쁘게 할 수는 없다." 청교도 전도사 새뮤얼 하이어론(Samuel Hieron)은 이렇게 말했다.[15]

이러한 사람들은 근면하고 규율이 바르며 쓸모 있는 일을 하고 무엇보다도 믿을 수 있다. 그들은 '정해진 진로'를 가지며, 따라서 서로가 예측 가능하다. 당신은 그들이 더불어 만드는 관습들 위에 견고하고 신뢰할 만한 사회질서를 구축할 수 있을 것이다. 그들은 해악에 넘어가지 않을 것이다. 나태야말로 온갖 종류의 악이 생겨나는 주된 번식지이기 때문이다. "게으른 자의 머리는 재빨리 악마의 작업장이 된다. […] 도시에서 관리들에 대항하는 폭동이나 불평은 어디서 나오는가? 여기서 태만보다 더 큰 이유를 댈 수는 없을 것이다."[16]

그러한 사람들과 더불어서만 안전하고 질서가 잘 잡힌 사회가 건설될 수 있다. 물론 모든 사람이 그들 같지는 않을 것이다. 그렇지만 청교도적 기획으로는 이러한 난관도 극복할 수 있다. 신앙이 깊은 사람들이 통치해야 하며, 죄 많은 사람들은 통제받아야 하는 것이다. 리처드 백스터 (Richard Baxter)가 생각했듯이, 행정 관료는 모든 이들이 "자발적이며 개인적인 기독교의 소명을 찾을 때까지 […] 신의 말씀을 배우고 조용하고 절도 있게 길을 가도록"[17] 해야 한다. 물론 이는 칼뱅이 주네브에서 일으켜 세웠던 질서와 기본적으로 똑같은 것이었다.

이렇듯 칼뱅주의적 종교개혁은 진정한 기독교적 순종에 이르는 길을 정의하는 한편, 그 시대의 심각한, 심지어는 경악스러운 사회 위기들에 대한 해법을 제공하고 있는 것처럼 보였다. 영적 갱생과 시민적 질서의 복원이 함께 가는 것으로 여겨졌던 것이다.

이를 달리 설명하자면, 다음과 같이 말할 수 있을 것이다. 대부분 성직자들로 이루어져 있었지만 속인들의 비중이 증가하고 있던 후기 중세의 엘리트층은 훨씬 열렬한 헌신적 신앙의 이상을 발전시켰고 교회 개혁을 요구하는 데까지 이르렀다. 그러는 동안 동일한 엘리트층의 구성원들──때로는 다르고 때로는 같은 사람들──은 더 질서정연하고 덜 폭력적인 사회적 실존에 대한 요구와 더불어 문명성의 이상을 발전 내지 회복시키고 있었다. 이 둘 사이에는 긴장뿐만 아니라 협력 관계도 있었다. 그들은 서로를 변형시키게 되었고, 실제로 중첩되는 의제를 갖게 되었다.

그러므로 이러한 맥락에서 문명성의 이상이 능동적이고 변화 지향적인 의제를 발전시켰다는 사실 이면에는 복잡한 인과론적 이야기가 있다. 확실히, 시간이 지나면서 군사력, 따라서 재정력, 따라서 근면하고 교육받았으며 훈육된 인구의 경제적 수행성에 대한 점증하는 요구가 그러한 발전을 추동했다. 하지만 그러한 발전은 또 부분적으로는 종교개혁의 의제와 함께 협력하고 서로 영향을 미친 결과다. 그에 따라 개선(improvement)은, 신(新) 스토아주의 윤리에서 보듯, 그 자체를 위한 의무로 여겨지게 되었다.

소극적으로 말하자면 그것은 부분적으로는 사회질서를 위협하는 실제 위험을 제거하려는 시도였으며, 또 부분적으로는, 과거에는 받아들여졌지만 새로운 이상을 위해 싸우는 사람들을 근본적으로 불편하게 만들었던 카니발이나 무질서한 축제와 같은 관습에 대한 반작용이었다. 이 지점에서는 종교개혁과의 협력관계가 다시 한 번 두드러진 역할을 했다. 타락 행위를 보고 분노하는 감수성은 독실한 종교의식의 한 특징이었기 때문이다.

우리는 성도덕의 영역에서 명백한 사례들을 볼 수 있다. 중세에는 유럽의 많은 지역에서 성매매가 너그럽게 받아들여졌다. 그것은 간통과 강간, 그리고 그로 인한 파괴적인 결과들에 대응하는 분별 있는 예방책인 것처럼 보였다.[18] 심지어 콘스탄츠 공의회*마저도 시내에 몰려든 수많은 참가

---

* 콘스탄츠 공의회: 신성로마제국의 황제 지기스문트가 제창하여 교황 요한 23세가 독일 남부 콘스탄츠에 소집한 중세 최대의 종교회의(1414~1418). 각국의 수많은 고위 성직자, 신학자, 교회법학자, 통치자들이 참석하여, 유럽에서의 교회 분열을 종식시키고 이단을 추방함으로써, 교회 개혁에 박차를 가했다. 이 종교회의는 콘스탄츠에 약 10만 명의 군중을 불러 모았던 것으로 전해진다.

자들을 위해 한시적으로 사창가를 운영했을 정도였다. 그러나 새로운 신앙 풍조는 성적인 순결성을 강조하는 경향이 있었으며, [문제의] 주된 초점을 폭력과 사회분열이라는 죄로부터 다른 데로 옮겨놓았다. 그에 따라 성매매에 대한 태도 또한 변화하게 된다. 성매매를 슬며시 용인하는 일은 상상할 수 없는 짓이 되었으며, 성매매는 아주 불편한 문제가 되었다. 일종의 매혹─혐오의 양가감정이 떠올랐고, 이는 타락한 여성들을 구제하려는 광범위하면서도 지속적인 시도 속에서 표현되었다. 사람이라면 이런 일이 계속되도록 내버려둘 수 없는 것이었다. 사람이라면 행동해야만 했던 것이다.

요점만 간추리자면 이렇다. 근대 초기 엘리트층은 [앞서 논의한] 두 이상이 결합해 힘을 발휘하는 상황에서 다방면의 민중적 관습들과 점점 더 대립하게 되었다. 자신들이 무질서, 소란, 난폭성으로 규정한 것에 대해서 엘리트층은 점차 참을성을 잃어갔다. 이전에는 정상적인 것으로 받아들여졌던 것이 이제는 용납될 수 없는 것, 심지어 수치스러운 것으로까지 여겨졌다. 내가 기술해온 복합적 동기들은 이미 16세기 동안에, 때로는 그 이후로도 계속, 네 가지 유형의 프로그램을 출범시키게 되었다.

1. 새로운 종류의 구빈법(救貧法)들이 법제화되었다. 이 법들은 이전까지 진행되어왔던 상황의 의미심장한 전환, 나아가 역전을 포함한다. 중세에는 가난을 둘러싸고 신성한 의무(sanctity)라는 아우라(aura)가 있었다. 이는, 극단적으로 신분을 중시했던 이 사회가 사회적 사다리의 맨 밑바닥에 있는 빈자(貧者)와 약자들에 대해 건전한 경멸감을 갖고 있지 않았다는 의미가 아니다. 하지만 바로 그 때문에, 빈자는 성스러워질 수 있는 기회를 제공했다. 마태복음 25장에 따르면, 어려움에 처한 사람을 돕는 것은 예수를 돕는 것이다. 이 세계의 강자

들이 자신들의 긍지와 죄를 상쇄하기 위해 했던 일 가운데 하나는 빈자들에게 구호품을 제공하는 것이었다. 수도원들이 그랬듯이 왕들도 그렇게 했으며, 나중에는 부유한 부르주아들이 그렇게 했다. 부자들은 유언장에 자신의 장례식 때 많은 빈민들에게 시혜를 베풀고 대신에 그들로 하여금 망자의 영혼을 위해 기도할 수 있게 하라는 조항을 남겼다. 복음서의 이야기와는 반대로*, 하늘나라에까지 울린다는 거지 나사로(Lazarus)의 기도는 부호들이 천국에서 편안히 잠들수 있도록 도왔던 것이다.[19]

그런데 15세기가 되자 부분적으로는 인구 증가와 농산물의 흉작, 그리고 그에 따른 빈민들의 도시 유입으로 인해 이러한 태도가 근본적으로 바뀐다. 일련의 새로운 구빈법들이 채택되는데, 그 원칙은 일할 능력이 있는 자들과 정말로 자선(慈善)밖에는 의지할 데가 없는 이들을 뚜렷이 구분하고 있었다. 일할 능력이 있는 자들은 추방당하거나, 아니면 열악한 환경 속에서 아주 낮은 보수를 받으며 일해야만 했다. 무능력한 자들은 구호물자를 제공받을 수 있었지만, 이는 고도로 통제된 조건 아래서 이루어졌다. 이들은 결국 어떤 면에서는 감옥과 유사한 시설에 감금되곤 했다. 거지의 아이들을 재활시키려는 시도, 이들에게 장사를 가르치고 이들을 쓸모 있고 부지런한 사회 구성원으로 만들려는 노력도 이루어졌다.[20]

이 모든 활동들—일자리 제공, 구호물자 지급, 훈련 그리고 재활—에는 경제성의 수단이자 통제의 수단으로서 감금이 뒤따를 수 있었다. 이렇게 해서, 미셸 푸코(Michel Foucault)의 명명에 따라 그 이후 대감호

---

* 복음서의 이야기와는 반대로: 신약성서에 나오는 신앙심이 깊은 거지 나사로의 이야기를 가리킨다. 병에 걸린 나사로는 한 부잣집에서 어렵게 빌어먹다가 죽어 천국에 간다. 반면 부자는 죽은 뒤 지옥에 떨어져 고통을 받으며 나사로를 부러워한다.

(*le grand renfermement*)라고 불리게 된 시기가 시작된다. 이는 다른 부류의 무능력자들, 그 유명한 광인들을 포함하기에 이르렀다.[21]

2. 국민국가의 정부, 시 당국, 교회는 종종 개별적으로, 때로는 힘을 합쳐 샤리바리(charivaris)*, 카니발, 무질서한 축제, 교회에서의 춤과 같은 민중문화의 몇몇 요소들을 혹독하게 대했다. 여기서도 일종의 역전이 드러난다. 예전에 정상적인 것으로 보였던 것, 모든 사람들이 참여할 준비가 되어 있었던 것이 이제는 온전히 비난받아 마땅한 것처럼 여겨졌으며, 어떤 의미에서는 크게 불온한 것으로 간주되었다. 에라스무스는 자신이 1509년 시에나(Siena)에서 목격한 카니발에 대해 '비기독교적'이라고 비난했다. 첫째, 그것은 "과거 이교신앙의 흔적들"을 포함하고 있으며, 둘째로 그 때문에 "사람들이 방탕에 빠져 제멋대로 행동한다"는 이유에서였다.[22] 엘리자베스 1세 때 청교도인 필립 스텁스(Philip Stubbes)는 "해로운 춤의 가공할 만한 악덕"을 공격했다. 춤은 사람들에게 "추잡하고 불결한 더듬기"를 조장하기 때문에 "매음의 시초이자 부정의 예비 행위이며, 불결함의 자극제이자 모든 종류의 음란성의 초입경"이 된다는 것이다.[23]

버크(Burke)가 지적하듯, 성직자들은 민중문화의 이러한 측면들을 수세기에 걸쳐 비판해왔다.[24] 여기서 새로웠던 점은 두 가지였다. 하나는 신성한 것의 자리에 대한 우려가 새롭게 생겨나면서 종교적 공격이 강화되었다는 것이다. 다른 하나는 문명성의 이상과 그에 따른

---

* 샤리바리(charivaris): 샤리바리는 프랑스를 비롯하여 인도유럽 문화권에서 나타나는 오래된 의례다. 그것은 우주와 자연의 조화를 깨는 행위를 처벌하는 기능을 담당했다. 결혼의 질서를 파괴하고 불임가능성을 높이는 재혼은 샤리바리의 대표적인 대상이 되었다. 하지만 이는 우주와 자연의 조화를 깬 공동체 내 구성원들(즉 재혼 당사자들)을 처벌하는 동시에 통합하는 기능을 수행했다.

질서정연함, 공손함, 세련됨의 규범으로 인해 지배층이 이러한 민중 문화의 관습들로부터 멀어졌다는 사실이다.

3. 위에서 논한 두 행동들은 17세기를 거치면서 세 번째 행동에 포섭되었다. 프랑스와 중부 유럽에서 발전하고 있었던 절대주의적 혹은 통제경제 정책(dirigiste) 경향의 국가 기구들에 의한 노력이 바로 그것이다. 그것은 권력을 공고히 하고 나아가 개선(improvement)을 이루기 위하여, 신민들의 경제적, 교육적, 정신적, 물질적 복지를 법령들을 통해 구체화하려는 노력이었다. 질서정연한 경찰국가(Polizeistaat)*라는 이상은 15세기부터 18세기까지의 독일에서 가장 고조되었다.[25] 이러한 통제경제 정책적 활동의 동인은 종교개혁의 여파로 조성된 상황에서 나타났다. 즉 각 영토의 지배자는 (신교의 영토들에서) 교회가 재조직되는 모습을 보게 되었으며, (모든 영토에서) 국교 신봉을 강제해야만 했던 것이다. 그런데 통제의 시도가 그 다음 세기[즉 16세기]에는 더욱 확장되었고, 경제적, 사회적, 교육적, 도덕적 목표들을 아우르게 되었다. 여기에는 우리가 이미 탐색했던 영역의 일부가 포함된다. 빈민구제를 까다롭게 규제하고 몇몇 전통적인 축제와 관습들을 폐지하는 것 말이다.[26] 어쨌든 16세기에는 통제의 노력이 확대되어 학교 교육을 정립하고 생산성을 증가시키며, 신민들에게 더 합리적이고 성실하고 부지런하며 생산 지향적인 사고방식을 주입하겠

---

* 경찰국가: 17세기에서 18세기 사이의 유럽 절대전제군주국가. 이 때 경찰(Polizei)이란 경찰권·행정권을 포함하는 국가권력과 같은 의미로 여겨진다. 경찰국가는 강력한 국가권력을 배경으로 경찰권을 강화하였으며 국부의 증대를 위해 중상주의를 취하였다. 국가의 목적으로 공공복지(salus publica)의 실현과 증대를 내세웠지만 그 내용을 결정하는 주체는 절대군주였으며, 국민생활의 모든 분야에 대한 국가의 무제한적인 간섭을 당연시했다. 이후 사상적으로 국민의 자유를 확보하려는 법치국가론이 등장함에 따라 경찰국가론은 쇠퇴하기에 이르렀다.

다는 시도가 이루어졌다. 사회는 자기훈육을 유도한다는 목표와 더불어 그 자체도 훈육되어야 했다.[27]

간단히 말해, 이는 문명성의 이상이 지니는 어떤 특징들을 점점 더 폭넓은 인구층에 부과하는 일을 의미했다. 의심할 바 없이, 여기서 중요한 동기는 실전에 쓸 복종적 군인들을 배출할 인구집단을, 그리고 그 비용을 대고 무장시킬 수 있는 자원을 창출한다는 것이었다. 그러나 이러한 법령들 가운데 많은 것은 (그들이 보기에는) 개선 자체를 목표로 설정했다. 18세기로 이행해감에 따라, 법령의 목표는 점점 더 계몽의 이상을 구현하게 된다. 개인과 전체 사회에 미치는 이익이라는 명분 아래 인간 활동의 생산적이고 물질적인 측면들을 더욱 강조하게 되었던 것이다.[28]

4. 훈육의 양식, '방법', 절차들의 확산에 주의를 기울여보면, 우리는 이 모든 발전을 다른 각도에서 바라볼 수 있게 된다. 그러한 양식들 가운데 어떤 것들은 개인적인 영역에서의 자기 통제 방법, 지적 혹은 영적 발전 방법으로 생겨났다. 또 다른 것들은 위계적 통제라는 맥락에서 주입되고 부과되었다. 푸코는 신체 운동의 면밀한 분석에 기초한 훈련 프로그램들, 즉 신체 운동을 부분으로 분해한 뒤, 표준화된 형식 속에서 사람들을 반복 연습시키는 프로그램들이 16세기에 얼마나 번성했는지 지적한다. 물론 그 일차적인 중심지는 새로운 군사 훈련 양식을 개시했던 군대였다. 하지만 그 원칙들 가운데 일부는 학교, 병원, 그리고 나중에는 공장에까지 적용되기에 이른다.[29]

자아의 전환을 목표로 하는 방법적 프로그램들 가운데 가장 잘 알려진 한 가지가 영적 변화를 향한 명상인 카스티야 로욜라(San Ignacio de Loyola)의 영적 훈련*이었다. 하지만 '방법'에 의해 인도되는 '명상'이라는, 이 두 가지 핵심 아이디어는 한 세기 뒤에 데카르트가 제안한 프로그램* 속에서야 그 결실을 맺게 된다(요컨대, 데카르트는 라플레쉬[Laflèche] 예수회학교**에서 예수회 신부들에게 교육을 받았던 것이다).

세 번째와 네 번째 측면들을 함께 고려하면, 다음의 두 가지 현상을 볼 수 있다. 한편으로 우리는 문명성 개념과 연계된 새로운 엘리트 사회성 모델의 발전을 본다. 그 패러다임은 유사-평등성의 조건 아래서 이루어지는 대화이다. 다른 한편으로는 지배층을 넘어 훨씬 더 광범위한 사회 부문들에 이 문명성을 확장시키려는 기획을 볼 수 있다. 여기에는 근대적 도덕 질서 개념과의 친화성이 있다. 대화로서의 사회성은 위계서열적 질서가 아닌 상호교환으로서의 사회라는 모델을 제안한다. 훈육을 통해 비엘리트층을 변화시키려는 기획은 문명성의 특징들이 한 계급만의 속성으로 영원히 남는 것이 아니라 더 널리 퍼지게 되어 있음을 의미한다. 동시에 사람들을 변화시키려는 목표는 이상적 형상(ideal Form)이라는 준-플라톤적 양식 안에서, 과거의 질서 개념들과 단절한다는 징표이기도 하다. 이 때, 이상적 형상은 현실적인 것(the real)의 아래에서, 스스로를 실현하

---

* 카스티야 로욜라(San Ignacio de Loyola)의 영적 훈련: 로욜라(1491~1556)는 에스파냐의 수도사로, 1540년 금욕주의에 입각한 청빈, 정결, 교황에 대한 순종 등을 기치로 내걸고 가톨릭 수도회인 예수회[제수이트]를 창립하였다. 그는 고된 훈련과정을 통해 깊은 학문을 쌓고 다양한 신앙체험을 하였으며, 영적 무장에 관한 지침서인 『영신수련』(Exercitia spiritualia, 1548)이라는 책을 쓰기도 했다.
* 데카르트가 제안한 프로그램: 데카르트의 저작 『방법서설』(1637)과 『성찰』(1641)을 암시한다.
** 라플레쉬(La Flèche) 예수회학교: 데카르트는 11세가 되던 1606년 프랑스의 소도시 라플레쉬에서 예수회가 운영하는 앙리그랑 왕립학교(Collège Royal Henri-Le-Grand)에 입학했다. 그는 8년 동안 철저한 중세식 인문교육(고전, 철학, 수사학)을 받았으며, 이는 이후 그의 저서 곳곳에 흔적을 남겼다고 평가받는다.

기 위해 또는 적어도 자신을 방해하는 일들에 맞서 작용한다. 자연이 맥베스(Macbeth)의 범죄에 대한 공포를 드러냈듯이 말이다. 사람들을 변화시키려는 목표는 오히려 구성적 전략들을 통해 실현되어야 하는 공식인 질서 개념과 잘 어울린다. 그런데 그 전략들이란 바로 근대적 질서가 제공하는 것이다. 즉 사회는 계약을 통해 인간의 행위주체성으로부터 솟아나지만, 신은 우리가 따라야만 할 모델을 우리에게 이미 주신 것이다.

[문명성과 근대적 도덕질서 개념 사이의] 이러한 친화적 관계들 말고, 다른 것들도 있다. 예를 들면, 대화로서의 사회는 공화주의적 자기 규제의 이상을 새로이 시의적절한 것으로 만들 수 있다. 르네상스기 이탈리아에서 그러했고, 그 뒤에 북유럽에서 그러했으며, 특히 청교도혁명 동안과 그 직후의 영국에서 그러했다.[30] 또 그것은 사회 변화의 다른 매개체인 '절대주의적' 왕정 국가 안에서도 남아 있을 수 있었다.

엘리트의 사회의식을 근대의 사회적 상상의 영역 안으로 결정적으로 밀어넣은 것은 18세기에 이루어진 새로운 사회성의 발전인 듯하다. 이는 특히 이런 발전이 조금 더 일찍 시작된 영국에서 두드러졌다. 이 시기 동안에 엘리트층이 확장되었다. 엘리트층은 사회를 통치하고 관리하는 사람들뿐만 아니라, 본질적으로는 경제적 기능에 종사하고 있는 사람들까지 포함했다. 기존의 지배계급 구성원들이, 예컨대 개량지주(improving landlords)가 됨으로써 경제적 기능에 복무하게 되었기 때문에, 혹은 상인이나 은행가, 그리고 일반적인 자산가들에게 [엘리트의] 자리가 개방되었기 때문이다.

유사—평등성의 조건들은 더 넓은 간극을 메워야만 했다. [이 시기에] 평등성에 대한 우리 시대의 개념은 아직 본격적으로 발생하지 않았지만, 사회 내 구성원의 자격에 대한 이해가 확장되었으며, 상류층의 언어를 계속 유지하면서도 젠트리 혹은 귀족계층 고유의 특성들로부터는 분리되었다. 문명성은 '예의범절'(politeness)이라고 불리게 되면서 더 폭넓게 이해되었지만, 여전히 화합을 빚어내고 사회관계를 편안하게 만든다는 목적을 지향했다. 하지만 그것은 이제 상이한 계급의 사람들을 결속시켜야 했고, 커피하우스와 극장, 공원 등을 포함하는 여러 새로운 장소들에서 작동하게 되었다.[31] 문명성의 초기 관념에서처럼, 예절사회(polite society)로의 진입은 개인의 시야를 확장시키는 계기이자, 단순히 사적인 지위 변화가 아닌, 더 고차원적인 존재양식으로의 진입을 의미했다. 이제 강조점은 박애의 미덕으로 옮겨졌고, 예전의 기사도나 신사도, 궁정인의 도리보다는 덜 경쟁적인 생활양식에 맞춰졌다. 18세기의 예절사회는 심지어 '감수성'의 윤리를 만들어냈다.

위계질서로부터 비교적 거리를 두게 되고 박애가 새롭게 중심에 떠오른 현상을 볼 때, 이 시대는 앞에서 기술한 근대적 질서 모델에 더 가까운 것이었다. 동시에 사회 내 경제적 기능들의 포섭은 문명성과 이러한 질서 개념을 더욱 친화력 있는 것으로 만들었다.

18세기의 이러한 이행은, 어떤 의미로는 서구 근대성의 발전에 있어 매우 중요한 것이었다. 예절사회는 새로운 종류의 자의식을 갖고 있었다. 이는 새로운 의미에서 '역사적'이라고 불릴 만한 자의식이었다. 단지 그것이 경제적 토대의 중요성을 전례 없이 의식했다는 것만이 아니다. 그것은 역사 안에서의 스스로의 위치에 대한 새로운 이해 또한 갖고 있었다. 역사가 최근에 도달한 단계인 상업 사회에 속한 생활방식으로서 스스로를 인식했던 것이다. 18세기는 새로운 단계론적 역사이론을 발생시켰다.

---

* 부드러운 상업(*le doux commerce*): 몽테스키외가 『법의 정신』(*L'Esprit des lois*, 1748)에서 언급한 개념으로, 상거래 자체를 지칭하면서도 예의바르고 세련된 태도가 포함된 유용한 사회적 행위 형식을 의미한다. 참고로 'commerce'에는 상업, 거래, 무역이라는 뜻 외에도 관계, 교제, 사교성이라는 뜻이 있다. 몽테스키외는 온화한 습속이 있는 곳에 상업이 있으며, 다양하고 활발한 의사소통체계가 상업에 대한 낙관적인 전망을 도모한다고 봤다.

그에 따르면, 인간 사회는 일련의 단계를 통해 발전하는데 그 단계는 경제 형태(예컨대, 수렵채취, 농경)에 의해 규정되며, 동시대의 상업 사회에서 그 정점에 다다랐다고 했다.[32] 이는 사람들로 하여금, 내가 귀족층 길들이기 라고 이름 붙였던 모든 이행과 근대 사회의 내적 평온화 과정을 전혀 다른 견지에서 바라보게 만든다. 상업, **부드러운 상업**(*le doux commerce*)*은 호전적 가치와 군사적 생활양식을 부수적인 역할로 전락시켰으며, 그것이 인간문화를 수세기 동안 지배해왔다는 현실을 종식시킬 수 있는 권력을 부여받았다.[33] 정치 사회가 더 이상은 단순히 영속적인 측면에서 이해될 수 없었다. 사건들이 일어난 시대가 감안되어야만 했던 것이다. 근대성은 유례없는 시대였다.[34]

1 G. A. Cohen, *Karl Marx's Theory of History* (Oxford: Oxford University Press, 1979)를 보라. 다음에 나오는 문단들을 써내려가면서, 나는 코헨의 분석을 따르고 있다.

2 이는 마이클 만(Michael Mann)이 영국의 사례를 논하면서, '조정된 국가로부터 유기적인 국가'(1: 458~463)로의 이행이라고 불렀던 것인데, 그는 그것을 이 시기 입헌 체제들의 맥락 (영국, 네덜란드)에서 자신이 '계급 국가'(class-nation)(480)라고 이름 붙였던 것의 창건과 연결 짓고 있다. Michael Mann, *The Sources of Social Power* (Cambridge, England: Cambridge University Press, 1986).

3 이는 베버가 말한 바 있는 '물리력의 정당한 사용에 대한 독점'이라는 중요한 방식을 포함하면서도 그를 넘어서는 것이다. "Politics as a Vocation", H. H. Gerth and C. Wright Mills eds., *Max Weber* (New York: Oxford University Press, 1964), 78.

4 John Hale, *The Civilization of Europe in the Renaissance* (New York: Macmillan, 1993), 362. 스펜서(Spencer)는 아일랜드인들의 "야만적 잔인성과 (어쩔 수 없는) 불결"을 이야기했다. Anna Bryson, *From Courtesy to Civility* (Oxford: Oxford University Press, 1998), 53. 공통된 시각은 "기층민들이 야만인들처럼 본성상 무례하고 교양없고 버릇없고 고집세고 거칠고 미개하다"는 것이었다. (Bryson, *From Courtesy to Civility, Civilization of Europe*, p. 64에서 재인용)

5 Hale, pp. 367~368.

6 *Ibid.*, p. 366. 이 '세련된'(polite)이라는 용어는 물론 '시민적인'(civil)으로 옮기는 그리스어 단어로부터 빌려온 것이다.

7 *Ibid.*, p. 367. 야만에 맞서 승리를 거둔 찰스 5세(Charles V)의 동상을 보라.

8 *Ibid.*, pp. 369~371.

9 Montaigne, "Les Cannibales", in *Essais* (Paris: Garnier-Flammarion, 1969), book 1, chap. 31을 보라.

10 Justus Lipsius, *Six Bookes of Politickes*, trans. William Jones (London, 1594), p. 17; Hale, *Civilization of Europe*, p. 360에서 재인용.

11 이는 브라이슨(Bryson)이 그녀의 뛰어난 책 『예의범절에서 문명성으로』(*From Courtesy to Civility*)에서 기술한 과정이다. 나는 이 책에서 많은 것을 배웠다.

12 *Ibid.*, p. 70에서 재인용.

13 브라이슨도 이 점을 지적한다. *Ibid.*, p. 72를 보라.

14 Henry Crosse, *Virtue's Commonwealth*; Michael Walzer, *The Revolution of the Saints*

(Cambridge, MA: Harvard University Press, 1965), p. 208에서 재인용.

15 Walzer, *Revolution of the Saints*, pp. 211~212에서 재인용.

16 Dod and Cleaver, *Household Government*, sig. X3; *Ibid.*, p. 216에서 재인용.

17 Richard Baxter, *Holy Commonwealth* (London, 1659), p. 274; Walzer, *Revolution of the Saints*, p. 224에서 재인용.

18 John Bossy, *Christianity in the West: 1400~1700* (Oxford: Oxford University Press, 1985), pp. 40~41을 보라.

19 Bronisław Geremek, *La Potence ou la Pitié* (Paris: Gallimard, 1987), p. 35를 보라.

20 *Ibid.*, p. 180.

21 Michel Foucault, *Histoire de la Folie à l'âge classique* (Paris: Gallimard, 1958)[이규현 옮김, 『광기의 역사』, 나남, 2003].

22 Peter Burke, *Popular Culture in Early Modern Europe* (Aldershot, England: Scholar, 1994), p. 209에서 재인용.

23 *Ibid.*, p. 212에서 재인용.

24 *Ibid.*, p. 217.

25 물론 이것이 근대적 의미에서의 '경찰국가'(police state)를 뜻하지는 않는다. (polis로부터 파생된 또 다른 단어인) 'Polizei'는 "가장 넓은 의미에서 행정이라는 뜻을 함축한다. 즉 영토 안의 인구가 평화롭고 질서 잡힌 삶을 살도록 보장하는 데 필요한 제도적 수단과 절차인 것이다." Marc Raeff, *The Well-ordered Police State* (New Haven: Yale University Press, 1983), p. 5.

26 *Ibid.*, p. 61, 86, 87, 89.

27 *Ibid.*, p. 87.

28 *Ibid.*, p. 178.

29 Michel Foucault, *Surveiller et Punir* (Paris: Gallimard, 1975), part 3, chap. 1[오생근 옮김, 『감시와 처벌』, 나남, 2003].

30 J. A. G. Pocock, *The Machiavellian Moment* (Princeton: Princeton University Press, 1975)를 보라.

31 Philip Carter, *Men and the Emergence of Polite Society* (London: Longman, 2001), p. 25, 36~39.

32 예를 들어, Adam Ferguson, *An Essay on the History of Civil Society* (London: Transaction Books, 1980)를 보라.

33 Albert Hirschmann, *The Passions and the Interests* (Princeton: Princeton University Press, 1977)[김승현 옮김, 『열정과 이해관계』, 나남, 1994]을 보라.

34 J. G. A. Pocock, *Barbarism and Religion* (Cambridge, England: Cambridge University Press, 1999); Karen O'Brien, *Narratives of Enlightenment* (Cambridge, England: Cambridge University Press, 1997); 그리고 Pierre Manent, *La Cité de l'Homme* (Paris: Fayard, 1994), part 1을 보라.

제4장 거 대 한 이 탈

앞에서 나는 하나의 복잡한 맥락을 제시했다. 이는 근대적 질서 관념이 갖는 힘의 성장, 그리고 결국 예절사회에서 절정에 이르는, 문명성에 대한 이해의 발전과 근대적 질서 관념이 맺고 있는 친화성을 설명하는 데 도움이 될 만한 것이었다. 그런데 우리는 그것을 더 심원하고 장기적인 맥락, 개인들의 '이탈'(disembedding)이라는 맥락 안에서 바라볼 수도 있다.

어떤 시각에서 보든, 서구 근대성의 주된 특색 중 하나는 탈주술화(disenchantment)의 진전, 마법적 힘과 영혼 세계의 쇠락이다. 이는 라틴 기독교 국가들에서 일어난 개혁운동의 산물 가운데 하나였다. 그것은 결국 프로테스탄트 개혁이 되었지만 가톨릭 교회 역시 변화시켰다. 바로 이러한 개혁운동이 3장에서 묘사되었던, 사회를 훈육하고 다시 질서 짓는다는 시도의 원천 중 하나였다. 거기에는 개인적 행동의 개선만이 아닌, 사회를 개혁하고 개조함으로써 더 평화롭고 질서정연하며 근면하게 만들려는 목표가 있었다.

새롭게 개조된 사회는 안정적이고—점점 더 그렇게 이해되었듯이— 합리적인 질서 안에서 복음서의 요구들을 명확하게 구현하도록 되어 있었다. 이 사회에 주술에 걸린 과거 세계의 양면적인 상보성을 위한 자리는 없었다. 세속적 삶과 금욕적 극기, 적정한 질서와 카니발에 의한 그 질서의 주기적 정지, 영혼과 기(氣)의 힘에 대한 인정과 신의 권력에 의한 그것의 추방 사이에 있는 그 상보성 말이다. 새로운 질서는 응집력이 있고 강고했으며 일관된 것이었다. 탈주술화는 목적과 원칙의 새로운 일치를 가져왔다.

이러한 질서가 점진적으로 부과되었다는 것은 불안정한 차축(車軸)시대* 이후에 이루어냈던 균형(postaxial equilibrium)이 끝났음을 의미했다. 한편으로는 신앙심, 복종, 또는 합리적으로 이해된 덕목으로서의 개인화된 종교와, 다른 한편으로는 전체 사회가 벌이는, 때로는 우주와 연결된 집단적 의례들 사이에 존재하던 화해는 깨져버렸고, 이는 전자에 유리한 방식으로 이루어졌다. 탈주술화, 개혁, 개인 종교는 함께 가는 것이었다. 구성원들 각각이 개인적인 책임감 위에서 교회를 신봉할 때—코네티컷 조합교회(Congregational Connecticut)와 같은 몇몇 장소에서는 이것이 신도 자격에 대한 명시적인 요구사항이 되었다— 교회가 가장 완전한 상태에 이르게 되는 것처럼, 사회 자체도 개인들로 구성되는 것으로서 다시 개념화되기에 이르렀다. 차축혁명(axial revolution) 동안 잠재되어 있던 변화, 내가 거대한 이탈(the Great Disembedding)이라고 이름 붙인 변화가 논리적 결말에 도달했던 것이다.

이는 우리의 사회적 실존에 대한 새로운 자기 이해를 성장시키고 공고하게 만드는 과정이기도 했다. 그 자기 이해는 개인에게 전례 없는 우선성

---

* 차축(車軸)시대: 칼 야스퍼스는 세계사의 차축이 기원전 약 500년경으로, 기원전 800~200년 사이에 이루어진 정신적인 과정에 있다고 보았다. 이 시기에 출현한 석가, 예수, 소크라테스, 공자 등이 인류의 새로운 정신문화를 이끌면서 모든 고등종교의 맹아가 싹텄기 때문이다.

을 부여했다. 우리의 자기 이해에 관해 말하면서, 나는 내가 사회적 상상이라고 불렀던 것을 특히 의식하고 있다. 현대 서구세계에서의 삶에 관해 우리가 이론 이전의 차원에서, 집단적으로 상상하는 그 방식 말이다.

그런데 우선 나는, 일반적으로 그렇게 이해되어왔듯이, 지난 몇 세기에 걸쳐온 우리 상상에서의 혁명을 더 광범위한 문화적, 종교적 발전의 시계 안에 자리매김하고자 한다. 우리가 추적할 수 있는 한도 내에서 초창기 소규모 사회들이 영위했던 종교생활의 어떤 특징들에 초점을 맞추어보면, 이 천년 변화의 전체 범위는 더욱 뚜렷해진다. 모든 인간이 그러한 소규모 사회에서 살던 때가 있었다. 이때의 삶은 그 대부분이 그저 추측될 뿐일지라도 말이다.

내가 초기 종교라고 부르는 것(이는 예컨대 로버트 벨라[Robert Bellah]가 '원형의 종교'[archaic religion]라고 부른 것을 부분적으로 포함하고 있다)에 주목해보면, 이러한 생활 형태들이 행위자를 심층적으로 포섭시킨 세 가지 방식이 드러난다.[1]

첫째, 사회적인 방식이다. 구석기 사회와 심지어 어떤 신석기 부족사회들에서는 종교생활과 사회적 삶이 뗄 수 없게 연결되어 있었다. 물론 그것이 사실 초기종교에서만 특별히 나타났던 것이 아니라는 데는 어떤 의미가 있다. 이는 기본적 언어, 신성한 것의 범주, 종교적 경험의 형태, 그리고 이 사회들에서 행위자가 이용할 수 있는 의례 행위의 양식들이 사회적으로 정립된 종교생활 안에서 발견된다는 명확한 사실에 자리한다. 비록 각각의 소규모 사회가 나름의 고유한 방식으로 어떤 공통의 인간능력을 형성시키고 접합시키기는 했을지라도 말이다. [종교생활의 여러 형태가] 많이 전파되고 또 차용되기는 했지만, 쓰이는 표현 형식(vocabulary)의 차이와 [변형] 가능성의 범위는 놀라울 정도로 다양했다.

이 공통의 인간적 종교 능력이 무엇인지, 그것이 과연 존재론적으로 인간존재의 영혼 안에만 자리하는 것인지, 또는 영혼이 인간을 초월하는 모종의 영적 실재에 상이하게 감응한다고 보아야 하는지는 해결되지 않은 문제로 놔둘 수 있다. 이와 같은 것이 인간생활의 피할 수 없는 차원인지, 아니면 인간이 언젠가는 그것을 뒤로 제쳐둘 수 있는 것인지 하는 문제 역시 열어놓을 수 있다(비록 이 두 가지 문제에 관해 나는 분명히 강력한 직감을 갖고 있기는 하지만 말이다). 하지만 눈에 띄는 것은 다음의 두 가지이다. 첫째, 영혼, 기, 권력에 대한 관계 같은 무엇인가가 어디에나 있다는 점이다. 영혼, 기, 권력 등은 일상생활의 평범한 힘이나 야수성이 아닌, 어떤 의미에서는 좀 더 고차원적인 것으로 인정된다. 둘째, 이 기와 권력이 얼마나 다르게 개념화되고 관련지어지는가 하는 점이다. 이는 단순한 이론이나 신념의 차이를 훨씬 넘어선다. 그것은 능력과 경험의 현격한 차이 안에, 그리고 종교를 살아가는 여러 방식의 레퍼토리 안에 반영되어 있는 것이다.

따라서 어떤 민족은 사람들이 몰아지경에 빠지면 이를 신들림으로 이해한다. 또 다른 민족(때로는 같은 민족)에서는 어떤 이들이 강렬한 예지몽을 꾼다. 어떤 민족에서는 무당들 스스로가 고차원의 세계에 다녀왔다고 느끼는가 하면, 다른 민족에서는 어떤 조건 아래서 기적적인 치료가 실행되기도 하는 등의 일이 있다. 이 모든 것은 근대문명을 살아가는 대부분의 사람들의 이해 범위를 벗어난다. 이는 초창기 각 민족이 삶에서 이러저러한 능력을 합당하게 여기지 않는, 다른 민족들의 이해 범위를 벗어났던 것과 마찬가지다. 그래서 어떤 민족에게는 예지몽이 가능한 것으로 받아들여지지만 신들림은 그렇지 못하다. 또 다른 민족에게는 신들림은 가능하다고 여겨지더라도 어떤 종류의 치료는 그렇지 않은 것이다.

이제 이러한 사실, 즉 종교 언어, 능력, 각자가 이용 가능한 경험 양식이 우리가 태어난 사회로부터 비롯된다는 사실은 모든 인간 존재의 감각 안에서 진실로 남아 있다. 위대한 혁신적 종교 창건자들조차도 그들 사회에서 사용 가능한 표현 형식에 의존해야 한다. 결국에 이는 인간 언어 일반에 관한 명확한 사실, 즉 우리 모두는 언어를 우리가 자라나는 언어 집단으로부터 습득하며 그것에 의지함으로써만 우리에게 주어진 것을 초월할 수 있다는 사실에 그늘을 드리운다. 하지만 이제는 명백하게도 영적인 표현 형식들이 점점 더 여러 나라를 전전하는 세계에 우리가 들어서고 말았다. 거기에서는 개개인에게 하나 이상의 표현 형식이 이용 가능하며, 하나의 표현 형식은 이미 다른 많은 형식들로부터 영향을 입은 것이다. 간단히 말해, 서로 멀리 떨어져 사는 사람들의 종교생활이 보여주는 첨예한 차이들이 이제는 스러져가고 있다는 것이다.

초기 종교가 사회적이었던 두 번째 방식은 대이탈과 더욱 밀접하게 연관된다. 중요한 종교적 행위—접신하기, 기도 올리기, 제물 바치기, 신이나 영령을 달래기, 그들의 힘에 가까워지기, 그들의 힘으로부터 보호받거나 치료받기, 그들의 인도 아래 예언하기—의 일차적인 대리자는 전체로서의 사회집단 혹은 집단을 위해 행위한다고 인정받은 전문화된 어떤 매개자였다. 초기 종교에서 우리는 우선적으로 하나의 사회로서 신과 관계를 맺었다.

우리는 이것의 양면을, 예컨대 딩카족(Dinka)의 희생 제의에서 볼 수 있다. 그 제의는 고드프리 리엔하트(Godfrey Lienhardt)에 의해 이미 반세기 전에 묘사된 바 있다. 한편에서는 희생의 주요 행위자들, '고기잡이 작살의 대가들'이 어떤 의미로는 사회 전체를 위해 활동하는 '관리인들'이 된다. 다른 한편에서는 전 공동체가 연루되어 모든 사람이 단일한 의례 행동에 주의의 초점을 맞추고 집중할 때까지 이 대가들이 올리는 기원을 따라한다. 절정 단계에 이르면, "의식에 참가한 사람들은 아주 뚜렷하게 하나의 미분화된 사회체의 구성원이 된다." 이러한 참여는 종종 간구의 대상이 되는 신성성에 의한 신들림이라는 형식으로 나타난다.[2]

이는 단지 특정 공동체에서만 일어나는 방식이 아니다. 이러한 집단행동이 의례의 효율성을 위해서는 필수불가결하기 때문이다. 딩카족의 세계에서는 혼자 힘으로 신을 불러낼 수가 없다. "개인이 실질적으로 그리고 전통적으로 속해 있는 공동체의 집단적 행위가 지니는 이러한 중요성 때문에 딩카인은 고향과 일가로부터 떨어져 불행으로 고통 받을 때 공포마저 느끼게 된다."[3]

공동체 또한 그 행위에 관여하거나 주요 대리인들이 공동체를 대신하여 행하는 이러한 종류의 집단적 의례 행위는 실제로 모든 초기 종교에 나타나며, 어떤 면에서는 오늘날까지도 계속되고 있다. 사람들이 '주술화된' 세계, 즉 영령과 기의 세계에서 살아가는 한, 이는 분명 앞으로도 계속 중요한 위치를 차지할 것이다. 그것은 우리 근대인들이 베버의 뒤를 좇아 탈주술화라고 명명했던 것 이전의 세계이다. 예를 들어, 농경 마을의 "교구의 경계를 조사하기 위해 [땅을] 막대로 두드리는" 중세 의식은 전체 교구의 일이었고, 이것은 전체의 공동 행위로서만 유효할 수 있었던 것이다.

사회적 의례 안으로의 이러한 포섭(embedding)은 또 다른 특징을 동반했다. 가장 중요한 종교적 행위는 집단적인 것이었고 종종 특정한 관리인들—성직자, 무당, 주술사, 예언자, 족장—의 중추적인 역할 수행을 필요로 했다. 따라서 이러한 역할을 규정하는 사회질서에는 신성불가침의 경향이 있었다. 이는 물론 급진적 계몽주의가 가장 주목하고 조롱했던 종교적 삶의 한 단면이기도 하다. 여기서 백일하에 드러났던 범죄는, 불평등과 지배 그리고 착취 형식들을 손댈 수 없는, 신성한 세상사의 구조와 동일시함으로써 일종의 참호처럼 구축했다는 점이다. 그러므로 "최후의 성직자의 창자를 파내어 그것으로 최후의 왕을 목졸라 죽이는" 그날을 보고자 하는 열망이 있었던 것이다. 그러나 [지배 관계와 세상사의 구조 사이의] 이러한 동일시는 사실상 매우 오래된 현상으로서, 왕과 성직자의 위계질서가 존재하기 전, 즉 더 지독하고 사악한 많은 형태의 불평등이 전개되기 전으로 거슬러 올라간다.

불평등과 정의라는 쟁점의 이면에는 오늘날 초기 사회에서 인간 존재의 '정체성'이라고 부를 만한 것을 건드리는 심층적인 그 무엇이 존재한다. 초기 사회 구성원들의 가장 중요한 행위는 전체 집단(부족, 씨족, 아족, 친족)의 행위였고, 그것은 (족장, 무당, 고기잡이 작살의 대가들이 이끄는) 특정한 방식으로 표현되었기 때문에, 그들은 이러한 사회적 모태로부터 분리될 가능성이 있는 자신을 상상할 수 없었다. 아마도 그러한 시도를 한다는 발상조차 할 수 없었을 것이다.

이것이 의미하는 바를 이해하기 위해, 우리들 자신조차도 쉽게 떨쳐버릴 수 없는 다양한 맥락에 관해 생각해볼 수 있다. 내가 다른 부모로부터 태어났더라면 나는 어떻게 되어 있을까? 이런 문제 정도는 사유실험으로 제기될 수 있을 것이다(정답: 다른 부모에게서 태어난 사람들처럼 되어 있다). 그러나 만약 내가 나 자신의 정체감(sense of identity)을 탐색하면서, 내가 그 직업을 가지지 않았더라면 어땠을까라든가 저 여자와 결혼했더라면 어땠을까 등의 질문에서 유추하여 이를 파악하고자 한다면, 그때는 머리가 복잡해진다. 내 정체성의 형성이라는 지평 안으로 너무 깊이 들어간 나머지, 질문은 이제 의미 없는 것이 되어버린다. 대부분의 사람들에게 이는 그들의 성(gender)과 관련해서도 마찬가지다.

여기서 나의 논점은, 초기 사회 구성원들이 특정한 맥락의 바깥에 있는 자신을 상상조차 할 수 없었다는 사실이 본질적인 수준에서 그 사회의 성원권(membership)으로까지 이어졌다는 것이다. 어떤 맥락이 우리에게는 더 이상 그렇지 않을 수 있다는 것, 그리고 "만약 내가 그랬더라면 어땠을까?"라는 부류의 수많은 질문이 상상 가능할 뿐만 아니라 절실한 실질적 문제(이민을 가야 할까? 개종해야 할까? 아예 종교를 믿지 말아야 하는 것일까?)로 떠오른다는 것 자체가 우리가 얼마나 맥락으로부터 이탈해 있는지를 말해준다. 상상으로도 실현 불가능한 추상적 질문을 즐길 수 있는 우리의 능력은 이탈의 또 다른 결실이다.

내가 사회적 포섭(social embeddedness)이라고 일컫는 것은, 그러므로 부분적으로는 정체성의 문제이다. 개인의 자아의식이라는 관점에서 볼 때, 그것은 특정한 모태 바깥에 있는 자신을 상상할 수 없음을 의미한다. 그러나 사회적 포섭은 또한 사회적 실재로 이해될 수도 있다. 여기서 그것은 우리 모두가 더불어 자신의 사회적 존재를 상상하는 방식을 말한다. 예를 들면, 전체 사회의 행위가 우리의 가장 중요한 행위이며 그것은 특정한 수행 방식으로 구조화되어야만 한다고 보는 것이다. 이러한 종류의 사회적 상상이 지배하는 사회에서 성장한다는 것은 우리의 자아의식에 한계를 설정한다.

이런 식으로 사회 속으로의 포섭이 이루어진다. 그런데 이는 또한 우주 속으로의 포섭을 낳는다. 왜냐하면 초기 종교에서는 인간이 관계하는 정령과 기들이 여러 가지 방식으로 세상에 얽혀 있기 때문이다. 앞서 언급한 중세 조상들의 주술적 세계에서 우리는 무수한 예를 볼 수 있다: 그들이 숭배했던 신은 세상을 초월한다지만, 그럼에도 불구하고 그들은 유적, 성소 등 각종 사물에 내재하는 우주 안의 정령이나 [어떤 현상의] 원인이 되는 권능과 관계해야만 했던 것이다. 초기 종교에서는 고귀한 신들이 종종 세상의 어떤 특성과 동일시되기도 하고, 이른바 '토테미즘' 현상이 존재하는 곳에서는 어떤 동물이나 식물 종의 특징이 집단 정체성에 핵심이 되기도 한다.[4] 심지어 지리적 지형이 종교 생활에 필수적인 부분이 되기도 한다. 어떤 장소들은 신성하다. 즉, 땅의 형상은 신성한 시대에 세상사가 원래 어떻게 배치되어 있었는지 말해준다. 이 풍경을 통해 우리는 조상들과

관계 맺으며 고귀한 시대(higher time)와 연결되는 것이다.[5]

사회와 우주와의 이러한 관계 이외에, 우리가 초기 종교에서 볼 수 있는, 기존 현실 속에의 세 번째 포섭 형태가 있다. 이는 초기 종교가 이른바 '고등' 종교와 가장 선명한 대조를 이루는 부분이다. 사람들은 신에게 번영, 건강, 장수, 다산을 구하며 질병, 기근, 불임, 때 이른 죽음으로부터 보호받기를 기도한다. 여기에는 직관적으로 이해할 수 있고 상당히 자연스러워 보이는 세속적인 복(human flourishing)에 대한 어떤 이해가 있다. 이는 후기의 '고등' 종교에서는 결여된 것이다. '고등' 종교에서 중심적인 것은 [복에 대한] 일반적 이해에 근본적으로 의문을 가져야만 하며, 어떤 면에서는 그러한 이해를 넘어서는 자세가 요구된다는 생각이다.

이는 [초기 종교에서] 세속적인 복이 가능한 모든 수단에 의해 추구되는 목적이라는 이야기가 아니다. 신은 다른 목적을 갖고 있을지도 모르며, 그 가운데 어떤 것은 인간에게 고통을 줄 수도 있다. 초기 종교에서는 신이 언제나, 그저 호의적이지만은 않다는 감각이 있다. 즉 신은 어떤 면에서는 무관심하기도 하고, 또는 우리가 비껴가야만 할 적대감이나 질투, 분노를 보일 수도 있는 것이다. 신은 원칙적으로 자비롭지만, 그러한 자비는 속죄라든지 아니면 책략가형 인물들의 행동으로부터 도움을 받아서만 실현되기도 한다. 그러나 어쨌든 분명한 사실은 신의 자애로운 목적들이 평범한 세속적 복이라는 측면에서 규정된다는 점이다. 물론 예언자나 무당의 능력처럼 어떤 사람들이 얻게 되는, 범상한 정도를 훨씬 넘어서는 능력도 있을 수 있다. 하지만 결국에는 이것도 사람들이 일반적으로 이해하는 범주에서의 행복에 봉사하는 것이다.

그와 대조적으로, ['고등' 종교인] 기독교나 불교에는 세속적인 복을 뛰어넘는 선(善)의 개념이 있다. 그것은 세속적인 복이라는 척도로는 완전한 실패인 경우에조차, 오히려 그 실패(젊어서 십자가에 못 박혀 죽는 것처럼)를 통해서 또는 복이 펼쳐지는 영역을 완전히 떠남(윤회의 순환을 끝내는)으로 써도 얻을 수 있는 것이다. 초기 종교와 관련해 기독교가 보여주는 역설 은, 기독교가 인간에 대한 신의 무조건적인 사랑을 주장하면서도(초기의 신성은 이 점에서 양면성을 갖지 않는다), 그것이 우리의 목적을 다시 규정함 으로써 세속적인 복 너머로 우리를 데려간다는 것이다.

이러한 측면에서 초기 종교와 근대의 배타적 인본주의(exclusive humanism)에는 공통점이 있다. 이는 근대 계몽주의 이후 수많은 사람들 이 무종교주의(paganism)에 대해 가졌던 공감 속에 드러난다. 존 스튜어 트 밀(John Stuart Mill)은 '무종교주의적 자기주장'이 적어도 '기독교적 자 기부정'만큼은 타당하다고 보았다(이는 다신론에 대한 공감과 관련되어 있지 만 완전히 같은 것은 아니다).[6] 근대의 인본주의는 세속적인 복이 더 고귀한 어떤 것과 연관될 필요가 없다고 여긴다는 점에서 전례 없는 것이었다.

초기 종교는 많은 사람들이 '차축 이후' 종교라고 불렀던 것과 대조적 인 위치에 있다.[7] 이는 칼 야스퍼스(Karl Jaspers)의 차축시대에 전거를 둔 표현이다.[8] 그 시대는 지난 B.C.E. 천년 동안의 특별한 시기로서, 여러 문 명권에서 제각기 공자, 석가모니, 소크라테스, 히브리 선지자들과 같은 창건자가 강력한 인장을 남겼던 다양한 형식의 '고등' 종교가 출현한 시 기[즉 기원전 6세기 전후]를 가리킨다.

초기 종교와 비교해 차축 종교의 놀라운 특징, 다시 말해 그것을 미리 예측하기 어렵게 만들었던 특징은 그것이 사회질서, 우주, 인간적인 행복 이라는 포섭의 세 가지 차원 모두와 단절을 개시했다는 점이다. 물론 이 단절이 모든 경우에서, 또 단번에 이루어진 것은 아니다. 아마도 어떤 면 에서는 불교가 가장 멀리 나아갔다. 그것이 두 번째 차원을 급진적으로 쳐 냈기 때문이다. 불교에서는 윤회의 바퀴가 고통을 의미했기에 삼라만상 의 질서 그 자체가 의문시되었던 것이다. 기독교에도 비슷한 면이 있다.

우리 세계는 무질서하기 때문에 새롭게 만들어져야 한다는 것이다. 그러나 공자와 플라톤에게서 상이한 방식으로 나타나듯, 차축 이후의 어떤 시각은 질서정연한 우주와의 관계라는 감각을 유지하기도 한다. 그런데 이 시각들도 질서 잡힌 우주와 매우 불완전한 실제 사회질서 간의 차이는 뚜렷이 구분하며, 따라서 공동체의 종교 생활을 통한 우주와의 긴밀한 관계는 불확실해진다.

아마도 이 가운데 가장 근본적인 것은 인간적인 행복에 대한 차축 종교의 수정주의적 태도일 것이다. 이들 종교는 모두 의심의 여지없이 인정되어 온 세속적인 복에 대한 이해를 어느 정도는 급진적으로 의문에 부치게 되었고, 그 결과 그러한 복이 성취된다고 여겨지는 사회 구조 그리고 우주의 양상들 또한 의문에 부치지 않을 수 없게 되었다.

우리는 그러한 차이를 이렇게 서술할 수 있다. 차축시대 이후의 종교와는 달리, 초기 종교는 내가 지금까지 논의한 세 가지 차원에서 세상사의 질서를 그대로 수용했다. 호주 원주민의 종교에 관한 뛰어난 연작 논문들에서 스태너(W. E. H. Stanner)는 그 종교의 영성에 중심이 되는 '동조의 정서'(the mood of assent)에 관해 이야기한다. 원주민들은 차축시대 이후의 다양한 종교가 발의한 '삶과의 일종의 불화'라는 태도를 만들지 않았다는 것이다.[9] 어떤 면에서 이 차이는 간과되기 쉽다. 왜냐하면 (시간 바깥의 원초적 시간[original time]이자 '언제나 같은 시간'[everywhen]인) 꿈의 시간(Dream Time)에 세상의 질서가 어떻게 도래했는지에 관해, 원주민의 신화는 다음과 같은 재앙의 이야기들을 담고 있기 때문이다. 즉 속임수와 기만 그리고 폭력이 재앙을 가져온다. 인간의 삶은 그 재앙으로부터 다시 솟아나고 새롭게 꾸려지지만, 이는 손상되고 분열된 방식으로 이루어진다. 그리하여 삶과 고통 사이의 내적 연관성은 그대로 남아 있으며, 통합과 분할은 뗄 수 없는 관계에 놓인다. 이는 창세기 1장을 포함해, 타락(Fall)의 또 다른 이야기들을 상기시킬지도 모른다. 그러나 타락으로 만들어진 기독교와는 대조적으로, 원주민들에게는 꿈의 시간을 '뒤따라가고' 의례와 통찰을 통해 원초적 시간 질서와의 접촉을 회복해야 한다는 정언명령이, 선과 악이 뒤섞여 있는 이 분열되고 손상된 섭리와 관련되는 것이다. 원초적 균열을 복구하거나 벌충하거나 혹은 원래의 손실을 메워야 한다는 문제는 전혀 없다. 의례와 그에 수반되는 지혜는, 심지어 그들로 하여금 움직일 수 없는 것을 받아들이고 "변화될 수 없는 것을 기쁘게 찬미하게끔" 만들 수 있다.[10] 원초적인 재앙이, 창세기의 이야기에서처럼 우리를 신성한 것 혹은 더 고귀한 것으로부터 소외시키는 것이 아니라, 오히려 우리가 '뒤따라가고자' 하는 신성한 질서를 꼴 짓는 데 이바지하는 것이다.[11]

차축 종교가 초기 종교적 삶을 완전히 대체한 것은 아니었다. 수세기 동안, 이전 관행들의 양상은 여러 가지 면에서 수정된 형태로나마 대부분의 종교적 삶을 계속 규정지었다. 그러한 수정은 물론 차축 종교의 원리들로부터만 비롯한 것은 아니었다. 그것은 더 위계적인 조직과 국가 구조의 맹아적 형태를 갖춘, 대규모의 한층 분화된 도시 중심적 사회들로부터 비롯한 것이었다. 사실 이러한 변화가 이탈의 과정에서 일정한 역할을 했다는 주장도 있다. 국가 권력의 존재 자체가 종교적 삶과 그것이 요구하는 사회 구조를 통제하고 틀 지으려는 시도를 수반하는 것이며, 이 삶과 이 구조를 둘러싸고 있는 불가침의 분위기를 약화시켰기 때문이다.[12] 나는 이 논제가 매우 중요하다고 보며 나중에 이와 유사한 주장을 제시하겠지만, 지금은 일단 차축시대의 중요성에만 집중하고자 한다.

방금 언급한 과정이 모든 사회의 종교생활을 단번에 완전히 변화시킨 것은 아니다. 하지만 이는 이탈된 종교의 새로운 가능성들을 열어주었다. 다시 말해, 개인이 자력으로 그리고/또는 기존의 신성한 질서에서 풀려난 새로운 종류의 사회성 속에서 신성한 것 혹은 더 고귀한 것과의 관계를 추구하게 된 것이다. 이는 통용되는 복의 개념들을 상당히 수정하거나, 심지어 그를 훨씬 더 넘어서기도 했다. 따라서 수도승, 비구니, 탁발승, 신이나 그 화신을 섬기는 열성신자들은 나름대로 제 갈 길을 가기 시작했고, 그로부터 입문 집단, 열성신자들로 이루어진 종교 분파, 승가, 수도회 등 유례없는 사회성 양식들이 출현하기에 이르렀다.

이 모든 [새로운 사회성 양식들의] 경우와 더 거대한 전체 사회의 종교적 삶 사이에는 일종의 충돌이나 차이점, 심지어 단절까지도 존재한다. 종교적 삶은 그 자체로 계층, 카스트, 또는 계급의 차이에 따라 어느 정도 분화될 수 있다. 또 어느 한 인구 집단에 새로운 종교적 전망이 자리할 수도 있다. 그런데 종종 모든 계층을 가로질러 새로운 [종교적] 헌신이 생겨나기도 한다. 특히 인간적인 행복에 대한 '더 고차적인' 개념과 더불어 세 번째 차원에서의 단절이 이루어진 곳에서는 더욱 그렇다.

여기에는 불가피하게 긴장이 있다. 하지만 때때로 전체의 단일성을 확보하려는 시도, 또는 상이한 종교 형식들 사이에서 어떤 상보성의 감각을 회복하려는 시도 역시 존재한다. 그러므로 고등 종교에 온전히 헌신하는 자들은, 비록 초기 종교 안에 머무르면서 어떤 초월적인 힘에게 세속적인 복을 기원하는 자들을 계속 비난하면서도 이들과 서로 돕는 관계에 있는 것으로 보일 수 있다. 평신도들은 수도승을 먹여 살리고 이렇게 함으로써 공덕을 쌓는다. 이 보시 행위는 그들이 더 고귀한 길을 따라 조금이나마 더 나아갈 수 있게 해주는 것으로 이해될 수 있다. 그것은 또한 그들을 삶의 위험으로부터 지켜주고 그들의 건강과 번영 그리고 다산에 이바지하는 것이기도 하다.

상보성을 향한 요구는 너무도 강한 것이어서 불교, 기독교 그리고 이슬람과 같은 고등 종교가 사회 전체를 장악하고서 그에 반하는 것은 아무것도 남아 있지 않는 경우에서조차도, 소수의 헌신적인 (막스 베버[Max

Weber]의 말을 빌리자면) 종교의 '거장들'(virtuosi)과 세속적인 복을 지향하는, 사회적 신성성에 대한 대중 종교 간의 차이는 여전히 남아 있었다. 그 차이는 한편으로는 [양자 사이] 긴장의 동일한 조합 그리고 다른 한편으로는 위계적 상보성과 더불어 재구성되기도 했다.

우리의 근대적 시각에서 아주 투명하게 평가하자면, 차축 종교의 영성은 오래된 틀 속에 완고하게 남아 있던 대다수의 종교 생활의 힘에 에워싸여 있었기 때문에 이탈 효과를 충분히 생산해내지 못한 것처럼 보인다. 차축 시대의 영성이 모종의 종교적 개인주의를 초래한 것은 분명하다. 하지만 이는, 루이 뒤몽(Louis Dumont)이 '세상 밖의 개인'(l'individu hors du monde)을 위한 강령이라고 이름 붙였던 것이었다.[13] 다시 말해, 그것은 소수 엘리트의 삶의 방식이었고 어떤 면에서는 '세상'의 주변부에 있거나 혹은 '세상'과 긴장관계에 있는 것이었다. 이때, 세상은 더 고귀한 것 혹은 신성한 것과의 관계 속에서 질서 지어진 우주만이 아니다. 그것은 우주와 신성성 모두와의 관계 속에 질서 지어진 사회이기도 하다. 이 세상은 여전히 개인을 포섭하는 모태였고, 사회적 삶의 불가피한 틀을 계속해서 제공해주었다. 세상의 힘이 미치는 곳에 머무르면서도 그에 등을 돌리려 하는 개인들의 삶의 틀까지 포함해서 말이다.

이 모태가 차축 종교의 영성의 몇몇 원리에 따라 개정되고 변형되어, 세상 자체가 개인들로 이루어진다는 인식이 확고하게 자리 잡기까지는 아직 많이 기다려야만 했다. 뒤몽의 말을 빌리자면 이는 '세상 속의 개인'(l'individu dans le monde)을 위한 강령이 될 것이다. 즉 행위자가 자신의 평범한 세속적 삶 속에서, 스스로를 서구 근대성의 인간 행위자인 개인으로 간주하는 단계인 것이다.

이전 장들에서 내가 설명했던 것은 바로 이러한 변동의 기획, 곧 기독교적 질서의 요구에 따라 사회를 철저히 재편하려는 시도였다. 그러니까 주술화된 우주와 사회 사이의 관련성을 없애고 영적인 것과 세속적인 것, 신에 헌신하는 삶과 현세에서의 삶, 질서와 그 바탕이 되는 혼돈 사이의 오랜 상호보완 관계의 흔적들을 제거하는 등의 시도 말이다.

이 기획은 객관화와 도구적 태도를 통해 사회 형식과 행위를 절제 있게 개조하는 작업이었으며, 그 작동 형태와 방식상 철저하게 [기존의 사회, 우주, 선에 대한 관념에 포섭되어 있던] 개인의 이탈을 가져오는 것이었다. 그것의 목적 또한 내재적으로 이탈과 관련되어 있었다. 이는 [우주와의 연결이라는] 포섭의 두 번째 차원을 파괴한 탈주술화의 추동력에서 분명히 드러나며, 기독교적 맥락에서도 나타난다. 여기서 기독교는 차축 시대의 다른 영성과 마찬가지로, 사실 스토아주의와 같은 영성과 더불어 기능했다. 그러나 기독교에 고유한 양식들 또한 존재했다. 신약성서에는 가족, 친족 그리고 사회와의 연대를 버리거나 상대화시키고서 신의 왕국으로 오라는 호소가 가득하다. 몇몇 개신교회의 운영 방식에서 그 진지한 예를 보게 된다. 거기서 인간은 단순히 모태 신앙으로 왕국의 구성원이 되는 것이 아니라 개인적 소명에 답함으로써 함께 해야만 했던 것이다. 이는 사회란 계약에 기초를 두고 있으므로 궁극적으로는 자유로운 개인들의 결정에 의해 구성된다는 개념과 서로 보완적인 개념이었다.

이는 비교적 명백한 내력이다. 그런데 나의 주장은 근대적인 '세상 속의 개인'을 만들어내면서 사회를 개조하려 했던 기독교적, 혹은 기독교-스토아주의적 시도가 훨씬 더 광범위하고 다층적인 결과를 가져왔다는 것이다. 그것은 먼저 도덕적 상상을, 그리고 나중에는 사회적 상상을 근대 개인주의의 방향으로 움직여갔다. 우리는 17세기 자연법 이론의 새로운 도덕질서 개념 속에서 개인주의의 등장을 볼 수 있다. 개인주의는 스토아주의에 빚진 바 크다. 논란의 여지는 있지만 네덜란드의 신-스토아학파인 유스투스 립시우스와 후고 그로티우스가 그 창시자들로 꼽힐 정도다. 하지만 이는 인간 사회의 자발적인 개조에 중점을 두었다는 점에서 기독교화된 스토아주의, 근대적인 스토아주의였다.

결국 우리는 정체성의 변화와 사회 개혁의 기획 모두가 이탈에 기여했다고 말할 수 있다. 내가 앞에서 언급했듯, 이탈은 정체성의 문제—맥락이 자아의 상상에 부여하는 한계—인 동시에 사회적 상상—우리가 사회의 전체를 생각하거나 상상할 수 있는 방식—의 문제다. 그러나 개인적 헌신과 규율을 강조하는 새로운 변화된 정체성은 낡은 형식의 집단적 의례와 소속과는 점점 더 거리를 두면서 더 이상 그것들과 스스로를 동일시하지 않게 되었고 심지어 적대감까지 쌓아갔다. 결국 사회개혁에 대한 의욕은 그것들의 폐지마저 꿈꾸기에 이르렀다. 잘 훈련받은 엘리트들은 자아관과 사회적 기획 모두에서, 개인들로 구성된 사회 세계라는 개념을 향해 나아갔다.

이런 식의 광범위한 역사적 해석에는 한 가지 문제가 있다. 그것은 프로테스탄트 윤리의 발전과 자본주의의 관계에 관한 베버의 논제를 둘러싼 토론에서 이미 인식된 바 있다. 실상 그것은 내가 주장하는 더 폭넓은 연관성의 특정한 유형이라는 점에서 내가 여기서 말하고 있는 내용에 매우 가깝다. 베버는 분명 내 영감의 원천 가운데 하나다.

베버의 논제에 대한 반론은 이런 것이다. 충실하고 열성적인 신앙과 자본주의 발전 사이의 연관성은 명확하게 추적 가능한 상관관계라는 관점에서는 검증될 수 없다는 것이다. 그 영향이 정신적인 태도와 경제적, 정치적 성과 사이의 관계의 성격 속에서 훨씬 더 간접적이면서도 분산된 형태로 나타날지도 모르기 때문이다. 우리가 가장 속류의 마르크스주의를 좇아, 모든 변화가 경제적 동기와 같이 정신적이지 않은 요인들로 설명될 수 있고 따라서 정신적인 변동은 언제나 종속변수였다고 정말로 믿는다면, 이는 아무런 문제도 되지 않을 것이다. 그러나 내가 3장에서 말했듯이, [정신적인 것과 물질적인 것 사이의] 관계는 훨씬 더 내밀하고 상호적인 것이다. 특정한 실천들에는 특정한 도덕적 자기 이해가 배태되어 있다. 이는 그러한 자기 이해가 특정한 실천들을 틀 짓고 안정되도록 돕는 한편, 실천들의 확산은 특정한 도덕적 자기 이해를 조장하게 된다는 것을 의미한다. 실천이 언제나 선행한다고 믿거나, 그와 반대로 관념이 역사를 추동한다고 믿는 것은 똑같이 어리석은 일이다.

하지만 그렇다고 해서 특정한 사회 형태와 특정한 영적 전통의 관계에 대해 우리가 분별 있는 판단을 할 수 없는 것은 아니다. 만약 앵글로-색슨 유형의 자본주의적 기업가 정신이, 예컨대 중국적인 유형의 기업가 정신보다 가족 관계와 훨씬 덜 연관되어 있다는 점을 부인하기 어렵다면,[14] 이는 정말 개인적인 교회 성원권이라는 프로테스탄트의 개념화와 유교적인 가족중심주의 간의 차이와 아무런 관계도 없는 것일까? 미세한 연결고리를 모두 더듬어볼 수는 없겠지만, 그러한 관계는 부정하기 힘들다.

마찬가지로 내 논점은, 근대 서구 문화에서 개인의 확고한 우위성이 근대적 도덕질서 개념의 중심적 특징이라면, 그것을 차축 시대 영성의 원리들에 따라 사회를 변화시키려 했던 초기의 급진적 시도들과 연결시키는 데 있다. 우리가 현재 갖고 있는 자기 이해가 어떻게 성장했는지 그 유래를 거슬러 올라가면서 말이다.

소거법(subtraction stories)이 주도권을 잡고 있는 상황 때문에 이런 종류의 계보학은 뒤쫓아갈 필요가 없는 것처럼 보이기 쉽다. 소거법이 강력한 이유는 개인주의가 우리에게 단지 상식적인 것이 되어왔기 때문이다. 근대인들은 개인에 대한 이러한 이해를 너무도 당연하게 여기는 나머지, 그것을 '자연스럽게' 우리의 첫 번째 자기 이해로 간주한다. 근대의 인식론적 사고에서 먼저 사물에 대한 중립적 기술이 우리에게 영향을 미치고 그 뒤에 가치들이 더해진다고 보듯이, 마찬가지로 우리는 여기서 자신을 우선 개인으로 파악하고 나서 그 다음에야 타인과 사회성의 형식들을 알게 된다. 이로 인해 사람들은 근대 개인주의의 출현을 일종의 소거법에 의해 더 쉽게 이해할 수 있다. 달리 말하면, 낡은 지평들이 침식되어 다 소진되고 나니 그제야 개인으로서 우리 자신이라는 바탕에 놓인 감각이 떠올랐다는 것이다.

이와는 반대로, 나는 우리의 최초의 자기 이해가 사회 속에 깊이 배태되어 있었다는 주장을 제시하고자 한다. 우리의 핵심적 정체성은 아버지로서, 아들로서 등등이었으며, 이 부족의 구성원으로서였다. 우리가 자신을 자유로운 개인으로 먼저 생각하게 되기까지는 상당한 시간이 필요했다. 정체성 전환의 경우가 항상 그러하듯이, 이는 단지 우리 자신에 대한 중립적인 시각상의 혁명에 그치지 않고 우리 도덕 세계의 심오한 변화를 가져왔다.

이는 다음과 같은 점을 의미한다. 즉 여기서도 우리는 사회적 포섭의 형상적 양식과 질료적 양식을 구별해야만 한다는 것이다. 그러한 구분은 앞서 기술한 애초의 두 가지 측면에 상응한다. 첫 번째 수준에서 우리는 언제나 사회적으로 포섭된다. 그러니까 특정한 언어 속으로 이끌려 들어가면서 우리는 대화 안에서 정체성을 배운다. 그런데 내용의 수준에서 우리가 배우는 바는 개인이 되는 것, 우리만의 의견을 갖는 것, 신과의 일대일 관계에 도달하는 것, 우리의 고유한 개종 경험을 얻는 것이다.

그러므로 대이탈(Great Disembedding)은 도덕-사회질서에 대한 우리의 이해 안에서 하나의 혁명으로서 일어난다. 그것은 또 도덕질서에 대한 어떤 관념들과 함께 간다. 개인이 된다는 것은 마치 로빈슨 크루소(Robinson Crusoe)처럼 된다는 것이 아니라, 다른 사람들 가운데에 특정한 방식으로 놓인다는 것이다. 이는 방금 언급되었던 전체론(holism)의 초월적 필연성을 반영하고 있다.

그로 말미암아 우리는 우주적 신성성으로부터 이탈한다. 차축 시대 이후의 초창기 움직임에서처럼 그저 부분적으로 특정한 사람들만이 아닌, 모든 이들이 함께 이탈하는 것이다. 이 과정에서 우리는 사회적 신성성으로부터 이탈하고, 우리의 설계자이신 신과 새로운 관계를 설정한다. 이 새로운 관계는 기울어버릴 수도 있다. 도덕질서를 근간으로 삼는 설계는 곧 평범한 세속적 복을 지향하는 것으로 비춰질 수 있기 때문이다. 현세와 내세의 선(善)을 명확하게 분리하는 차축혁명의 이러한 초월적 측면은 어느 정도 후퇴하거나 그럴 가능성을 안고 있는 것이다. 하지만 근대의 도덕적 시각이 복에 대한 관념을 예의주시하고 있기에, 이는 부분적으로만 그럴 뿐이다. 비난을 받고 싶지 않다면, 복에 대한 관념은 도덕적 질서 그 자체, 정의, 평등, 비지배의 요구들과 조화를 이루어야만 한다. 따라서 복에 대한 우리 관념은 언제든지 수정될 수 있다. 이는 차축 시대 이후의 [삶의] 조건에 속한다.

대이탈의 마지막 단계는 기독교에 의해 광범위하게 촉진되었다. 그러나 어떤 점에서는 기독교는 이반 일리치(Ivan Ilich)의 인상적인 구문처럼 그 자체의 '부패'이기도 했다.[15] 마지막 단계가 기독교에 의해 촉진되었다면, 이는 복음서 역시 이탈이었기 때문이다. 앞에서 나는 기존의 연들과 단절하라는 [기독교의] 소명을 언급한 바 있다. 그런데 일리치가 설명하듯, 이 요구는 착한 사마리아인과 같은 우화에서 훨씬 더 강하게 나타난다. 그것은 직접적으로 말해지진 않더라도 필연적으로 암시되는 것이다. 만일 그 사마리아인이 신성시되는 사회적 경계의 요구를 그대로 따랐다면, 그는 결코 부상당한 유대인을 돕기 위해 발걸음을 멈추지 않았을 것이다.*

---

* 만일 그 사마리아인이 ~ 멈추지 않았을 것이다: 신약성서의 누가복음에 나오는 착한 사마리아인 이야기를 가리킨다. 어떤 유대인이 길가에서 강도를 만나 거의 죽게 되었다. 마침 그곳에 이른 한 제사장이 그를 보고 피하여 지나갔다. 마찬가지로 한 레위인도 그를 보고 피하여

신의 왕국(Kingdom)은 분명히 우리를 아가페의 네트워크로 인도할 완전히 다른 종류의 연대를 요청한다.

[기독교의] 부패는 바로 여기서 시작된다. 우리가 얻은 것은 아가페의 네트워크가 아니라, 오히려 범주적 관계가 우월성을 지니고 따라서 규범을 갖춘 훈육된 사회였다. 그럼에도 그 모든 것은 세상의 요구들에 저항하고 그것들을 개조하려는 훌륭한 시도에서 출발했다. 신약에서의 '세상'(우주)은 "하나님이 세상을 이처럼 사랑하사"(요한복음 3장 16절)라는 구절에서처럼 한편으로는 긍정적 의미를 갖지만, '세상이 판단하듯이 판단하지 말라'는 말에서처럼 다른 한편으로는 부정적 의미를 갖고 있다. 세상에 대한 이 후자의 의미는 현재의 신성화된 세상사의 질서, 그리고 그것의 우주 안으로의 포섭과 관련된다.[16] 이런 의미에서 교회는 정확히 세상과 불화할 수밖에 없다. 그리고 힐데브란트(Hildebrand)는 서임권 투쟁(Investiture Controversy)*에서, 왕조의 요구와 야심이 야기한 권력 장(power field)의 침입으로부터 주교 임명권을 지키기 위해 싸우는 와중에 이 문제를 분명히 보았던 것이다.

세상의 권력 장을 정화하고 변화시키면서 기독교적 영성의 요구에 더욱 조화롭게 만들어가려는 시도가 이러한 방어적인 승리에 희망을 걸어야 한다는 점은 명백한 것으로 여겨졌을지도 모른다. 하지만 이것이 자연

지나갔다. 계속 버려진 채 고통 속에 신음하는 그 사람을 여행 중이던 한 사마리아인이 발견했다. 사마리아인은 그를 보고 불쌍히 여겨 가까이 가서 기름과 포도주를 그 상처에 붓고 싸매고 주막으로 데리고 가서 돌보아주었다. 제사장과 레위인은 유대 사회의 정신적 지도자였던 반면, 사마리아인은 유대인들이 경멸하여 상대조차 해주지 않던 혼혈 이방인이었다.

* 힐데브란트/서임권 투쟁(Investiture Controversy): 중세 초기 이후 세속의 유력 인사가 성직 서임에 간섭하는 일이 발생하면서 11세기 후반에서 12세기에 걸쳐 종교권력과 세속권력 간의 투쟁이 표면화되었다. 이를 서임권 투쟁이라 한다. 교회 개혁운동을 주도하며 교황권 강화에 큰 역할을 맡았던 교황 그레고리우스 7세[본명 힐데브란트]와 신성로마제국 황제 하인리히 4세 간의 충돌은 그 결과 빚어진 역사적 사건으로 꼽힌다.

적으로 단번에 벌어진 일은 아니었다. 점점 더 많은 변화가 일어났지만, [사회 개조의] 기획은 다양한 종교개혁들을 통해 현재까지도 한층 급진적인 형태로 계속 다시 점화되었다. 그런데 그것이 어느 정도는 상당히 다른 어떤 것으로 변했다는 사실은 하나의 아이러니가 아닐 수 없다. 또 다른 의미에서, 마침내 세상이 승리했다. 어쩌면 신의 왕국을 규율을 통해 강제한다는 발상 자체에 모순이 있는지도 모른다. 도스토예프스키가 대심문관(Grand Inquisitor)의 전설*에서 보았던 것처럼, 결국 권력의 유혹은 너무도 강렬했다. 부패는 바로 여기서 이루어졌던 것이다.

이제 대이탈이 근대의 사회적 상상에서 어떻게 작용해왔는지를 살펴보자.

---

* 대심문관(Grand Inquisitor)의 전설: 이는 도스토예프스키의 소설 『까라마조프가의 형제들』에서 이반 까라마조프가 동생 알료샤에게 들려주는 극시(劇詩)의 내용을 가리킨다. 그 이야기에서 예수는 종교재판이 곳곳에서 일어나던 16세기 스페인의 세비야(Seville)에 강림한다. 예수는 갖가지 기적을 행하지만 체포되어 감옥에 수감되고 대심문관의 문초를 받기에 이른다. 대심문관은 신이 어리석은 인간에게 부여한 과중한 자유를, 권력을 쥔 지배자들이 적절히 활용하고 있기 때문에 예수의 존재가 더 이상 필요하지 않다고 말한다. 그는 예수에게 영원히 떠날 것을 명하고, 예수는 그곳을 떠난다.

1 Robert Bellah, "Religious Evolution", in *Beyond Belief* (New York: Harper and Row, 1970), chap. 2를 보라.

2 Godfrey Lienhardt, *Divinity and Experience* (Oxford: Oxford University Press, 1961), pp. 233~235.

3 *Ibid.*, p. 292.

4 예를 들면, *Ibid.*, chap. 3; Roger Caillois, *L'Homme et le Sacré* (Paris: Gallimard, 1963), chap. 3을 보라.

5 이것은 호주 원주민의 종교에서 많이 논의되는 특징이다. Lucien Lévy-Bruhl, *L'Expérience mystique et les Symboles chez les Primitifs* (Paris: Alcan, 1937), p. 180; Caillois, *L'Homme*, pp. 143~145; W. E. H. Stanner, "On Aboriginal Religion", a series of six articles in *Oceania*, pp. 30~33(1959~1963)을 보라. 땅에 대한 동일한 관계가 캐나다 브리티시컬럼비아의 오카나간(Okanagan)의 사례를 통해 연구되었다. Jerry Mander and Edward Goldsmith, *The Case against the Global Economy* (San Francisco: Sierra Club Books, 1996), chap. 39를 보라.

6 John Stuart Mill, "On Liberty", in *Three Essays* (Oxford: Oxford University Press, 1975), p. 77.

7 예를 들어, S. N. Eisenstadt, ed., *The Origins and Diversity of Axial Age Civilizations* (Albany: State University of New York Press, 1986); Bellah, "Religious Evolution"을 보라.

8 Karl Jaspers, *Vom Ursprung und Ziel der Geschichte* (Zürich: Artemis, 1949).

9 Stanner, "On Aboriginal Religion", *Oceania* 30, no. 4(June 1960), p. 276. 또한 같은 저자의 "The Dreaming", in W. Lessa and E. Z. Vogt, eds., *Reader in Comparative Religion* (Evanston, IL: Row, Peterson, 1958), pp. 158~167을 보라.

10 Stanner, "On Aboriginal Religion", *Oceania* 33, no. 4(June 1963), p. 269.

11 나는 벨라(Bellah)의 「종교 혁명」에 등장하는 종교 발전에 대한 매우 풍부한 설명에서 많은 도움을 받았다. 차이가 있다면, 벨라가 정의했던 일련의 단계보다는 내 것이 훨씬 더 단순하다는 것이다. 원시적인 것(the primitive)과 원형적인 것(the archaic)이 초기 종교에 대한 나의 분류에서는 통합되었다. 내 논점은 차축 종교의 원리들에서 드러나는 이탈의 진의를 최대한 부각시키는 데 있다.

12 Marcel Gauchet, *Le désenchantement du monde* (Paris: Gallimard, 1985), chap. 2를 보

라.

13 Louis Dumont, "De l'individu–hors–du–monde à l'individu–dans–le–monde", in *Essais sur l'individualisme* (Paris: Seuil, 1983).

14 Fukuyama, *Trust*를 보라.

15 Ivan Ilich, *The Corruption of Christianity* (Toronto: Canadian Broadcasting Corporation, Ideas series, January 2000).

16 René Girard, *Je vois Satan tomber comme l'éclair* (Paris: Grasset, 1999)를 보라.

제5장

객 관 화 된

실 재 로 서 의

경 제

사회적 자기 이해에는 세 가지 중요한 형식이 있다. 경제, 공론장(public sphere), 그리고 민주적인 자기 지배(democratic self-rule)의 실천과 전망이 그것이다. 이 자기 이해의 형식들은 근대성의 핵심 구성요소이며, 제각기 그로티우스-로크의 도덕질서 이론이 사회적 상상에 침투하고 그것을 변형시킨 결과물이다.

경제는 상업 사회에 근간을 둔 품위 있는(polite) 문명이라는 자기 이해와 뚜렷하게 연계되었다. 그런데 우리는 이러한 이해의 뿌리를 훨씬 더 이전의, 그로티우스-로크 식의 질서 개념 자체에서 발견할 수 있다.

나는 앞에서 이 새로운 질서 개념이 우주를 신의 섭리가 만들어낸 작품으로서 이해하는 방식에 변화를 가져왔다고 언급한 바 있다. 사실 우리는 거기서 본래의 전문영역 너머로 옮겨가면서 신의 섭리에 따른 지배라는 이미지를 다시 주조하는 새로운 질서 모델의 가장 초창기 예들 가운데 하나를 보게 된다.

신이 자비로운 계획에 따라 세상을 다스린다는 생각은 아주 오래된, 심지어 기독교 이전의 것이다. 그 뿌리는 유대교와 스토아주의에까지 거슬러 올라간다. 정작 새로웠던 것은 신의 은혜로운 구상을 개념화하는 방식이다. 우리는 세상의 설계로부터 선한 창조주 하느님의 존재에까지 이르는 논쟁들 속에서 이를 볼 수 있다. 그러한 논쟁들 역시 매우 오래된 것이다. 한데 예전에 그것들은 우리 세상이 놓인 전체 틀(항성, 행성 등)의 장엄한 설계를 강조했으며, 그 후에는 자연의 과정들에 의해 생명이 유지되는 일반적인 방식, 그리고 우리 자신을 포함해, 각 기능에 적합한 기관을 가진 피조물들의 경탄스러운 미시적 설계를 강조했다.

이러한 사고는 분명히 계속되었다. 하지만 그에 더해 18세기에는 인간의 삶이 상호이익을 생산하는 방식으로 설계되었다는 가치 평가가 이루어졌다. 때로는 강조점이 상호 선행(mutual benevolence)에 두어지기도 했다. 하지만 만족스런 설계는 아주 빈번하게 '보이지 않는 손'(invisible hand)의 요인들이 존재하는 데서 규명되었다. 우리가 그렇게 하도록 '프로그램되어 있는' 행위와 태도라고 내가 말하는 것은, 비록 그 자체가 의도되거나 확인되지는 않았을지라도 전체의 행복에 체계적으로 유익한 결과를 낳는 행위와 태도를 가리킨다. 아담 스미스(Adam Smith)는 그러한 메커니즘 가운데 가장 유명한 것을 『국부론』(*Wealth of Nations*)에서 제시한 바 있다. 바로 그 메커니즘에 의해 개인은 자신만의 부를 추구하더라도 그 행위가 결과적으로 전체의 복지에 이바지한다는 것이다. 하지만 스미스의 『도덕감정론』(*Theory of moral sentiments*)에서 끌어낼 수 있는 것처럼 다른 예들도 존재한다. 거기에서 그는 자연이 우리로 하여금 서열과 부를 열렬히 숭배하게끔 만들었다고 주장한다. 사회질서는 덕성과 지혜라는 별로 뚜렷하지 않은 자질들보다는 가시적인 차별성들에 대한 존중에 의존할 때 훨씬 더 안정적일 수 있기 때문이라는 것이다.[1]

여기서 질서는 훌륭한 공학적 설계의 질서를 뜻하는데, 그 안에서는 실제적인 인과관계(effective causation)가 매우 중요한 역할을 한다. 이 점에서 그것은 이전의 질서 개념들과는 다르다. 이전의 개념들에서는 조화가 사회 내 상이한 수준의 존재들 또는 신분들에서 나타나는 이데아(Ideas) 혹은 형상들(Forms) 간의 공명으로부터 비롯되었다. [질서에 대한] 새로운 개념화의 핵심은 우리가 가진 목적들이 개개인의 의식적인 사고 안에서 제아무리 다양할지라도 결국 맞물려 조화롭게 돌아간다는 것이다. 그것들은 우리를 이익의 교환에 참여하게 만든다. 우리는 부유하고 집안 좋은 사람들을 존경하며 지지한다. 그리고 그 대가로 안정적 질서를 누리는데, 이 질서 없이는 번영이 불가능하다. 신의 설계란 의미들의 조화와 관련된 것이 아니라, 서로 얽히고 맞물린 원인들과 관련된 것이다.

다시 말해, 인간은 서비스의 교환(exchange of service)에 관여한다. 그 근본적인 모델이 바로 우리가 경제라고 일컫게 된 것이다.

신의 섭리에 대한 이러한 새로운 이해는 이미 로크가 『정부론 2편』 (*Second treatise*)에서 정식화했던 자연법 이론 속에 명백히 드러난다. 여기서 우리는 경제적 차원이 새로운 질서 관념에서 얼마나 큰 중요성을 갖게 되었는지를 알 수 있다. 여기에는 두 가지 측면이 있다. 조직화된 사회의 두 가지 주요 목표는 안전(security)과 경제적인 번영이었다. 한데 전체 이론은 일종의 이익이 되는 교환을 강조했기 때문에, 사람들은 유사—경제적인 은유를 통해 정치 사회 그 자체를 이해하기 시작했다.

그 결과, 루이 14세와 같은 인물은 왕세자에게 남긴 조언에서 교환의 관점이라 이름 붙일 만한 견해를 드러낼 수 있었던 것이다. "세상을 이루는 이 모든 상이한 조건들은 오로지 상호적인 의무의 교환으로서만 서로 결합한다. 우리가 신민들로부터 받는 경의와 존경은 그들이 공짜로 주는 선물이 아니다. 그것은 그들이 우리에게 받기를 기대하는 정의와 보호를 위해 지불하는 대가일 뿐이다."[2]

이는 상호이익의 질서가 우리의 사회적 상상 속으로 들어오는 오랜 여정 중에 일어났던 중요한 이행단계(로 밝혀진 것)에 대해 모종의 통찰력을 제공한다. 그것은 명령과 위계서열을 토대로 하는 질서의 경쟁 모델(rival model of order)이었다. 루이 14세와 그 시대의 다른 사람들이 제안했던 것은 새로운 것과 낡은 것 사이의 일종의 타협이었다고 볼 수 있다. 여기서의 통치자와 신민처럼, 상이한 기능들을 필요하고 유익한 서비스의 교환으로 정당화하는 기본적 추론 방식은 [분명히] 새로운 것이었다. 그러나 위계서열의 사회, 무엇보다도 가장 근본적인 절대군주와 신민의 위계서열 관계는 여전히 정당화되었다. 정당화는 점점 더 기능적인 필요성의 관점에서 이루어졌지만, 핵심 이미지는 여전히 타고난 우월성, 존재론적 위계서열과 같은 것을 반영했다. 왕은 모든 사람 위에 존재함으로써 사회를 결집시킬 수 있었고 만사를 지탱할 수 있었다. 루이가 가장 좋아했던 이미지를 빌자면, 왕은 태양과도 같은 존재였던 것이다.[3]

우리는 이를 바로크적 해법(Baroque solution)이라 말할 수 있다.[4] [루이 14세라는] 베르사유(Versailles)에서의 가장 극적인 예가 스스로를 고전주의적인(Classical) 용어로 이해했다는 점만 제외하면 말이다. 바로 이러한 타협이 대부분의 유럽 국가를 한동안 지배했다. 정권은 수많은 허례허식과 의례, 그리고 위계적 상보성이라는 심상(心象)과 더불어 지탱되었던 것이다. 그러나 그것은 또 근대적인 질서로부터 점점 더 많이 끌어오게 된 정당화 방식을 토대로 삼는 것이기도 했다. 루이 14세의 절대주의적 통치에 대한 보쉬에(Bossuet)의 옹호 역시 같은 층위에 놓인다.

경제는 은유 이상의 것이 될 수 있었다. 그것은 점점 더 사회의 지배적인 목표로 여겨지기에 이르렀다. 루이 14세가 왕세자에게 주는 조언록(memoir of advice)을 썼던 그 시대에 앙투완 드 몽크레티앙(Antoine de Montchrétien)*은 하나의 국가이론을 제안했는데, 거기에서 국가는 경제를 번영시킬 수 있는 주된 조정력으로 나타난다(덧붙이자면, 그는 '정치경제학'[political economy]이라는 용어를 만든 사람이기도 하다). 상인들은 이윤에 대한 사랑으로 행동한다. 그러나 통치자의 훌륭한 정책(여기서는, 매우 잘 보이는 손)은 이 사랑을 공동선(common good)으로 이끌 수 있는 것이다.[5]

이 두 번째 전환은 1장에서 내가 스케치했던 근대적 질서의 두 번째 특징을 반영한다. 즉 우리가 서로에게 주고자 하는 상호이익에서는 안전한 삶과 그를 위한 수단의 확보가 중요한 자리를 차지한다는 것이다. 이는 섭리 이론들의 내부에서만 일어나는 고립된 변화가 아니라, 시대의 주요한 흐름과 함께 가는 것이었다.

이러한 흐름은 종종 표준적인 유물론의 설명 틀 안에서 이해되어왔다. 그러한 예로 나는 3장에서, 사업가 집단과 상인들 그리고 이후의 공장제 수공업자들(manufacturers)이 점차 많아지고 더 큰 권력을 얻게 된다는 구식 마르크스주의의 논의를 환기시킨 바 있다. 이러한 설명은 그 자체의 논의 수준에서 보더라도, 국가 권력의 요구 변화와의 관련 속에서 보완될 필요가 있다. 통치 엘리트들은 생산의 증대와 우호적 무역이 정치력과 군사력의 핵심 조건이라는 사실을 점점 더 분명히 인식하기 시작했다. 네덜란드와 영국의 경험이 그것을 입증하고 있었다. 물론 일부 국가들이 경제적으로 발전하면서, 경쟁국들은 그 선례를 뒤쫓아가거나 아니면 종속적인 위치로 내려서야만 했다. 이러한 현실은, [상인계급의] 수적 증가와 부의 축적만큼이나 상인계급의 지위를 강화하는 결과를 낳았다.

* 앙투완 드 몽크레티앵(Antoine de Montchrétien, 1575~1621): 프랑스의 시인, 극작가이자 경제학자이며, 17세기의 대표적인 중상주의자. 그의 저작 가운데 특히 1615년에 펴낸 『정치경제학 논고』(Traité de l'économie politique)는 유명하다. 이 책에서 그는 한 국가 수준에서의 부의 생산과 분배에 관한 학문을 가리키기 위해 '정치경제학'이라는 새로운 개념을 썼다. 상업과 산업 발전을 통한 부강한 국가의 건설을 주장했으며, 이를 위한 국가의 적극적인 경제 개입을 지지했다.

그러나 이러한 요인들이 중요하다 할지라도 자기 이해에서의 변화를 전부 설명할 수는 없다. 우리를 이 여정에 들어서게 만든 것은 경제적인 수준뿐만 아니라 정치적이고 영적인 여러 수준에서의 변화들이었다. 나는 이 점에서 베버가 옳다고 생각한다. 그렇다고 해서 그의 이론의 세부사항들 모두가 유효하다는 말은 아니지만 말이다.

어떤 직업에서 꾸준히 일하는 사람들의 본래의 중요성은 그들이 그렇게 함으로써, 청교도적 표현을 빌리자면, 스스로를 '안정된 경로'(settled courses)에 놓는다는 사실로부터 나오는 것이다. 만약 군인이나 종교지도자나 지식인에게만이 아니라 수많은 평범한 사람들에게 질서 잡힌 삶이 하나의 요구가 되었다면, 이제 모든 이는 자신이 하고 있으며 인생에서 반드시 하고 있어야만 하는 것, 즉 어떤 생산적인 직종에서 일하는 것에 대해 규율 바르고 진지해져야만 할 것이다. 진정으로 질서 잡힌 사회에서는 개개인이 이러한 경제적 직업을 성실하게 받아들이고 그 일을 위한 규율을 처방할 필요가 있었다. 이것이 [그 사회의] 정치적인 토대였다.

그러나 개신교 내부에서, 그리고 가톨릭에서도 점점 더 많은 수의 신자들이 이를 요구하게 된 데에는 절실한 영적 이유가 있었다. 그것을 알아차린 사람이 베버다. 이를 개신교 쪽에서 설명해보자. 만일 우리가 [청빈, 정결, 순명이라는] '복음적 권고'(counsels of perfection)를 따라 독신이나 수도원 생활에 이르는, 더 고귀한 천직이 있다는 가톨릭의 관념을 거부한다면, 그리고 만일 누군가 모든 기독교인은 100퍼센트 기독교인임에 틀림없고 어떤 직업에서든 그럴 수 있다고 주장한다면, 그 때는 평범한 삶, 절대 다수가 영위할 수밖에 없는 삶, 생산과 가족생활, 일과 섹스가 다른 그어떤 것 못지않게 신성시될 것이다. 실상 그것은 수도사의 [금욕적인] 독신생활보다 더욱 신성시되기도 했다. 수도사의 생활은 더 고귀한 삶의 방식을 발견했다는 헛되고 교만한 주장에 근거를 두었기 때문이다.

이는 평범한 삶을 신성화하는 기초였다. 나는 그것이 본래의 종교적 변이형을 넘어 수많은 세속적 형식 속으로 흘러들어가면서 서구 문명의 형성과정에 엄청난 영향을 미쳤다고 주장하고 싶다. 거기에는 두 가지 측면이 있었다. 우선 그것은 평범한 삶을 가장 고귀한 형태의 기독교적 삶을 위한 장소로 승격시켰다. 그것은 또한 엘리트주의에 대한 공격이기도 했다. 그것이 기독교에서나(수도사라는 직업) 세상에서(생산적인 노동의 실존보다 명상을 더 높게 치는 식의, 고대로부터 내려온 윤리학) 더 고귀한 것으로 알려져 있던 실존 양태들을 아래로 끌어내렸던 것이다. 권력자는 권좌에서 내동댕이쳐졌으며 겸손하고 온유한 자들이 칭송받게 되었다.

이 두 가지 측면은 모두 근대 문명의 발전을 이끄는 기능을 수행했다. 평범한 삶에 대한 긍정은 우리가 삶에서 경제적인 것에 중심적인 위치를 부여하게 된 배경의 일부를 이룬다. 마찬가지로 그것은 우리가 가족생활이나 가족관계에 엄청난 중요성을 두게 된 배경의 일부이기도 하다. 엘리트주의에 반대하는 입장은 우리의 사회생활과 정치생활에서 평등성이 지니는 근본적인 중요성의 근간에 놓여 있는 것이다.[6]

이 모든 정신적, 물질적 요인들은 경제적인 것이 점차 중심적 위치를 차지하게 된 과정을 설명해준다. 이 과정은 이미 18세기에 분명하게 가시화되었다. 그 때, 또 다른 요인이 개입했다. 아니 그것은 어쩌면 단순히 정치적 요인의 확장일지도 모르겠다. 즉 상업과 경제 활동이 바로 질서 잡힌 존재와 평화로 가는 길이라는 관념이 점점 더 공인받기에 이르렀던 것이다. '부드러운 상업'은 귀족들이 추구하는 군사적 영광으로 인해 빚어지는 야만적 파괴와 대조되었다. 사회가 상업에 의존할수록 그것은 더 세련되고 문명화되며, 더욱 탁월한 평화의 기술을 갖추게 된다는 것이다. 돈벌이를 향한 충동은 '고요한 열정'으로 여겨졌다. 그 충동이 사회를 장악한다면, 폭력적인 열정을 통제하고 금하는 데 도움이 될 수 있을 것이다.

풀어 말하자면, 돈벌이는 우리의 이해관심(interest)에 봉사하며, 이해관심은 열정을 견제하고 통제할 수 있다는 관념이다.[7] 칸트는 민족국가가 공화국이 되고 경제적 이해관심에 좌우되는 일반 납세자들의 통제 아래 놓이게 될수록 전쟁이라는 수단에 호소하는 일은 점점 더 드물어질 것이라고까지 믿었다.

이해관심의 조화라는 주의주장의 바탕에는 경제를 중심에 두는 새로운 자연질서의 개념이 있었다. 그것은 심지어 우주에까지 투사되었다. 이 새로운 개념이 삼라만상의 질서에 대한 18세기의 비전에 반영되었기 때문이다. 이때, 우주질서는 작용–중인–형상들(forms–at–work)의 위계가 아닌, 서로 맞물려 있는 목적을 가진 존재의 대사슬로서 여겨진다. 세상 만물이 서로 밀착하고 결합한다면 이는 생존과 번영을 위해 서로에게 봉사하기 때문이다. 그것들은 이상적인 경제를 이룬다.

> 죽어가는 식물들이 생명을 지속시키고,
>
> 사라지는 생명이 다시 식물들을 생성시키는 것을 보라.
>
> 소멸하는 모든 형상들은 다른 형상들의 양식이 되고,
>
> (우리는 번갈아 생기를 받고 또 죽어간다)
>
> 질료의 바다에서 생겨난 거품처럼
>
> 이들은 수면 위로 치솟았다가 부서지고, 그리고 다시 바다로 되돌아가는구나.
>
> 관계없는 것은 아무 것도 없다. 부분들은 전체와 연관된다.
>
> 모든 것으로 확장되는, 모든 것을 간직하는 단 하나의 영혼.
>
> 각각의 존재는 연결되어 있다. 가장 위대한 것은 가장 미천한 것과 이어진다.
>
> 인간의 도움으로 짐승이 만들어지고, 짐승의 도움으로 인간이 만들어진다.
>
> 모든 것들이 도움을 받고 모든 것들이 도움을 준다. 그 무엇도 홀로 존재하

지는 않는다.

　사슬은 계속 이어지며, 어디서 끝나는 것인지를 알 수 없다.

　[…]

　각각의 존재 안에서 신은

　그에 합당한 축복을 보시며 그에 합당한 제약을 두신다.

　하지만 그분이 전체를, 축복해주실 하나의 전체를 지으셨기에

　서로의 필요 위에 서로의 행복을 쌓으셨기에,

　그리하여 태초부터 영원한 질서(ORDER)는 계속되며,

　피조물은 피조물과, 인간은 인간과 이어지느니.

　이 모든 것으로부터 알렉산더 포프(Alexander Pope)*는 의기양양하게 "진정한 **자기애**(SELF-LOVE)와 **사회적인 것**(SOCIAL)은 동일하다"고 결론 짓는다.[8]

　그러므로 이러한 새로운 질서 관념이 이론과 사회적 상상의 양쪽에서 빚어낸 최초의 커다란 변화는 아마도, 우리가 사회를 하나의 경제로 보기에 이르렀다는 것이다. 이때, 경제는 일련의 상호 연계된 생산과 교환, 그리고 소비 행위들로서, 고유한 법칙과 역학을 갖는 체계를 이루는 것으로 이해된다. 그것은 더 이상 권위 있는 자들에 의한 단순한 경영이라든지, 가정이나 국가에서 우리가 공동으로 필요로 하는 자원이 아니다. 이제 경제적인 것은 우리가 함께 연결되는 방식, 또 무질서와 갈등의 위험이 없는 한 원칙상 그 자체로 자족적인 공존의 영역을 규정한다. 경제를 하나의 체계로서 개념화한 것은 중상주의자들 및 아담 스미스와 더불어 18세기의

----

* 알렉산더 포프(Alexander Pope, 1688~1744): 영국 고전주의의 대표적인 시인. 테일러가 본문에서 인용하고 있는 시구는 포프의 『인간론』(*Essay on Man*, 1733~34)의 제3서한 「사회와 관련한 인간의 본성과 상태에 관하여」의 일부다.

이론이 가져온 성과다. 그런데 경제적인 협력과 교환을 사회의 가장 중요한 목적이자 의제로 간주하게 된 것은 우리의 사회적 상상에서 하나의 흐름(drift)이기도 하다. 그 흐름은 이 시기[18세기]에 시작되어 오늘날까지 계속되고 있다. 그러한 시각에서 본다면, 조직화된 사회는 더 이상 정치체와 등가의 것이 아니게 된다. 곧 사회적 존재의 또 다른 차원들이 있고, 거기에는 고유한 형태와 통일성이 있다고 여겨진다. 이 시기에 시민사회(civil society)라는 용어에 일어난 의미 변화가 이를 반영한다.

내가 논의하고자 하는 사회적 상상의 세 가지 형식 가운데 첫 번째가 이것[즉 객관화된 실재로서의 경제]이다. 두 번째 형식으로 넘어가기 전에, 나는 우리의 근대적 자기 이해의 일반적 특징을 한 가지 이야기하고 싶다. 그것은 우리가 경제를 나머지 상상 형식들과 대조시킬 때 잘 드러난다. 주권을 가진 '인민'(self-ruling 'people')과 공론장이라는 이 두 가지 형식은 모두 우리를 집단적 행위주체성(collective agencies)이라고 상상한다. 그리고 이 새로운 집단적 행위주체성의 양식이야말로 서구 근대성과 그 이후의 가장 두드러진 특징들 가운데 하나다. 우리는 결국 민주 시대를 살아가고 있다고 스스로 인식하는 것이다.

그러나 보이지 않는 손이라는 관점에서 이루어지는 경제적 삶에 대한 설명은 상당히 다르다. 거기에는 어떤 집단적 행위자도 존재하지 않는다. 사실 그 설명은 이러한 것[즉 집단적 행위주체성]의 부정에 이른다. 물론 자신의 이익에 따라 행동하는 개인 행위자들은 분명히 존재한다. 하지만 총체적이며 최종적인 결과는 그들이 통제할 수 있는 범위를 벗어난 저 너머에서 나타나는 것이다. 그 결과가 예측 가능한 어떤 형태를 취하는 이유는 수많은 개별 행위가 연결되는 방식을 지배하는 어떤 법칙들이 존재하기 때문이다.

이는 객관화하는 설명(objectifying account)이다. 그것은 사회적 사건을 자연적 과정과 다를 바 없이 다루며, [자연과] 유사한 종류의 법칙을 따르는 것처럼 취급한다. 그러나 사회적 삶에 대한 이런 객관화하는 식의 파악은 근대의 도덕적 질서에서 비롯된 근대적인 이해의 일부에 지나지 않는다. 사회적 행위주체성(social agency)을 상상하는 새로운 양식들 [즉 주권을 가진 인민과 공론장]이 그러하듯이 말이다. 그 둘은 동일한 꾸러미의 부분들로 함께 가는 것이다. 일단 사회질서의 관념을 더 이상 플라톤이 환기시켰던 식의, 현실 안에서 작용 중인 형상들(Forms-at-work in reality)로서가 아니라, 인간 행위주체성(human agency)이 [스스로 움직이지 못하는] 비활동적 현실(inert reality)에 부과한 형식으로서 다루게 되면, 우리는 이러한 현실에 대한 집단행동의 모델 못지않게, 그 현실의 배치와 그것을 구조화하는 인과 관계들에 대한 상을 필요로 하게 된다. 엔지니어는 자신이 성취하려는 목표에 대한 계획만큼이나, 자신이 작업하게 될 영역의 법칙들을 알 필요가 있다. 사실 그 법칙들을 알지 못하면 계획을 세울 수도 없는 것이다.

그리하여 새로운 유형의 객관화하는 사회과학(objectifying social science)의 시초가 이 시대에 나타난다. 그것은 17세기 중반 아일랜드에서 윌리엄 페티(William Petty)가 정책의 토대를 마련하기 위해 부와 생산, 인구학에 관한 사실과 통계를 수집하면서 시작되었다. 사회 현실을 객관화하는 상들은 거대한 규모의 집단적 행위주체성의 구성만큼이나 두드러지는 서구 근대성의 특징이다.[9] 이처럼 사회에 대한 근대적 이해는 뿌리 깊게 이중초점[즉 한편으로는 집단적 행위주체성이 변화시킬 수 있는 사회, 다른 한편으로는 객관적인 법칙에 의해 지배되는 사회]을 가지고 있었던 것이다.

과학의 성격에서 나타난 이러한 변화를 더 잘 이해하기 위해서는 그것을 분리의 이면으로부터 바라보아야 할 것이다. 사회가 플라톤적 또는 아리스토텔레스적 유형의 목적론을 닮은 어떤 것으로 이해되는 한, 이러한 종류의 이중초점적인 파악은 불가능했다. 목적론에 관해 말하면서 나는 무거운 형이상학적 학설들에 관한 이야기를 꺼내고 싶지는 않다. 지금 나는 사회가 '규범적인/정상적인'(normal) 질서를 갖는다는 식의 널리 퍼져 있는 인식에 관해 논하고 있다. 그러한 인식에 따르면, 그 질서는 흐르는 시간 속에서 스스로를 유지하려는 경향이 있지만 모종의 발전들에 의해 위협받을 수도 있다. 일단 어떤 지점을 넘어서게 되면 파괴, 내전, 또는 적절한 형식의 완전한 손실로 향할 수 있는 발전들 말이다. 이와 같은 사회 이해는 건강과 질병이라는 주요 개념의 관점에서 우리 자신을 유기체로 이해하는 것과 매우 유사하다고 볼 수 있다.

공화주의적 형태에 관해서는 마키아벨리조차도 아직은 이러한 종류의 이해를 갖고 있었다. 그 형태가 존속하려면, **영웅**(the *grandi*)과 인민 사이에 어떤 긴장 속의 균형이 유지될 필요가 있다. 건강한 정치체에서 이러한 균형은 각 신분 간의 게임이나 경쟁, 상호감시에 의해 유지된다. 하지만 어떤 발전, 예컨대 개인적인 부와 재산에 대한 시민들의 지나친 이해관심은 이러한 균형을 위협한다. 이는 **도덕적 타락**(*corruzione*)을 이루며, 시의 적절하고 엄격하게 다뤄지지 않는다면 공화주의적 자유에 종말을 초래할 것이다. 여기에는 부가 자유를 위태롭게 만든다는 원인 귀속의 논리가 있다. 그러나 강렬한 규범적 울림을 갖는 '타락'이라는 용어는 사회에 대한 이해가 규범적 형태(normal form) 개념을 둘러싸고 조직되고 있음을 보여 준다.

사회사상이 이런 식으로 조직되는 한, 사회에 대한 이중초점적인 파악이 힘을 가질 수는 없다. 현실은 [스스로 움직이지 못하는] 비활동적인 것이 아니라 규범적 형태에 의해 모양을 가지는 것으로 이해된다. 그리고 현실은 언제나 올바른 모양과는 일정하게 떨어져 있는 것으로, 그리고 그 거리가 어느 한도 내에 있다면 스스로를 유지할 수 있지만 그것을 넘어서면 파멸의 구렁텅이에 추락하는 것으로 여겨진다. 건강한 신체가 그렇듯이 말이다. 성공적인 집단행동은 이러한 형태에 의해 틀을 갖춘 장(場)의 내부에서 발생하는 것으로 이해된다. 사실 이 형태가 바로 성공적인 집단행동의 발생조건이다. 이 형태를 잃게 되면, 집단행동은 이기적인 개인들의 타락한 다툼으로 전락하고 만다. 비활동적 현실도 없고, 이러한 현실에 어떤 모양을 부여하는 외부로부터의 행위도 존재하지 않게 되는 것이다.

어떤 이들은 '보이지 않는 손'이라는 아담 스미스 식의 개념이 상호 번영이라는 새로운 '규범적' 질서를 규정한다고 생각할지도 모르겠다. 어떤 면에서 그 개념은 그런 식으로 다루어질 수 있으며, 오늘날에는 다양한 신자유주의적 시장 지지자들에 의해 그런 식으로 소환되는 것도 사실이다. 그러나 이는 집단행동의 질서가 아니다. 시장이란 사실상 집단행동의 부정이기 때문이다. 시장은 제대로 작동하기 위해 특정한 유형의 개입(질서 유지, 계약 강화, 도량형의 통일 등), 그리고 (끊임없이 강조되는) 불개입(정부가 우리를 가만 놔두게 하기)을 필요로 한다. 그러나 옛날 학문의 관점에서 볼 때 스미스 식의 '보이지 않는 손' 개념이 갖는 놀라운 점은 그것이 **타락한**, 즉 순전히 이기적인 행위자들 사이에서 솟아나는 자생적 질서라는 것이다. 그것은 마키아벨리가 말한 부와 타락 사이의 관계처럼 적절한 집단행동의 규범적 조건들과 관계가 있는 발견이 아니다.

이 조건들과 관련된 학문에는 규범적으로 구성된 현실이 틀 짓지 않은 행위를 위한 여지가 없으며, 규범적으로 중립적이고 비활동적인 사회의 장에 대한 연구의 여지도 없다. 거기에서는 근대의 이중초점적인 현실 파악을 가능하게 하는 어떤 구성요소도 자신의 자리를 찾을 수 없는 것이다.

과학의 성격에서의 이러한 전환은 내가 조금 전에 언급했던 변화와도 연관된다. 근대인들에게 조직화된 사회란 더 이상 정치체와 동일한 것이 아니다. 일단 행위자들의 등 뒤에서 비인격적 과정이 일어나고 있다는 사실을 우리가 발견하게 된 이상, 법칙과 같은 어떤 체계성을 보여주는, 사회의 다른 양상들의 존재는 당연한 것이 된다. 그 가운데 하나가 바로 보이지 않는 손에 의해 이끌려가는 경제다. 사회적 삶의 다른 양상들 또는 문화 또는 인구는 나중에 선별되어 과학적인 연구대상이 된다. 체계적으로 상호작용하는 사람들의 집합이 하나의 총체, 하나의 사회를 형성한다고 보는 방식은 여러 가지가 있을 수 있다. 우리는 그것들을 경제나 국가 혹은 (이제는 비정치적인 차원에서 정체성을 부여받는) 시민사회라고 말할 수 있고, 또는 단지 사회나 문화라고 말할 수도 있다. '사회'는 이제 '정치체'라는 고리로부터 벗어나, 여러 상이한 적용맥락을 가로지르며 자유롭게 부유한다.

이 과학혁명에서의 많은 부분은 목적성(telê)의 관점에서 [사회를] 규범적으로 파악하는 사고방식의 거부를 낳는다. 이러한 거부는 또한 근대적 질서 개념으로부터 등장한 도덕적 사고의 핵심부에 있었다. 그 개념은 로크, 그리고 그가 영향을 준 사람들이 아리스토텔레스에 대해 품었던 반감의 표현과도 같았다. 물론 목적론의 거부 동기는 잘 알려진 대로 새로운 기계론적 과학을 지지하는 입장에 의해 유발된 것이었다. 그러나 거기에 활기를 불어넣은 것은 새롭게 떠오르는 도덕 이론이었다. 새로운 원자론적 자연법 이론과, 예컨대 토마스 아퀴나스(Thomas Aquinas)가 정식화한 그 이전의 이론 간의 차별성은 새 이론이 아퀴나스에게는 중심적이었던 아리스토텔레스적 모태로부터 철저히 분리되었다는 점에 있었다. 올바른 정치 형식이 인간 사회에서 작용하고 있는 목적성(telos)으로부터 연역될 수는 없었다. 법을 정당화하는 것은 신의 명령(로크), 혹은 인간의 이성적이고 사회적인 본성을 가정한 상태에서의 논리적인 의미 정합성(그로티우스), 혹은 (그 이후에는) 이해관계들 간의 조화를 보장하는 방법의 제시에 있었다.[10]

[사회에 대한] 근대의 이중초점적인 이해에 긴장이 없는 것은 아니다. 나는 앞서 중심적인 선(善)으로서 자유가 근대적 도덕질서에서 중층적으로 결정되었다고 언급한 바 있다. 자유는 사회에 동의하고 그럼으로써 그것을 구성하는 사람들의 주요 속성 가운데 하나다. 그것은 동시에 자기만의 사회 세계를 구축하는 창조자인 모든 사람들의 존재 조건 안에 새겨져 있는 것이기도 하다. 그들은 자신들이 이미 고유한 규범적 형상을 갖는 세상에 태어났다는 발상에 반대한다. 사실 아리스토텔레스식의 목적론이 강하게 거부된 이유 가운데 하나는, 지금과 마찬가지로 그 당시에도, 그것이 우리가 스스로의 삶을 결정하고 우리만의 사회를 건설해갈 자유를 제한할 가능성이 있다고 여겨졌기 때문이다.

하지만 단지 이러한 이유만으로 두 개의 이해방식 사이에는 충돌이 발생할 수 있었다. 어떤 학파에게는 불가피한 현실에 대한 객관적인 인식의 영역에 속하는 것이, 다른 학파에게는 자신의 세상을 만들어가는 인간의 능력을 그릇된 실증성(positivity) 앞에서 포기하는 것으로 비칠지도 모른다. 우리가 자유에 부여하는 각별한 중요성 때문에 그와 같은 도전이 생겨나게 되어 있다. 이러한 유형의 비평은 루소의 저작, 그리고 그 이후의 피히테(Johann Gottlieb Fichte), 헤겔 그리고 마르크스의 저작에서 중심적인 것이었다. 우리 문명에서 그들이 갖는 중요성을 새삼 강조할 필요는 없을 것이다. 헤겔―마르크스 식의 용어를 빌리자면, 단지 즉자(an sich)로 살아지는 것을 대자(für sich)와 같은 무엇인가로 변화시키려는 야망은 영원히 되풀이된다. 이는 애당초 단순히 객관화된 사회학적 범주에 불과한 집단들(예를 들어, 장애인, 복지수혜자)을 사회운동에 동원함으로써 집단적 행위주체성으로 변화시키려 하는 지속적인 시도 속에서 잘 나타난다.

그러나 이 철학자들이 저작을 쓰기 이전부터도 시민적 인본주의(civic humanist)의 전통, 공화주의적 자치(republican self-rule)의 윤리는 존재했으며, 그들의 저작에 영향을 미쳐왔다. 여기서 우리는 근대의 도덕질서 그 자체와 밀접히 연계된 긴장에 이르게 된다. 그 도덕질서는 근대의 사회적 상상을 진전시키고 식민화하는 동안에도 계속 불안과 의심을 일깨워왔다. 우리는 근대 사회가 상업 사회로 스스로를 이해하는 방식이 그 도덕질서의 고착화와 연관되어 있으며, 상업적인 단계로의 이행이 근대 국가들의 훌륭한 내부 평화 유지에 영향을 준 것으로 여겨진다는 사실을 알게 되었다. 이러한 사회는 더 이상 전쟁이 아니라 생산을 가장 고귀한 인간 활동의 자리에 놓는다. 그것은 전사의 명예라는 오래된 불문율에 적대적이었으며, 일종의 평준화(leveling)를 지향하는 것이었다.

이 모든 것은 저항을 불러일으키지 않을 수 없었다. 무관귀족(noblesse de l'épée)과 같이 예전의 세상 돌아가는 방식에 이해관계가 걸려 있던 신분들만 저항했던 것은 아니다. 온갖 신분의 수많은 사람들이 [앞에서 말한] 변화에 대해 모순된 감정을 갖고 있었기 때문이다. 상업 사회의 도래와 더불어, 효용성 없는 대의에 대한 진심어린 헌신, 위대성, 영웅주의는 쇠퇴하거나 아예 이 세상에서 사라지게 될 위험에 처해 있는 것처럼 보였다.

그러한 우려의 한 형식은 남성들에 대한 걱정으로 나타났다. 상류사회의 기풍을 따르는 사람들이 '여성처럼 나약해'지고 있으며 남자로서의 미덕을 잃고 있다는 이야기는 18세기 내내 계속 되풀이되었던 중요한 테마였다. 그것이 가장 원초적인 수준에서 드러났던 것은 교양을 추구하던 당시의 관행에 저항하는 상류층 무뢰한들의 반항에서였다. 18세기 영국에서의 결투 관행 부활은 아마도 조금 더 고차적인 수준의 표현이었을 것이다.[11] 그런데 가장 고차원적인 수준에서 그것은 시민적 인본주의의 윤리를 촉진시켰다. 그 윤리는 상업 사회의 기풍에 대한 경쟁자였으며, 이러한 근대적 형식이 초래한 무기력, 타락, 자유의 상실과 같은 위험들에 대한 보상이기도 했다. 이는 결코 주변적인 관심사가 아니라, 아담 스미

스와 같은 당대의 가장 영향력 있는 몇몇 사상가들의 관심사였다.[12]

이러한 우려와 긴장들은 근대 문화의 중요한 부분으로 남아 있다. 어떤 경우에 그것들은 근대적 질서 개념의 변형된 판본으로 이어질 수도 있었다. 루소와 마르크스의 철학에서 볼 수 있듯이, 시민적 덕성이나 자유 혹은 소외 없는 자율성을 구하기 위해서 말이다. 또 다른 경우에 그것들은 질서에 내재하는 타락의 잠재적 위협으로 비춰지기도 했다. 하지만 그렇게 여겼던 사람들이 단순히 그 잠재적 위험성에 대한 어떤 예방법을 발견하기 위해 이 질서를 거부하고자 했던 것은 결코 아니다. 스미스와 그 이후의 토크빌이 이 범주에 속할 것이다.

영웅주의와 위대성의 종말, 그리고 평준화에 대한 우려는 근대적 도덕 질서와 그것이 표상하는 모든 것에 대한 맹렬한 비난으로도 변했다. 니체(Friedrich Nietzsche)에게서 우리가 볼 수 있듯이 말이다. 근대 문명의 한가운데에 서서 질서에 대한 경쟁적 개념을 둘러싸고 정치체를 구축하려 했던 시도들, 즉 가장 두드러지게는 파시즘 및 그 비슷한 권위주의의 다양한 형식으로 나타났던 그 시도들은 실패했다. 그러나 니체의 식지 않는 인기는 그의 통렬한 비판이 오늘날에도 여전히 많은 사람들에게 호소력이 있음을 보여준다. 근대의 질서는 정착되었지만, 어쩌면 정착되었다는 바로 그 이유 때문에 아직도 많은 저항을 불러일으키고 있는 것이다.

1 Leslie Stephen, *History of English Thought in the 18th Century* (Bristol, England: Thoemmes, 1997), 2: p. 72.

2 *Mémoires*, p. 63, Nanerl Keohane, *Philosophy and the State in France* (Princeton: Princeton University Press, 1980), p. 248.

3 Keohane, *Philosophy*, pp. 249~251.

4 물론 이렇게 슬쩍 지나가는 언급 뒤에는 거창하고 복잡한 명제가 놓여 있다. 기본적인 아이디어는, 바로크 문화란 일종의 종합명제라는 것이다. 즉 행위자가 세계에 질서를 구축하는, 내면적이고 창조적인(poiêtic) 존재라는 근대적 이해방식과 형상(Form)에 의해 틀 지어진 우주(cosmos)로서의 세계라는 더 오래된 이해방식 간의 종합 말이다. 나중에야 우리는 이 종합명제를 불안정한 것이며 교체될 운명을 지닌 것으로 보게 되었는데, 이는 실제로도 그렇게 되었다.

그러나 그 진실이 무엇이건 간에, 우리는 바로크 문화 속에서 일종의 구조적인 긴장을 볼 수 있다. 그 긴장은 질서와 행위자들 사이에서 나온다. 즉 거기에 이미 존재하는 위계적인 질서 그리고 자신들의 구성적 활동을 통해 그 질서를 지속시키고 완성하는 행위자들 사이의 긴장인 것이다. 이 행위자들은 자신이 스스로의 동기에 따라 행동한다고 생각하며, 그런 의미에서 위계서열의 바깥에 있고 평등하다고 본다. 그리고 [그들 자신을] 그와 필적한 것의 밖에 위치하는 것으로 이해하는 경향이 있다. 루이 14세의 말과 같은 혼성적 정식화는 그로부터 나온 것이다.

나는 뒤프레(Dupré)의 책에 제시된 바로크 예술에 대한 흥미로운 서술로부터 많은 것을 배웠다. Dupré, *Passage to Modernity*, pp. 237~248. 뒤프레는 바로크가 인간 행위주체성과 그것이 발생시키는 세계 사이의 "최후의 포괄적인 종합명제"라고 말한다. 거기서 이 행위주체성에 의해 발생한 의미들과 우리가 세상 속에서 발견한 의미들에서는 어떤 관계를 찾을 수 있다. 그러나 그것은 긴장과 갈등으로 가득 찬 종합명제이다.

바로크 교회는 정적인 질서로서의 우주보다는 신에 이러한 긴장의 초점을 맞춘다. 이 신의 힘과 신성은 우주 속에서 표현되기 때문이다. 그러나 이 하향성의 힘은 인간의 행위주체성에 의해 취해지며 또 앞으로 나아간다. "따로 떨어진 권력의 중심으로 개념화된, 신적인 질서와 인간적인 질서 사이에서 근대적인 긴장을 빚어내면서"(226) 말이다.

뒤프레는 바로크 문화가 "포괄적이며 영적인 비전"에 의해 통합되었다고 주장한다. 그에 따르면, "그 중심에는 발생 중인 세계에 형식과 구조를 줄 수 있는 능력에 대한 자신감을 가진 개인이 있다. 하지만—그리고 여기에 그것의 종교적 의미가 있다— 그 중심은 여전히 초월적인 근원과 수직적으로 연결된 채 남아 있다. 인간 창조자는 매개체들이 하강하는 단계를 거침으로써 그 근원으로부터 자신의 힘을 이끌어내는 것이다. 이렇게— 인간적이며 신적인 — 이중의 중심이 바로크의 세계상을 중세의 수직적인 세계상과 구별 짓는다. 중세의 세계상에서는 실재가 단일한 초월적 지점으로부터 내려오기 때문이다. 르네상스의 몇몇 특색 안에서 미리 나타난 바 있는, 이후의 근대성이 지닌 확실하게 수평적인 세계상 또한 마찬가지이다. 두 중심 사이의 긴장이야말로 바로크에 복합적이고 불안정하면서도 역동적인 특성을 가져다주는 것이다."(237)

5 Keohane, *Philosophy*, pp. 164~167.

6 나는 이 문제에 관해 Charles Taylor, *Sources of the Self* (Cambridge, MA: Harvard University Press, 1989), chap. 13에서 자세히 논의했다.

7 Hirschmann, *The Passions and the Interests*. 매우 흥미로운 이 책의 논의에 나는 많은 것을 빚지고 있다[김승현 옮김, 『열정과 이해관계』, 나남, 1994].

8 Alexander Pope, *Essay on Man*, part. 3, pp. 9~26, 109~114; part. 4, pp. 396.

9 매우 흥미로운 논의를 담고 있는 Mary Poovey, *A History of the Modern Fact* (Chicago: University of Chicago Press, 1998), chap. 3을 보라.

10 J. B. Schneewind, *The Invention of Autonomy* (Cambridge, England: Cambridge University Press, 1998), part 1; Manent, *La Cité de l'Homme*, part 1.을 보라.

11 Carter, *Men and the Emergence of Polite Society*, chaps. 3, 4; Bryson, *From Courtesy to Civility*, chap. 7.

12 실제로 우리가 지금 고려하는 몽테스키외(Montesquieu)로부터 퍼거슨(Adam Ferguson)에 이르기까지의 계몽주의 사회과학의 위상은 그리 단선적이지 않았다. 이 저자들은 객관화하는 과학이라는 근대적 형식뿐만 아니라 전통적인 공화주의적 이해에도 의존했기 때문이다. 아담 스미스는 보이지 않는 손을 공식화했을 뿐만 아니라 "인민의 위대한 육체"가 가진 호전적인 영혼과 시민권을 위해 과도한 노동 분업이 가져올 부정적인 결과 또한 숙고한 바 있다. Adam Smith, *The Wealth of Nations* (Oxford: Clarendon Press, 1976), 2: p. 787. 또한 상업 사회에 관한 가장 영향력 있는 단계 이론의 하나를 저술한 저자인 퍼거슨은 이러한 사회가 타락에 굴복하게 되는 조건을 연구했다. Adam Ferguson, *Essay on the History of Civil Society* (New Brunswick, NJ: Transaction Books, 1980), parts 5, 6.

제6장　　　　　　　　　　공　론　장

'경제적인 것'은 정치체(polity)로부터 독립적인 정체성을 획득한, 시민 사회의 첫 번째 차원이었다. 그런데 머지않아 공론장이 그를 뒤따랐다.

공론장이란 사회 구성원들이 다양한 미디어—인쇄 미디어, 전자 미디어, 면대면 접촉—를 통해 서로 만나고 공통의 이해관계가 걸린 문제들을 토론하며 그에 관해 공통의 의견을 형성할 수 있는 공간으로 여겨지는 하나의 공통 공간(a common space)이다. 나는 '하나의 공통 공간'이라고 말한다. 왜냐하면 비록 그 안에서 다양한 미디어가 활용되고 다양한 교환행위가 이루어지지만, 원칙적으로 그것들은 서로 통하는 것으로 보이기 때문이다. 텔레비전에서 벌어지는 토론은 오늘 아침신문에 보도된 기사를 참작하며, 그 기사는 다시 어제 벌어졌던 라디오 토론에 관한 내용인 식이다. 이것이 우리가 일반적으로 공론장을 단수형으로 이야기하는 이유다.

공론장은 근대 사회의 핵심적인 특징이다. 이는 그것이 사실상 억압되거나 조작되는 곳에서조차 [그렇지 않은 것처럼] 허위로 가공되어야 한다는 데서 분명히 드러난다. 근대의 전제(專制) 사회들도 대부분 [정상적인 공론장이 있는 듯한] 시늉이라도 해야 한다는 점을 절감해왔다. 가령 글쓴이의 의견을 표현한다고 주장하는 정당 기관지의 사설은 동료 시민들의 숙고를 위해 제공되는 것이다. 대다수 인민들이 느끼는 분노의 표출이라고 주장하는 대중 시위가 조직되기도 한다. 이 모든 일들이, 마치 교환을 통해 공통의 의견을 형성하는 진정한 과정이 준비되고 있는 것처럼 일어난다. 사실 결과는 애초부터 신중하게 통제되고 있는데 말이다.

이 장에서는 특히나 아주 흥미로운 저작 두 권을 중심으로 논의를 전개하려 한다. 하나는 거의 사십여 년 전에 출간되었지만 영어로 번역된 지는 그리 오래지 않은, 위르겐 하버마스(Jürgen Habermas)의 『공론장의 구조변동』이다. 이 책은 18세기 서유럽에서의 공론(public opinion)의 발전을 다루고 있다. 다른 하나는 마이클 워너(Michael Warner)의 『공화국의 문학』이다. 이 책은 [18세기] 영국의 아메리카 식민지들에서 일어난, 위와 유사한 현상을 다룬다.[1]

하버마스 저작의 중심 주제는 18세기 서유럽에서의 공론이라는 새로운 개념의 출현이다. 분산되어 있는 출판물들과 소규모의 집단별, 지역별 논의들은 하나의 거대한 논쟁으로 간주되기에 이르며, 그로부터 전체 사회의 공론이 떠오른다. 달리 말하자면, 동일한 시각을 가졌지만 여기저기 흩어져 있는 사람들이 일종의 토론 공간 안에서 서로 연결되었고, 그들은 거기에서 다른 사람들과 생각을 교환하고 공통의 목적지에 다다를 수 있었다는 것이다.

이 공통 공간은 무엇인가? 곰곰이 따져보면 그 공간은 좀 이상한 것이다. 거기에 연루되어 있는 사람들은, 적어도 가정상으로는, 한 번도 만난 적이 없고 미디어—18세기에는 인쇄 미디어—를 통해 공통의 토론 공간 안에서 서로 연결된 것으로 여겨진다. 책, 팸플릿, 신문 등이 서로를 참조하고 또 반박하면서 각종 주장과 분석, 논거와 반대논거를 실어 나르며 교육받은 공중(public) 사이에서 유통되었다. 이 인쇄물들은 널리 읽혔고, [그 내용은] 종종 면대면 모임에서 또 응접실이나 커피하우스, 살롱 그리고 의회처럼 더 (권위 있는) 공적인 장소에서 논의되었다. 이 모든 것으로부터 나온 일반적 시각이 새로운 의미에서의 공론으로 여겨졌다.

이 공간이 바로 내가 이 책에서 사용하는 공론장(a public sphere)의 의미이다. 어떤 결론이 공론으로 '여겨진다'는 것은 그렇게 상상되는 한에서만 공론장이 존재할 수 있다는 사실을 반영한다. 온갖 분산된 토론들을 그 참여자들이 하나의 거대한 논쟁 속에서 연결되어 있는 것으로 보지 않는다면, 거기서 도출되는 결론이 공론으로서의 의미를 지닐 수는 없다는 말이다. 이는 [공론의 형성에 있어] 상상만으로 모든 것이 해결된다는 뜻은 아니다. 객관적 조건들이 있다. 예컨대, 내적인 조건은 단편적이고 국지적인 토론들이 서로를 참조해야 한다는 것이다. 외적인 조건은, 가령 공통의 토론으로 보일 만한 것의 토대가 있으려면, 다양한 독립적 정보원들로부터 유통되는 인쇄물들이 존재해야만 한다는 것이다. 종종 이야기되듯이, 근대적 공론장은 뻗어나가고 있던 '인쇄 자본주의'(print capitalism)에 의존했다. 그러나 워너가 보여주는 것처럼, 인쇄기술 그 자체, 심지어 인쇄 자본주의조차도 [공론장의] 충분조건을 제공해주지는 못했다. 그것들은 본질적인 공통의 이해가 생성될 수 있는 적절한 문화적 맥락 속에 자리를 잡아야만 했던 것이다.[2] 공론장은 사회적 상상의 어떤 전환, 근대 사회의 발전에 결정적인 전환이었다. 그것은 오랜 여정에 있어서 하나의 중요한 진전이었다.

이제 우리는 좀 더 나은 위치에서 공론장이란 대체 어떤 것인지, 그리고 그것이 18세기에 왜 새로운 것이었는지를 이해할 수 있게 된다. 내가 말했듯, 그것은 일종의 공통 공간이었다. 한 번도 만난 적이 없는 사람들이 그 공간 안에서 토론에 관여하고 있었으며 공통의 의견에 이를 수 있다고 스스로 인식했다. 나는 [여기서] 새로운 용어들을 몇 가지 도입하려 한다. 우리는 사람들이 어떤 목적에서든 초점이 있는 공통의 행동(common act of focus)에 함께 참여하고 있을 때 공통 공간이라는 말을 쓸 수 있다. 그러한 행동은 의례일 수도 있고, 대화를 나누거나 게임을 즐기는 일일 수도 있으며, 중요한 사건을 축하하는 일일 수도 있다. 이 행동들의 초점은 단순히 수렴적인(convergent) 것과는 대조적인 의미에서 공통적인 것이다. 그것은 일반적으로 그들이 주의를 기울인다고 이해되는 것, 즉 공통의 대상이나 목적의 일부이기 때문이다. 이는 개개인이 동일한 대상에 저마다의 방식으로 우연히 관심을 갖게 되는 것과는 엄연히 다르다. 이런 측면에서 '사람들 전체의 의견'이라고 말할 때는 단순히 [온갖 의견들이] 단일하게 수렴된 결과를 의미하게 되는 반면, 공론은 아마도 일련의 공동 행위들(common actions)로부터 발생한다고 여겨진다.

직관적으로 이해 가능한 유형의 공통 공간은 사람들이 어떤 목적을 위해 모여 있을 때 만들어진다. 그 목적은 사적인 수준에서의 대화를 위한 것일 수도 있고, 더 공적인 수준의 토론 모임을 위한 것일 수도 있으며, 의례, 축하의식, 또는 축구경기나 오페라의 관람일 수도 있다. 어떤 구체적 장소에서의 모임으로부터 솟아나는 공통 공간을 나는 '장소 한정적 공통 공간'(topical common space)이라고 부르고자 한다.

하지만 공론장은 좀 다르다. 그것은 그러한 장소 한정적 공간들을 초월한다. 공론장은, 말하자면 그러한 다양한 공간들을 실질적인 만남이나 모임과는 상관없는 하나의 커다란 공간으로 함께 엮어낸다. 오늘 우리의 논쟁, 내일 어떤 다른 이의 진지한 대화, 목요일 신문의 인터뷰 등을 하나의 동일한 공공 토론이 가로지르고 있다고 여겨진다. 나는 장소와 관계없는, 이러한 더 큰 유형의 공통 공간을 '장소 초월적'(metatopical)이라고 부르고 싶다. 18세기에 출현한 공론장은 [특정한 장소에 한정되지 않는] 장소 초월적 공통 공간이다.

그러한 공간은 부분적으로는 공통의 인식들에 의해 구성된다. 즉 그것은 이러한 인식들로 환원되지는 않지만, 그 없이는 존재할 수 없는 것이다. 새롭고 전례 없는 유형의 공간은 새롭고 전례 없는 인식을 요구한다. 공론장의 경우가 바로 그렇다.

새로운 것은 장소초월성(metatopicality)이 아니다. 교회와 국가는 이미 존재하고 있던 장소 초월적 공간들이었다. 하지만 [공론장의] 참신성을 분명히 하면 오랜 여정에서 일어난 하나의 진전으로서 공론장이 갖는 본질적 특성들이 더 잘 드러난다.

내가 공론장의 등장을 이 여정에서 하나의 진전으로 보는 이유는 사회적 상상에서의 그러한 변동이 근대적 질서 관념에 의해 고취되었기 때문이다. 이 점에서 두 가지 특징이 두드러진다. 하나는 이미 암시된 바 있는데, 정치적인 것(the political)으로부터 독립되어 있는 공론장의 정체성이 그것이다. 다른 하나는 정당성의 척도로서 공론장이 갖는 힘이다. 이 두 가지 특징이 왜 중요한지는 그로티우스나 로크가 시도한 초기의 개념화를 떠올린다면 분명해질 것이다.

첫째, 그로티우스와 로크의 개념화 속에서는 정치 사회가 정치적인 것을 우선하는 그 무엇을 위한 도구로서 간주되었다. 말하자면, 정신적으로 정치체 외부에 어떤 입지가 존재해서 그로부터 정치체의 성과를 평가할 수 있다는 것이다. 이것이 바로 정치적인 것으로부터 독립된 사회적 삶, 즉 경제와 공론장을 상상하는 새로운 방식 속에 투영된 부분이다.

둘째, 자유는 사회가 수호하려는 권리들 가운데서도 그 중심에 있다. 자유와 그 아래 놓인 행위주체성이라는 관념에 부응하면서, 그로티우스와 로크의 이론은 정치 사회가 그로 인해 제약을 받는 사람들의 합의 위에 반드시 정초되어야 한다는 요건에 강조점을 둔다.

한데 정당성을 갖는 정부에 관한 계약 이론들은 이전에도 존재하고 있었다. 17세기의 이론들에서 새로운 점은 그것들이 합의라는 요건을 훨씬 더 근본적인 수준에 놓았다는 점이다. 그것은 이미 존재한다고 여겨지는 인민이 그들을 통치하겠다고 나선 이들에게 단지 동의를 해주어야 한다는 수준을 넘어선 것이었다. 이제 원초적 계약은 우리를 자연 상태에서 끌어내며, 개별 구성원들에 대한 모종의 권리를 주장하는 집합체(collectivity)의 존재를 정초하게 된다.

단번의(once-for-all) 역사적 합의를 정당성의 조건으로 내세우던 원초적 요구는 쉽게 현재의 합의에 대한 요청으로 발전한다. 정부는 피치자의 합의를 얻어야만 한다. 원초적으로 그래야 할 뿐만 아니라, 정당성의 지속적인 조건으로서도 그렇다. 이것이 바로 공론의 정당화 기능 속에서 표면화되기 시작한 것이다.

공론장의 이러한 특징들은 그것의 참신성을 두 가지 수준에서 밝힘으로써 명확해질 수 있다. 즉 공론장은 무엇을 **하는**가 그리고 그것은 **무엇인**가라는 수준 말이다.

첫째, 공론장이 무엇을 하는가, 아니 차라리 공론장 안에서 무엇이 이루어지는가의 문제를 보자. 공론장은 잠재적으로 모든 사람을 끌어들이는 토론 장소이다(비록 18세기에 공론장에 개입할 자격은 교육받은 혹은 '계몽된' 소수에게만 주어졌다는 주장이 나와 있기는 하지만 말이다). 거기에서 사회는 중요한 문제들에 관한 공통 의견(common mind)에 다다를 수 있다. 이 공통 의견은 사람들이 우연히 품게 된 이런저런 관점들의 단순한 총합이 아니라, 비판적 논쟁으로부터 도출된 성찰적 관점이다.[3] 결과적으로 그것은 규범적인 지위를 갖는다. 정부는 그 의견에 귀를 기울여야만 한다. 이를 뒷받침하는 근거는 두 가지였는데, 그 가운데 하나가 확고한 지반을 갖추게 되면서 궁극적으로는 다른 하나를 삼켜버리고 말았다. 첫 번째 근거는, 이 의견은 계몽된 것일 개연성이 크며 따라서 정부가 그것을 따르는 편이 사려 깊은 일이라는 것이다. 하버마스가 인용한 바 있는[4] 루이 세바스티앙 메르시에(Louis Sébastien Mercier)의 말은 이러한 관념을 분명하게 표현하고 있다.

모든 계층의 인민의 계몽이 좋은 책을 만들어낸다. 책들은 진실에 광채를 더해준다. 바로 그것들이 유럽을 이미 지배하고 있다. 책들은 정부에 그 의무와 실수, 진정한 이익, 그것이 귀를 기울이고 따라야 할 공론을 가르쳐준다. 이 좋은 책들은 국가 행정가들이 각성하고 열정을 진정시키기를 기다리는 참을성 있는 지배자들이다.

칸트가 이와 유사한 시각을 가졌다는 사실은 유명하다.

두 번째 근거는 인민이 주권을 갖는다는 시각과 더불어 출현했다. 따라서 정부는 공론을 좇는 것이 현명할 뿐 아니라, 또 도덕적으로 그렇게 하지 않을 수 없다는 것이다. 정부는 추론하는 공중의 한가운데에서 법을 제정하고 통치하여야 한다. 결정을 내리는 데 있어서, 의회나 법원은 함께 노력을 기울여 인민 사이의 계몽된 토론으로부터 이미 부상하고 있는 의견을 법제화해야만 한다. 바로 여기서 워너가 하버마스를 따라 '감독(supervision)의 원칙'이라고 불렀던 것이 나온다. 그 원칙에서는 통치기구의 의사결정 과정이 공개적이어야 하며 분별력 있는 시민들의 면밀한 감시에 열려 있어야만 한다고 주장한다.[5] 공개적인 상황에서야말로 입법과 관련된 토론은 공론에 정보를 제공하고, 최대한 합리적인 공론의 형성을 도와주며, 동시에 공론의 압력에 스스로를 내맡기면서, 법률 제정이 궁극적으로는 공론의 분명한 명령에 복종해야 한다는 점을 인정하게 된다는 것이다.[6]

따라서 공론장은 정부의 방향을 안내하게 될 합리적 관점들이 정교해지는 장소이다. 이는 자유로운 사회의 본질적인 특징처럼 보이게 된다. 버크가 설명하듯, "자유로운 사회에서 사람들은 자신이 모든 공공 문제에 관심을 갖고 있다고 생각한다."[7] 18세기에 이는 물론 그 직전의 유럽과 비교했을 때 아주 새로운 것이었다. 그런데 누군가는 이렇게 질문할 수 있을 것이다. 이것이 과연 역사적으로 새로운가? 이는 모든 자유 사회의 특징이 아닌가?

그렇지 않다. 미묘하지만 중요한 차이가 있다. 공론장을 가진 근대 사회와 고대의 공화정이나 도시국가를 비교해보자. 후자의 경우에서, 우리는 공공 문제에 관한 토론이 다양한 때와 장소를 배경으로 이루어진다는 상상을 해볼 수 있다. 향연(symposium)에서 만난 친구들 사이에서, 광장(agora)에 모인 사람들 사이에서, 그리고 물론 일이 최종적으로 결정되는 민회(ekklesia)에서 말이다. 논쟁이 소용돌이치고, 종국에는 유능한 의사결정 집단 안에서 결론에 이르게 될 것이다.* 차이점은 이 집단 바깥에서 이루어진 토론들이 준비하는 것은 동일한 사람들이 집단 안에서 궁극적으로 취할 행동이라는 것이다. 여기서 '비공식적' 토론들은 독립적이지 않고, 고유한 지위를 얻지도 않으며, 장소 초월적 공간이라 할 만한 것을

---

* 논쟁이 소용돌이치고 ~ 이르게 될 것이다: 여기에서 테일러는 그리스 도시국가들 가운데 직접 민주정을 발전시킨 아테네의 정치과정을 암시하고 있다. 당시 노예나 외국인이 아닌 20세 이상의 자유민 남성은 여러 사안에 대해 자유롭게 자기 의견을 말하고 의사결정에 참여할 수 있었다. 광장이나 시장, 의회, 법정 등에서 이들의 공공 토론이 이어졌고, 민회는 최종 정책결정권을 가졌다. 제비뽑기로 선출된 500인 협의회는 시민 전체를 대표해 중요한 국사의 안건을 결정했고, 정족수 약 6천 명의 민회에서 이를 검토하고 표결했다. 아테네 민회의 기능은 기원전 5세기 후반인 페리클레스 때 가장 컸다. 민회는 임시회 말고도 보통 연 40회, 그러니까 평균 9일에 한 번 꼴로 열렸다. 아테네에서는 모든 시민들이 평등하게 정치과정에 참여할 수 있도록 여러 제도를 시행했다. 거의 모든 관직에 대한 추첨제와 중임제한, (군대, 관직, 배심원, 민회출석 등) 국정 참여에 대한 수당제 등이 그것이다. 여기에서 테일러는 모든 시민들이 토론하고 결정하는 아테네의 직접 민주정에서는 공론장과 (좁은 의미의) 정치권이 분리되어 있지 않다는 점을 지적하고 있다.

만든다고 보기도 어렵다.

하지만 근대 공론장에서는 그 반대의 일이 일어났다. 그것은 자의식적으로 권력 외부에 있다고 자처하는 토론 공간이다. 권력은 그것에 귀를 기울일 것으로 기대되나, 그것 자체가 권력의 행사는 아니다. 이런 의미에서 그것의 정치 외적 지위는 핵심적이다. 우리가 아래에서 보게 될 것처럼, 그것은 본질상 정치 외적이라고 여겨지는 근대 사회의 다른 측면들과 공론장을 연결시킨다. 정치 외적 지위는 단순히 소극적으로, 예를 들어 권력의 결핍과 같은 식으로는 정의되지 않는다. 우리는 그것을 적극적으로 해석할 수도 있다. 공론은 권력 행사가 아니기 때문에, 당파 정신으로부터 이상적으로 해방되어 있으며, 합리적이다.

달리 말하자면, 정치권력이 외부의 무엇인가에 의해 감독되어야 하고 견제되어야 한다는 관념이 근대적 공론장과 더불어 등장하는 것이다. 물론 새로웠던 것은 외부의 견제가 있다는 사실보다는 이러한 심급의 성격이었다. 그것은 신의 의지나 자연의 법칙이 아니라(비록 그것이 이 두 가지의 명확한 표현으로 여겨질 수 있었을지라도 말이다) 일종의 담론으로서 규정되었으며, 이 담론은 권력이나 전통적 권위가 아닌 이성으로부터 나오는 것이었다. 하버마스가 설명하듯이, 권력은 이성에 의해 길들여져야만 했다. 즉 "권위가 아니라 진리가 법을 만든다(veritas non autoritas facit legim)."[8]

이런 식으로, 공론장은 그에 선행한 그 무엇과도 달랐다. 비공식적 토론은 권력의 영역 외부에서 규정되었지만 아주 중요한 평결이 될 수 있었다. 그것은 전체 공중을 하나의 토론 공간으로 투사하기 위해 고대의 집회로부터 몇몇 이미지를 빌려왔다(이는 특히 미국의 경우에서 두드러졌다). 하지만 워너가 이야기하듯, 그것은 빌려온 모델을 넘어서는 혁신적 측면을 보여준다. [공론장에] 개입하는 사람들은 고대 집회의 연사와 같다. 하지만 실제 고대 집회에서의 모델과는 달리, 여기서의 개입자들은 모종의 비개인성, 불편부당성을 추구하고, 당파 정신을 회피하려 애쓴다. 자신만의 특수성을 부정하고 '모든 종류의 사적 혹은 부분적 관점'을 넘어서고자 노력하는 것이다. 이것이 워너가 말하는 '부정성(negativity)의 원칙'이다. 우리는 이러한 속성이 구술 미디어와 대비되는 인쇄 미디어에 적합할 뿐만 아니라, 권력에 **의한** 것이기보다 권력에 **관한**, 그리고 권력에 **대한** 이성의 담론으로서 정치 외적인 성격을 지닌, 새로운 공론장의 결정적인 특징을 드러내준다고 볼 수 있다.[9]

워너가 지적하듯이, 이러한 공론장의 출현은 갈등과 차이로 인해 분리되지 않은 사회질서라는 오랜 이상을 무너뜨린다. 그 이상과는 반대로, 공론장이 의미하는 바는 사회에서 항상 논쟁이 발생하고 원칙상으로는 모든 사람들을 연루시키면서 계속되며, 이것이 완벽하게 정당하다는 것이다. 낡은 통일성은 영원히 사라질 것이며, 새로운 통일성이 그것을 대체할 것이다. 왜냐하면 언제나 이어질 논쟁이란 권력 행사, 즉 변론술의 수단에 의한 준−내전이 벌어지리라는 의미가 아니기 때문이다. 분열적이고 파괴적일지도 모르는 그 결과들은, 그것이 당파성 없이 공동의 선을 규정하기 위해 애쓰는 권력 바깥의 논쟁이며 합리적인 논쟁이라는 사실에 의해 상쇄된다. "논쟁에 대한 저항의 언어는 논쟁을 위한 규범을 명확히 표현한다. 그것은 갈등적인 논쟁으로부터 자유로운 사회질서라는 이상을 사회적인 갈등으로부터 자유로운 논쟁이라는 이상으로 조용히 전환시킨다."[10]

그러므로 공론장이 하는 일이란, 권력 외부에 있지만 권력에 규범적인 역할을 하는 이성적 담론 속에서, 정치 영역의 매개 없이, 사회로 하여금 공통의 의견에 도달하도록 만드는 것이다. 자, 이제 그러한 목적을 달성하기 위해 공론장이 어떤 것이 **되어야** 하는지를 살펴보자.

이를 살펴보는 가장 좋은 방법은 아마도 공론장에 있어 전례 없는 새로운 점이 무엇인지를 규정해보는 것이다. 그리고 나는 이를 우선 두 단계로 짚어보려 한다. 첫째, 공론장이 갖는 참신성의 어떤 측면들은 이미 다루어졌다. 우리가 공론장을, 그것을 구성하는 이미지들의 중요한 원천 가운데 하나, 곧 고대의 공화정과 비교하면서 특히 주목했던 것은 바로 그 정치 외적인 자리였다. '문필공화국'(Republic of Letters)이란, 국제적인 수준에서 서로 교류했던 학자 사회의 구성원들이 17세기 말경에 스스로를 일컬었던 공동의 용어였다. 이것이 공론장 현상의 전조였다. 실제로 그것은 공론장의 형성에 이바지했다. 그것은 정치적인 것 바깥에 구축된 '공화국'이었던 셈이다.

유사성과 차이가 이러한 이미지에 힘과 시사점을 주었다. 즉 그것은 정치적 경계를 가로질러 모든 계몽된 참여자들을 한데 묶는 통일된 연합체로서 공화국이었다. 하지만 그것은 또한 [시민들이 거기에] 복속될 필요가 없는 공화국이었다. 즉 그 공화국의 '시민'들은 문필 작업을 하는 한에서만 충성을 바치면 되었던 것이다.

이 가운데 어떤 것은 18세기 공론장에 의해 계승되었다. 그 안에서 사회 구성원들은 함께 모여 공동의 목적을 추구한다. 그들은 하나의 연합체를 이루며, 스스로가 그러한 연합체를 이룬다고 이해한다. 그럼에도 불구하고, 그 연합체가 정치구조에 의해 구성되지는 않는다. 고대 도시국가나 공화정의 경우에는 사정이 달랐다. 아테네는 정치적으로 구성된 한에서만 사회이자 **공동체**(koinônia)였다. 로마의 경우도 마찬가지였다. 고대 사회는 그 정체성을 여러 법률에 의해 부여받았다. 군단들의 깃발에 적혀 있던 'SPQR'이라는 글자는 '**원로원과 로마 인민**'(Senatus populusque romanus)*을 나타냈다. 그런데 여기서 '인민'은 로마 시민들 전체, 즉 여러 법률에 의해 로마 시민으로서 정의된 사람들을 뜻했던 것이다. 인민은 이러한 법률들에 앞서, 혹은 그 바깥에서 하나의 단일체를 구성한다든지 정체성을 가진다든지 하지 않았다. 이는 우리가 앞에서 보았듯, 사회적 실천의 바탕을 흐르는 도덕적/형이상학적 질서에 대한 전근대의 공통적인 이해를 반영했다.

이와는 대조적으로, 우리의 18세기 선조들은 공론장을 상상하면서 자신들을 하나의 연합체, 공통의 토론 공간 안에 위치시켰다. 이런 공간은 정치구조에 아무 것도 빚지지 않으며, 그로부터 독립해 존재하는 것으로 여겨졌다.

이러한 정치 외적 지위가 바로 공론장의 참신한 측면 가운데 하나다. 즉 정치 사회의 모든 구성원들(혹은 최소한 유능하며 계몽된 모든 구성원들)은 국가 외부에서 하나의 사회를 구성하는 것으로 여겨져야 했던 것이다. 사실 이 사회는 그 어떤 국가보다도 더 넓었다. 그것은 이런저런 목적들을 추구하며 문명화된 전 유럽으로 확장되었다. 이것은 정말 중요한 측면으로, 공론장 말고도 다른 많은 곳에서 두드러지는, 이 시기에 부상한 우리 당대 문명의 결정적인 특징과도 부합한다. 나는 이 문제를 나중에 잠깐 다룰 예정이지만, 우선은 두 번째 단계로 넘어가야 하겠다.

정치 외적이며 국제적인 사회가 그 자체로 새로운 것이 아니라는 점은 명백하다. 공론장에 앞서는 것으로 스토아적 코스모폴리스,* 그리고 더

---

* 원로원과 로마 인민(Senatus populusque romanus): 국가를 이루는 본질적인 두 기관.
* 스토아적 코스모폴리스: 세계국가(kosmopolis) 내지 세계시민사상은 스토아사상가들을 통해 헬레니즘 세계와 로마 시대에 대두하였다. 스토아학파는 우주 전체에 로고스 즉 이성을 담은 신적인 원리가 가득 차 있다고 보았으며, 그 로고스가 개인의 영혼에는 지성으로 깃들어 있다고 보았다. 그러한 시각에서 인류의 단일성과 하나의 세계국가로서의 우주를 말하는 세계시민사상이 발전하였다. 그리스에서 성장한 스토아적 코스모폴리스의 이상은 로마제국의 확장과 그 속민들이 이 제국에 순순히 굴종하게 된 역사적 현상을 기반으로 계속 확산되었다. 이는 민족대이동과 로마제국의 붕괴 이후에는 기독교적 사해동포사상이라는 새로운 보편주의로 이어져나간다.

직접적으로는 기독교 교회가 있었다. 유럽인들은 서로 환원될 수 없는 두 개의 원칙에 의해 조직되어 있는 이원적 사회 속에서 사는 데 익숙해져 있었다. 따라서 공론장이 지닌 참신성의 두 번째 측면은 바로 그것의 급진적인 세속성(secularity)으로 정의되어야만 할 것이다.

여기에서 나는 이 [세속성이라는] 용어를 매우 특별하게 쓰고자 한다. 내가 사용하는 용법에서 그것은 특정 종류의 시간 표현이라는 본래 의미에 가까워진다. 물론 그것은 분명히 공적 공간으로부터 신, 종교, 영적인 것의 제거에 초점을 맞추는 세속성의 평범한 의미와 밀접하게 관련되어 있다. 내가 말하고자 하는 것은 그보다는, 거기에 기여했던 어떤 것, 즉 사회의 기반을 이루는 것이 무엇인지에 관한 우리 인식의 전환이다. 모든 혼동의 위험에도 불구하고, 여기에서 세속적이라는 용어를 쓸 만한 이유가 있다. 이 말이 지금 맥락에서 문제가 되는 것, 인간 사회가 시간을 살아가는 방식과 관련된 것을 바로 어원에서부터 명시하고 있기 때문이다. 하지만 이런 식으로 차이를 서술하기 위해서는 예비적인 탐구가 필요할 것이다.

세속성이라는 개념은 급진적이다. 그것이 사회가 신적인 토대를 갖는 다는 관념뿐만 아니라, 현재의 공동 행위를 초월하는 어떤 것 안에서 구성된 것이라는 모든 관념과 뚜렷한 대조를 이루기 때문이다. 만일 1장에서 기술된 바 있는, 질서에 대한 전근대적 관념으로 되돌아간다면 우리는, 예컨대 존재의 대사슬의 일부를 구현하는 것으로 스스로를 개념화하는 위계 사회들을 발견할 수 있을 것이다. 왕권, 귀족정 등의 자리를 실제 경험적으로 채우는 사람들의 너머에는 이들이 한시적으로 구현하고 있는 이데아 또는 영속하는 형이상학적 실재가 있다. 왕은 두 개의 몸을 갖는다. 그 가운데 하나만이 개인으로서의, 사멸할 수 있는 몸이다. 지금 배불리 먹고 옷을 입고 있는 그 몸은 나중에 땅속에 묻히게 될 것이다.[11] 이러한 시각에서 사회를 사회로서 구성하는 것은 그것이 구현하는 형이상학적 질서다.[12] 사람들은 그들의 행위와는 독립적으로, 그에 앞서 존재하는 틀 안에서 행동하는 것이다.

하지만 세속성은 단지 신성하게 구축된 교회나 존재의 대사슬하고만 대비되는 것이 아니다. 그것은 또한 우리 사회가 아주 오랜 옛날부터 우리 것이었던 법에 의해 구성된다는 인식과도 뚜렷이 다르다. 이러한 인식 역시 우리 행위를 어떤 틀, 곧 우리 모두를 한데 묶어 하나의 사회를 만들고 우리의 공동 행위를 초월하는 틀 안에 위치시키기 때문이다.

이 모든 것과 대조적으로, 공론장은 우리가 그 안에서 수행하는 공동 행위에 의해서만 구성되는 [그 외의 어떤 것으로부터도 영향 받지 않는] 연합체다. 그 공동 행위란, 그런 일이 이루어질 수 있는 곳이라면 어디에서나 의견을 교환하면서 공통의 정신에 이르는 것이다. 연합체로서 공론장의 존재는 단지 이러한 식으로 우리가 함께 행동하는 과정 그 자체일 뿐이다. 이 공동 행위는, 신의 행위에 의해서건 존재의 대사슬 속에서건, 혹은 태곳적부터 내려온 법에 의해서건 간에, 어떤 행동 초월적인(action-transcendent) 차원에서 구축되어야 하는 틀 없이도 가능한 것이다. 바로 이 점 때문에 그 행위는 근본에 있어 세속적인 것이 된다. 그리고 이로 인해 우리는 그것이 얼마나 새로우며 전례 없는 것인가 하는 문제의 핵심에 다다른다.

이러한 언급은 대담한 것이다. 분명 세속성의 개념이 더욱 명확해질 필요는 있다. 신비한 성체(Mystical Bodies)*와 존재의 대사슬을 대조해보는

---

* 신비한 성체(Mystical Bodies): 가톨릭에서는 예수의 실제 육신과 구별해 그리스도의 성체라는 용어를 쓴다. 성체란 이를테면 빵과 포도주의 형상을 갖추고 있는 그리스도를 말한다. 예수가 최후의 만찬에서 제자들에게 빵과 포도주를 나누어주며 그것이 자신의 몸과 피라고 말했을 때, 이는 상징적인 차원에서가 아니라 실제로 예수가 빵과 포도주의 속성 속에 실체로서 현존한다는 의미라는 것이다. 즉 예수 그리스도는 빵과 포도주의 감각적인 표상으로 현현한 셈이 된다.

것으로 차이는 분명히 드러날 것이다. 하지만 나는 전통적인 부족 사회와의 차이 또한 주장한다. 근대 북대서양 정치체들을 정초했던 게르만인들이 가지고 있었던 것이나 또 다른 형식으로는 고대 공화정과 도시국가를 조직했던 것 말이다. 그리고 이런 생각에는 누군가 이의를 제기할 수 있을 것이다.

이 사회들은 법에 의해 규정되었다. 하지만 이것이 그것들을 공론장과 차별 짓는 전부인가? 공론장 안에서 행동하고자 할 때마다, 필경 우리는 이미 작동중인 여러 구조들과 직면하게 된다. 신문이나 텔레비전 네트워크, 출판사 등이 있는 것이다. 우리는 이 구조들이 제공하는 채널 속에서 행동한다. 이는 족장의 권위, 평의회, 연례회 등의 기성 구조들 속에서 행동해야만 하는 부족 구성원들의 상황과도 유사하지 않은가? 물론 공론장의 기구들은 변화한다. 신문은 파산하고, 텔레비전 네트워크는 합병한다. 그러나 어떤 부족도 절대적으로 고정된 형식 안에 있는 것은 아니다. 그역시 시간에 따라 진화하기 때문이다. 만일 누군가 이러한 기존 구조가 이미 지속적인 행동에 대해서는 유효하지만 공론장을 정립한 창건 행위들에는 영향을 미치지 못한다고 주장한다면, 대답은 다음과 같을 것이다. 시간의 흐름 속에서 [공론장을 정립한] 창건 행위들을 규명하기란 불가능하며, 부족들의 경우도 그런 점에서는 마찬가지라고. 그리고 만일 그러한 순간이 있었다고 주장하고 싶다면, 우리는 많은 부족들 역시 창건 행위의 신화를 후세에 전해왔다는 사실을 지적해야 할 것이다. 리쿠르고스(Lycurgus)*가 부족들의 법을 제정해주었다는 신화가 그 예다. 그는 틀림없이 기존 구조들 외부에서 행동했던 것이다.

---

* 리쿠르고스(Lycurgus, ?~?): 기원전 9세기 무렵 스파르타의 전설적인 입법자. 인간 예속을 금지했던 솔론과 달리 백성을 철저하게 구속하였으며, 엄격한 교육을 통한 질서 유지를 강조하는 법 등을 세웠다.

구조 안에서의 행동에 관해 말하면 유사점들이 나타난다. 하지만 각각의 공통 이해 안에는 중요한 차이점이 놓여 있다. 이미 제대로 기능하고 있는 공론장 안에서라면, 어떤 시기의 행위이든 이전에 규정된 구조들 안에서 수행되는 것이 사실이다. **실질적으로는**(de facto) 이미 배치가 이루어져 있는 것이다. 그러나 이러한 배치는 그 안에서 수행된 행위에 대해 어떠한 특권도 누리지 않는다. 구조들은 공통 공간 안에서 이전에 이루어진 커뮤니케이션 행위들을 통해 설정된 것이다. 물론 우리가 지금 수행하는 커뮤니케이션 행위들과 동등한 수준으로 말이다. 우리의 현재 행동은 이 구조들을 변화시킬지도 모른다. 이는 너무도 정당한 일이다. 이 구조들이 그러한 커뮤니케이션 행위의 침전물이자 촉매제 이상도 이하도 아닌 것으로 보이기 때문이다.

하지만 부족의 전통적인 법은 이와는 상이한 지위를 누린다. 물론 이 경우에도 오랜 세월 속에서 그 자체의 규정에 따라 법을 고칠 수도 있다. 하지만 그것이 단지 행동의 침전물이자 촉매제일 뿐인 것으로 보이지는 않는다. 법의 철폐는 공동 행위를 수행하는 주체의 철폐를 의미한다. 법이 부족을 하나의 실체로서 규정해주기 때문이다. 공론장은 모든 미디어가 사라진 곳에서도 단순히 새로운 미디어를 창립함으로써 다시 출발할 수 있는 반면, 부족 사회의 경우에는 그 법이 비록 외국의 정복에 의해 효력이 중단되었다 할지라도 여전히 힘을 가지고 있다는 인식 위에서만 삶을 되찾을 수 있다.

이것이 바로 [부족 사회의 경우] 사회를 구성하는 것, 공동의 행위주체성(common agency)을 가능하게 만든 것이 그 안에서 수행된 공동 행위들을 초월한다는 내 말의 의미다. 이는 단지 우리가 오늘의 공동 행위를 위해 필요로 하는 구조들이 오늘의 행위와 본질적으로는 아무런 차이가 없는 어제의 행위의 결과로서 솟아났다는 뜻이 아니다. 그보다는 전통적인 법은 어떤 시기에나 모든 공동 행위의 예비 조건인데, 이 공동의 행위주체성이 그것 없이 존재할 수는 없기 때문이라는 뜻이다. 전통적인 법은 이런 의미에서 초월적이다. 대조적으로 (내가 말하는 의미에서) 순수하게 세속적인 연합체의 경우에는 공동의 행위주체성이 단지 공동 행위 속에서, 그 침전물로서만 솟아난다.

따라서 세속성의 개념 아래 놓여 있는 핵심적인 구분은 다음과 같은 쟁점과 관계될 수 있다. 무엇이 연합체를 구성하는가? 다른 식으로 풀어서 말하자면, 이 인간집단을 오랜 세월 지속되는 공동의 행위자로 만드는 것은 무엇인가? 바로 이 '무엇'이 행위주체성이 관여하는 공동 행위들의 영역을 초월할 때, 연합체는 비세속적이다. [연합체의] 구성 요인이 다름 아닌 바로 그러한 공동 행위가 될 때—창건 행위가 과거에 이미 일어났는지 아니면 현재 일어나고 있는지는 중요하지 않다—, 연합체는 세속적이다.

이러한 종류의 세속성은 근대적이다. 인류 역사상 그것은 아주 최근에 일어났다. 물론 다양한 유형의 일시적이고도 국지적인 공동의 행위주체성들이 공동 행위로부터 형성된 적은 있었다. 군중이 모여들었고, 인민의 함성은 저항했으며, 통치자의 관저가 돌멩이 세례를 받았고, 성은 불타올랐다. 하지만 근대 이전에는 순전히 세속적인 기초 위에서 지속적이면서도 장소 초월적으로(metatopical) 나타나는 공동의 행위주체성을 상상할 수 없었다. 인민은 자신들의 행위를 초월하는 무엇인가에 의해 구성된 존재로서만 스스로를 파악할 수 있었다. 그것은 사회가 구현하는 존재의 대사슬이나 신에 의한 토대(foundation)일 수도, 혹은 우리 인민을 규정하는 전통적인 법에 의한 토대일 수도 있었다. 그러므로 18세기 공론장은 새로운 유형의 심급을 표상했다. 즉 그것은 장소 초월적인 공통 공간이자 행위를 초월한 어떤 것에 의해 구성되지 않는 공동 행위주체성이었으며, 순수하게 그 자체의 공동 행위들에 근거한 행위주체성이었다.

그렇다면 전통사회들이 종종 '기념했던' 창건 계기들은 어떠한가? 스파르타에 법을 내렸던 리쿠르고스의 행위는 어떠한가? 이것들은 확실히 공동 행위로부터 나온 구성적 요인(여기에서는 법)의 예들을 우리에게 보여준다. 리쿠르고스는 제안했으며 스파르타인들은 수용했다. 하지만 그러한 창건 계기들은 그 성격상 현재의 공동 행위와 같은 반열에 놓일 수 없다. 창건 행위들은 더 높은 반열로, 영웅적인 시대 속으로 옮겨졌다. 그것은 오늘날 우리의 행동과 질적으로 마찬가지 수준에 있는 것으로 여겨지지 않는 **아득히 먼 그때**(*illud tempus*)이다. 창건 행위는 우리의 행위와 같은 것이 아니다. [우리의 행위보다] 더 일찍 이루어져 지금까지 남은 그 잔재가 우리 행위를 구조화하고 있을 뿐이며, [우리의 행위와] 비슷한 행위는 아닌 것이다. 그것은 단지 더 이른 시대에 일어났을 뿐만 아니라, 종류가 다른 시대, 본보기가 되는 시대(an exemplary time)[즉 영웅시대]에 일어났던 일이다.[13]

그 말이 불러일으킬지도 모르는 모든 오해에도 불구하고, 내가 세속적이라는 용어를 쓰고자 하는 이유가 바로 이것이다. 이제 내가 단지 '종교에 결부되지 않았다'는 의미에서만 이 용어를 쓰고 있지 않다는 점이 명백해졌을 것이다.[14] 배제는 훨씬 더 광범위하다. 세속적이라는 용어의 원래 의미는 '이 시대의'라는 것으로, 즉 범속한 시대에 속한다는 뜻이다. 그것은 우리가 앞서 보았던 '현세의/영적인'(temporal/spiritual)이라는 대립에서의 '현세의'라는 의미에 가까웠다.

초창기(earlier ages)에는, 이 범속한 시대가 더 고귀한 시대(higher times)와의 관련(그것에 의해 둘러싸였는지 또는 침투되었는지, 여기에서 적절한 단어를 찾기는 어렵다) 속에 존재하는 것으로 이해되었다. 시간에 대한 전근대적 이해는 언제나 다차원적이었던 것으로 보인다. 시간은, 그리스 철학의 그것이든 아니면 기독교적 신의 그것이든, 영원성이라는 개념에 의해 초

150

월당했고 그 개념 안에서 제자리를 잡았다. 어느 경우에나, 영원성이란 단지 범속한 시간의 끝없는 전개가 아니었다. 그것은 불변성으로의 고양, 혹은 일종의 통일성 속으로 집결한 시간이었다. 그리하여 "세기의 세기에 걸쳐"(hoi aiônes tôn aiônôn, 또는 saecula saeculorum)라는 표현이 나왔던 것이다.

시간과 영원성을 플라톤식으로 혹은 기독교식으로 연결 짓는 것은 기독교 국가에서조차도 단순히 일반인들 사이에서 통용되는 유일한 방식은 아니었다. 훨씬 더 널리 퍼져 있는 창건 시간에 대한 감각, 미르세아 엘리아데(Mircea Eliade)가 말했던 '기원의 시간'[15]에 대한 감각이 있었던 것이다. 그것은 평범한 시간의 지금 이 순간과 복잡하게 관계되어 있었다. 그 감각 안에서 사람들은 의례를 통해 이 창건 시간에 자주 다가갈 수 있었고, 어떤 특권적인 순간에는 그러한 시간의 힘이 부분적으로나마 다시 전유되기도 했다. 바로 이것이 그러한 창건 시간이 그저 단순한 과거(평범한 시간) 속에 확고하게[별 모순 없이] 자리 매겨질 수 없었던 이유다. 가령 기독교의 전례주년(liturgical year)은 그리스도의 삶을 '정초한' 사건들을 다시 재현하면서, 다른 종교들에 의해서도 널리 공유되는 이러한 종류의 시간의식에 기대고 있다.

중요한 장소 초월적 공간들과 행위주체성이 고귀한 시대의 방식을 따라 구성되었다는 인식은 보편적인 규범이었던 것처럼 보인다. 국가와 교회는 거의 필연적으로 하나 이상의 시간 차원에서 존재하는 것으로 여겨졌다. 마치 그것들이 순전히 범속한 또는 평범한 시간 안에서만 존재한다는 것은 상상조차 할 수 없다는 듯이 말이다. 존재의 대사슬을 표상하는 국가는 이데아라는 영원한 왕국과 연결되어 있었다. 그 법에 의해 정의된 인민은 바로 그 법이 제정된 곳인 창건 시간과 소통했다. 이런 식의 인식을 보여주는 예들은 이밖에도 더 많이 있다.

근대적 세속화는 어떤 각도에서는 고귀한 시대에 대한 거부이자, 순수하게 범속한 것으로서의 시간이라는 성격에 대한 가정으로 볼 수 있다. 사건들은 이제 하나의 차원에서만 존재한다. 그것들은 거기에서 더 멀거나 가까운 시간적 거리에서만 자리를 잡으며, 동일한 종류의 다른 사건들과 인과관계를 맺는다. 또 동시성이라는 근대적 관념이 도래한다. 이 관념 안에서는 원인이나 의미에 있어 전혀 관계없는 사건들이 단일하고 범속한 시간의 직선 위 동일한 지점에서 그저 함께 일어났다는 사실만으로 한데 모이게 된다. 뉴스 미디어뿐만 아니라, 사회과학이 지지하는 근대 문학 덕분에 우리는 사회를 수직적인 시간의 단면들이라는 차원에서 생각하는 데 익숙해져 있다. 이 단면들은 서로 관련되거나 혹은 관련되지 않은 무수한 사건들을 결합시킨다. 나는 이것을 사회를 상상하는 전형적인 근대의 방식으로 바라본 베네딕트 앤더슨이 옳다고 생각한다. 우리의 중세 선조들이 그러한 상상의 방식을 이해하기란 어려웠을 것이다. 범속한 시간의 사건들이 고귀한 시대와 현저히 다른 관계를 맺고 있는 상황이라면, 그것들을 동시성이라는 근대적 관계 속에 나란히 놓는 일은 부자연스럽게 여겨질 것이기 때문이다. 이러한 상상의 방식은 지배적인 시간 의식에 의해 본질적으로 부정되었던 동질성을 가정하게 된다.[16] 나는 나중에 이 문제로 되돌아올 것이다.

내가 세속성이라고 부르는 것으로의 이행은 명백히 이처럼 근본적으로 일소(一掃)된 시간의식과 관련되어 있다. 그것은 연합체들이 동질적이고 범속한 시간 안에 온전히, 그리고 굳건하게 자리를 잡을 때 나타난다. 고귀한 시대가 완전히 부정되었든, 또는 그 안에 다른 연합체들이 존재한다고 계속 인정되었든 상관없이 말이다. 공론장의 경우에는 사정이 그러했으며, 바로 거기에 그것의 새로우면서도 (거의) 전례 없는 본질이 있다.

이제 나는 이러한 논의를 종합해, 공론장이 무엇이었는지 말할 수 있을 것 같다. 그것은 새로운 장소 초월적 공간이었다. 거기에서 사회 구성원들은 서로의 생각을 교환하고 공통의 정신에 이를 수 있었다. 그것은 그렇게 장소 초월적 행위주체성을 구성하였다. 그것은 사회의 정치적 제정으로부터 독립해서, 완전히 범속한 시간 안에 존재하는 것으로 이해되었다.

하나의 정치 외적, 세속적, 장소 초월적 공간. 이것이 공론장의 과거이자 현재다. 이를 정확히 이해하는 것은 매우 중요하다. 그것이 그러한 공간이었기 때문만이 아니라, 우리가 시간과 사회를 해석하는 방식을 완전히 변화시켜버린 발전의 일부였기 때문이다. 예전에는 사정이 대체 어떠했는지 떠올리는 것조차 힘들 만큼 말이다.

1 Jürgen Habermas, *The Structural Transformation of the Public Sphere*, trans. Thomas Burger (Cambridge, MA: MIT Press, 1989); 독일어 원본: *Strukturwandel der Öffentlichkeit* (Neuwied: Luchterhand, 1962)[한승완 옮김, 『공론장의 구조변동』, 나남, 2001]; Michael Warner, *The Letters of the Republic* (Cambridge, MA: Harvard University Press, 1990).

2 Warner, *Letters*, chap. 1.

3 이는 18세기의 공론 개념이 오늘날 여론조사 연구(poll research)의 대상으로부터 얼마나 멀리 떨어져 있는지를 보여준다. 여론조사 연구가 측정하고자 하는 현상은, 내 식의 용어구분으로는, 하나의 수렴적 통일체(a convergent unity)이며 굳이 토론으로부터 출현해야 할 필요가 없다. 18세기식 개념의 바탕에 있는 이상은 하버마스가 인용한 버크의 다음 문장(*Structural Transformation*, pp. 117~118)에 잘 나타나 있다. "자유로운 나라들에서 모든 사람은 자신이 공공 문제에 관심을 갖고 있다고 생각한다. 즉 자신이 공공 문제에 대해 의견을 형성하고 전달할 권리를 갖고 있다고 생각한다. 그들은 이 일을 엄밀히 조사하고 검토하고 토론한다. 그들은 호기심이 강하고, 주의 깊게 경청하며, 질투심이 많다. 이런 일을 그들의 사유와 발견의 일상적 주제로 만듦으로써, 막대한 수의 사람들이 이에 대해 어느 정도의 지식을 획득하며 몇몇 사람은 상당히 많은 지식을 획득한다. [⋯] 반면에 그렇지 않은 나라들에서는 그 직책상 공적인 일에 대해 더 관심을 갖고 더 고민해야 하는 사람, 그의 의견이 갖는 힘이 감히 다른 누구의 것과도 비교되지 않는 사람들을 제외하고는, 이런 종류의 능력을 어떤 생활공간에서든 거의 찾아볼 수 없다. 군주의 내각에 들어서기 전까지는 아무도 감히 의견을 가지려 하지 않는 나라들의 내각에서보다도 훨씬 더 많은 실제적 지식과 지혜가 자유로운 나라들의 상점과 공장에서 발견되는 것이다."

4 Habermas, *Structural Transformation*, p. 119.

5 Warner, *Letters*, p. 41.

6 하버마스가 인용한 폭스(Fox)의 연설(Habermas, *Structural Transformation*, pp. 65~66)을 보라. "여론의 의견을 묻는 것은 확실히 올바르고 현명한 일이다. [⋯] 만일 여론이 나의 의견과 일치하지 않는다면, 만일 그들에게 위험을 지적한 후에도 그들이 나와 같은 관점으로 사안을 보지 않는다면, 또는 그들이 다른 치유책을 내 것보다 더 선호할 만하다고 생각한다면, 나는 내가 물러서는 것이 왕에 대한, 내 조국에 대한, 내 명예에 대한 나의 의무라고 생각해야 할 것이다. 그 결과 그들은 적당한 도구에 의해, 즉 그들 생각에 동의하는 사람에 의해 그들이 더 좋다고 생각하는 계획을 추구하게 될 것이다. [⋯] 그러나 한 가지 가장 확실한 것은

나는 공중에게 의견을 형성할 수단을 제공해야 한다는 것이다."

7 Habermas, *Structural Transformation*, p. 117에서 재인용.

8 *Ibid.*, p. 82.

9 Warner, *Letters*, pp. 40~42를 보라. 워너는 비인격적인 위치와 제국주의적 부패에 맞서는 전투 사이에 존재하는 긴밀한 연관성뿐만 아니라 근대 자본주의의 비인격적 행위주체성과의 관련성(pp. 62~63) 또한 지적하고 있다. 이처럼 고도로 중층결정적인 양식이었기 때문에 식민지 내에서는 제국주의적 부패의 문제가 무척이나 중심적인 주제였다(pp. 65~66).

10 *Ibid.*, p. 46.

11 E. Kantorowicz, *The King's Two Bodies* (Princeton: Princeton University Press, 1957)를 보라.

12 이와 관련해 유럽 바깥의 예를 보려면, 점령당하기 이전의 발리(Bali)를 다룬 Clifford Geertz, *Negara* (Princeton: Princeton University Press, 1980)를 보라.

13 나는 상이한 유형의 고귀한 시대를 끌어들이는 전근대적 시간의식을 다음의 글에서 기술한 바 있다. Charles Taylor, "Die Modernitaet und die saekulare Zeit" in Krzysztof Michalski, ed., *Am Ende des Milleniums: Zeit und Modernitaeten* (Stuttgart: Klett Kotta, 2000), pp. 28~85.

14 사실상 종교적 차원의 배제는 내가 말하는 '세속적'이라는 개념의 충분조건은 고사하고 필요조건조차도 되지 않는다. 세속적 연합체는 순전히 공동 행위에 근거한 것이다. 그것은 이러한 연합을 위한 그 어떤 신성한 기반도 배제한다. 하지만 그런 식으로 연합된 사람들이 종교적인 삶의 형식을 지속하지 못하도록 방해하는 것은 아무 것도 없다. 실제로 그런 종교적 삶의 형식은 정치적 연합체들이 순수하게 세속적이기를 요구할 수도 있다. 예를 들면, 교회와 국가의 분리를 신봉하는 **종교적** 동인들도 있는 것이다.

15 Mircea Eliade, *The Sacred and the Profane* (New York: Harper, 1959), p. 80[이은봉 옮김, 『성과 속』, 한길사, 1998].

16 『상상의 공동체』에서 앤더슨은 근대의 범속한 시간을 묘사하기 위해 벤야민으로부터 하나의 용어를 빌려온다. 그는 그것을 '동질적이며 텅 빈 시간'으로 본다. 동질성은 내가 기술하는 양상, 즉 이제 모든 사건들이 같은 종류의 시간 속으로 빠져 들었다는 점을 포착한다. 하지만 '텅 빈' 시간은 우리에게 또 다른 문제를 제기한다. 여기에서는 공간과 시간이 그것들을 채우는 내용물에 의해 구성되는 어떤 것이 아닌, 사물이나 사건이 우연히 채워지는 '그릇'으로서 받아들여지는데, 바로 그러한 방식이 새로운 문제로 떠오르는 것이다. 이러한 후자의 단계는, 뉴턴에게서 볼 수 있듯, 근대 물리학의 형이상학적 상상의 일부이다. 하지만 내가 개념화하는 것처럼, 그것은 세속화에 아주 중요한 역할을 하는 동질성에 나아가는 단계이기도 하다.

텅 빈 상태로 나아가는 이러한 단계는 시간을 객관화하는 과정(objectification)의 일부다. 이 객관화는 근대 주체를 도구적 이성으로 특징짓는 관점에서 중요한 부분이었다. 어떤 의미에서, 시간은 '공간화'되었다. 하이데거는 시간성에 대한 그 나름의 이해 속에서 이러한 개념 전체를 강하게 공격한다. 특별히 *Sein und Zeit* (Tübingen: Niemeyer, 1926), division

2를 보라[이기상 옮김, 『존재와 시간』, 까치, 1998]. 하지만 시간의 객관화와 세속성을 구분한다면, 우리는 하이데거를 근대적인 진영에 자리매길 수 있다. 하이데거적 시간성 역시 세속적 시간의 한 양식이다.

제7장 공적인 것과

사적인 것

물론 근대 서양에서 사회 발전에 결정적인 역할을 수행해온 정치 외적 (extrapolitical), 세속적 공간은 공론장 외에도 두 가지 더 있다. 하나는 앞에서 언급했듯이, (시장) 경제 내부에 정치 외적인 방식으로 조직되어 있다고 여겨지는 사회이다. 다른 하나는 '인민'으로서의 사회, 즉 정치적으로 조직된 사회에 선행하며 그것에 기초를 제공한다고 여겨지는, 장소 초월적 행위주체성으로서의 사회이다. 우리는 공론장과 이 두 공간이 발전 과정에서 서로 연결되어 있었고, 같은 시기에 생성된 다른 종류의 사회적 공간들과도 얽혀 있었다고 보아야 한다.

하버마스는 새로운 공론장이 경제적 행위자이자 자산의 소유자로서 이미 '사적' 공간과 가족생활이 이루어지는 '내밀한' 영역을 개척한 사람들을 한데 모았다는 데 주목한다. 이 새로운 공론장을 구성하는 행위자들은 그러므로 '부르주아'이자 '인간'이다.[1]

나는 여기에 매우 중요한 연결점이 있다고 믿는다. 이 새로운 유형의 사적 공간들의 중요성이 인식되자, 곧 사람들은 삶에서 그것이 차지하는 의미를 더 깊이 이해하게 되었고 또 교회와 국가로부터 그러한 공간이 독립해야 한다는 사회적 합의가 무르익자, 정치 외적이고 세속적인 삶의 영역은 각별히 중요한 것으로 여겨지게 되었다. 어떤 식으로든 이것이 공론장의 부상을 촉진시켰을 것이라는 점을 믿지 않기가 어려울 정도이다.

앞(5장)에서 이미 언급했던 대로, 나는 이러한 사적인 것의 형태들을, 경제라는 영역의 부상과 관련하여 더 커다란 역사적 맥락 속에 위치시키고 싶다. 바로 내가 '일상생활의 긍정'2이라고 부른 바 있는 맥락 말이다. 이 말은 생산과 가족생활의 중요성을 꾸준히 강화시켜온, 유럽문화에서의 광범위한 움직임을 가리킨다. 그것은 처음에 프로테스탄트 종교개혁에 의해 수행되었던 것으로 보인다. 고대 세계로부터 내려온 지배적 윤리는 생산과 가족생활을—명상이나 시민참여와 같이 더 고차원적이라고 여겨지는 활동들에 의해 규정되는— '훌륭한 삶'의 하위구조로 취급했다. 중세 가톨릭은 헌신적인 금욕과 독신 생활을 기독교적 실천의 최고 형식으로 보는 관점에 치우쳐 있었다. 반면 종교개혁가들은 우리가 신을 따르는 일은 무엇보다도 천직(calling)과 가족을 통해서 이루어진다고 강조했다. 일상적인 것이 신성시되었다. 달리 설명하자면, 특정한 유형의 삶(수도사)이나 특별한 장소(성당) 또는 특별한 행위(미사)가 특히 더 거룩하다는 주장은 사람들이 어떤 식으로 은총 행위를 통제할 수 있다는, 그릇되고 불경한 믿음의 일부라며 기각되었던 것이다.

그런데 특별한 신성성에 대한 모든 주장이 거부되었다는 것은 범속한 시간이 신성한 시간과 각별하게 연계될 수 있는 접점들이 포기되었다는 것이다. 우리는 범속한 시간 속에서 일상생활을 꾸려나가고, 천직을 수행하며, 우리 가족을 유지한다. 새로운 시각에서는 신이 우리에게 요구하는 것은 바로 그것이다. 우리가 영원과 연결되기 위해 그렇게 하는 것은 아니라는 말이다. 그러한 연결은 온전히 신의 몫일 따름이다. 따라서 우리가 훌륭한 삶을 살 것인지 아니면 형편없는 삶을 살 것인지 하는 문제는 이제 일상생활과 범속한 시간 속에 굳건히 자리 매겨지게 되었다.

그러한 문제가 신학적인 차원으로부터 순전히 인간적인 차원 안으로 옮겨가면서, 일련의 근대적 믿음과 감수성이 생겨났다. 이러한 [근대적 믿음과 감수성의] 성운은 우리가 일상생활을 어떻게 영위하는가 하는 질문을 훌륭한 삶에 대한 고민의 중심에 놓으면서, 더 고귀하거나 영웅적이라고 상상되었던 삶의 양식에 등을 돌린다. 그것은 명예와 영웅주의라는 귀족적 윤리를 논박하면서, 평화롭고 합리적인 생산성이라는 부르주아 윤리의 기초를 닦는다. 심지어 그것은 자기 나름의 영웅주의 형식들을 이용하기도 한다. 마르크스에게서도 발견되는, 세상을 변화시키는 생산자라는 프로메테우스적 인간상이 그 예다. 또는 그것은 현재 우리 세계를 이루는 주요한 부분인, 관계 속에서의 자기실현(self-fulfillment in relationships)이라는 최근의 윤리로 이어질 수도 있다.

바로 이러한 배경에서 우리는 하버마스가 지적했던 두 가지 발전을 이해할 수 있다. 첫째, 사적이고 경제적인 행위자에게 주어진 중요성은 일상생활의 윤리 안에서 생산의 삶이 갖는 의미를 반영한다는 점이다. 이러한 주체는 국가와 다른 권위의 공적 영역에 반대되는 측면에서 사적이다. 사적인 생산의 세계는 이제 새로운 존엄성과 중요성을 갖는다. 사적인 것의 강화란 사실상 어떤 부류의 개인주의에 대해 일종의 허가를 내주는 것이다.

생산 행위자는 독립적으로 행동하며, 권위에 의해 구축될 필요가 없는 교환의 영역에서 다른 사람들과 함께 활동한다. 이러한 생산 및 교환활동이 이상적인 자율규제 체계(self-regulating system)를 이루는 것으로 여겨지게 되면서, 새로운 유형의 정치 외적이며 세속적인 영역, 즉 근대적 의미의 경제라는 관념이 출현한다. 경제라는 단어는 본래 가사의 관리, 따라서 결코 자율 규제적으로 볼 수 없었던 영역에 적용되던 것이다. 그런데

18세기가 되면서 중농주의자들과 아담 스미스 덕분에 경제체계라는 새로운 관념이 떠올랐다. 그리고 이는 오늘날 우리가 이해하는 경제의 의미이기도 하다.

(시장) 경제는 하나의 영역(sphere)을 구성하기에 이른다. 그 영역이란, 사람들이 함께 어울려 서로 연계된—객관적으로 그러할 뿐만 아니라 구성원들 스스로도 그렇게 이해하는— 사회를 만드는 방식이다. 이는 정치 외적인 것이며 세속적으로 구성된 것이다. 그런데 그것은 중요한 의미에서 공적이지 않다. 아마도 이제는 너무 많이 사용된 이 용어의 몇몇 의미를 구분해야 할 때가 왔지 싶다.[3]

공적이라는 용어는 주로 두 개의 의미론적 축을 따라 쓰이고 있는 듯하다. 첫 번째는 공적인 것을 공동체 전체에 영향을 미치는 것('공적 사안' [public affairs]) 또는 이러한 사안의 관리('공공 당국'[public authority])와 연결시킨다. 두 번째는 공공성(publicity)을 접근("이 공원은 공중에게 열려 있다")이나 출현("그 뉴스는 공적인 것이 되었다")의 문제로 만든다. 경제 행위자들이 구성하는 사적 영역은 첫 번째 의미에서의 공적인 것과 대조를 이루는 것이다. 하지만 그 행위자들은 두 번째 의미에서의 공론장 또한 구축하기에 이르렀다. 이는 공론장이 바로 장소 초월적인 공통 공간, 즉 사람들이 함께 모여 서로 만나는 공간이기 때문이다. 이는 [서로가 서로에게 자신을 드러내는] 상호출현(mutual appearance)의 공간이며, 그런 의미에서 공적인 공간(public space)이라고 말할 수 있을 것이다.

그런데 고유한 경제 영역은 이러한 두 번째 의미에서조차 공적이지 않다. 경제적 거래의 전체 집합은 일련의 인과관계들 속에서 연결된다. 그것은 추적될 수 있으며, 그로써 우리는 그 관계들이 어떻게 서로 영향을 주고받는지를 이해할 수 있다. 그러나 이것은 (공적 권위에 의한) 공통 결정의 문제가 아니다. 상호 연계된 이 거래들은 공통 출현(common appearance)의 공공 지대(public domain)에 놓여 있지도 않다. 그럼에도 불구하고 그것은 '영역'인데, 왜냐하면 경제 안의 행위자들은 그들의 행위가 쌍방 간에 어느 정도의 체계적인 방식으로 영향을 미치는 하나의 사회 속에서 연계되어 있는 것으로 여겨지기 때문이다.

경제는 위에서 정의된 새로운 종류의 사회의 첫 번째 양식이다. 즉 그것은 범속한 시간 안에 순전히 정치 외적으로 구성된 사회인 것이다. 그것은 공론장이 부상한 배경의 일부를 이룬다. 이렇듯 하나의 설명이 다른 하나의 설명과 연관되어 있다는 것은 매우 그럴듯해 보인다.

하버마스가 지적한 두 번째 배경은 내밀한 영역(intimate sphere)이다. 여기에서 우리는 일상생활의 두 번째 주요 구성요소의 발전을 볼 수 있다. 가족의 세계와 가족애가 바로 그것이다. 18세기가 전개됨에 따라, 이는 사생활(privacy)에 대한 또 다른 요구의 진원지가 된다. 이 때 사적인 것은 두 번째 유형의 공공성(publicness), 곧 접근성과의 관계 속에서 규정된다. 가족생활은 점차 외부세계로부터, 심지어 대가족의 다른 구성원들로부터 보호받는 내밀한 영역 안으로 숨어들게 되었다. 집은 점점 더 하인들과 외부인들에 대해 가족구성원들의 사생활을 보장하는 식으로 건축되었다.

가족생활이 강력한 가치를 지니게 된 것은 주관성(subjectivity)과 내면성(inwardness)을 더 엄청나게 강조하는 또 다른 장기적 발전 과정의 맥락에서 이루어졌다. 그리고 그러한 가치부여의 결실 가운데 하나가 18세기에 나타난 성향, 즉 감정에 대한 숭상이다. 달리 말하면, 일상생활을 긍정하는 광범위한 발전 과정 속에서 훌륭한 삶의 무게중심이 다시 한 번 이동한 것이다. 순수하고 고상한, 혹은 고양된 감정들의 경험이 새롭게 중시되었다. 이 새로운 윤리는 문학을 통해 스스로를 정의했으며 또 전파했다. 아마도 서간소설이 그것의 핵심적인 운반체 노릇을 했던 것 같다. 루소의 『쥘리, 또는 누벨 엘로이즈』(*Julie*)*는 전형적인 사례이다.

이러한 문학은 가까운 관계들로 이루어진 내밀한 영역, 즉 고상한 감정과 고양된 경험의 최고 본산으로서의 가정을 새롭게 이해할 수 있도록 도와주었다. 경험에 대한 이러한 이해는 예술이 미학(aesthetic)이라는 범주를 통해 새롭게 개념화되면서 더욱 풍부해졌다. 이는 물론 주관성 발전 과정(subjectification)의 또 다른 결실이기도 했다. 미학의 범주 속에서 이해된 예술은 그것에 대한 우리의 반응이라는 측면에서 정의되기 때문이다. 음악이 점점 공적이고 의례적인 기능으로부터 멀어지면서, 다른 예술들처럼 내밀한 영역을 풍요롭게 해주는 미학적 향유의 대상으로 변해간 것도 이 세기의 일이었다.

이 내밀한 영역 또한 공론장이 부상한 배경의 일부가 되었다. 이는 단순히 내밀한 영역이 (정치 외적이며 세속적인) 사적인 영역의 한 부분을 구성했기 때문만이 아니라, 그것이 문학작품과 비평의 공적인 교환을 통해 규정되어야만 했기 때문이다. 내밀한 영역의 이러한 속성은 자못 역설적으로 보이지만, 이는 다음에 살펴볼 바와 같이, 단지 표면적인 인상일 뿐이다. 인간 정체성에 대한 새로운, 즉 사적인 정의는 공적 공간에서 규정되고 승인됨으로써만 널리 받아들여질 수 있었다. 그리고 이러한 비판적 교환은 그 자체로 공론장을 구성하기에 이르렀다. 우리는 그것이 공론장의 한 축을 이루게 되었다고 말할 수 있을 것이다. 이 축은 (첫 번째 의미에서의) 공공 정책 사안들을 둘러싼 교환이라는 중심축과 더불어, [시간적으로

---

* 『쥘리, 혹은 누벨 엘로이즈』(*Julie, ou La Nouvelle Héloïse*): 낭만주의 문학의 선구적 작품으로 꼽히는 루소의 서간체 장편 연애소설. 스위스의 레만 호를 무대로 가정교사인 생프뢰와 그의 제자인 쥘리 사이의 열렬한 사랑을 다루고 있으며, 그와 더불어 음악·결투·종교·여성 등 다양한 화제에 관한 저자의 사상이 펼쳐져 있다. 1761년 출간된 이래 40년 동안 70판 이상을 찍을 만큼 큰 대중적 인기를 누렸다. 이는 18세기 서유럽에서의 감성문화 발전을 보여주는 역사적인 사례로 여겨진다.

는] 심지어 약간 앞서서 형성되었다. 서로 전혀 만난 적도 없는 사람들이 루소의 『쥘리, 또는 누벨 엘로이즈』가 지니는 호소력과 관련해서는 서로를 인정하는 공통 정신에 다다르게 되었다. 혁명 초창기에 루소의 『사회계약론』(*Contrat Social*)에 대해 그랬던 것처럼 말이다.

세 번째로 종교개혁 역시 세속적 시간 속에서 장소 초월적 공동 행위주체성의 조건들을 창출하는 데 도움을 주었다. 나는 여기서 특별히 더 급진적이었던 칼뱅파(Calvinist wing)를 염두에 두고 있다. 애당초부터 칼뱅주의는, 더 온건했던 루터파에 비해 교회 생활을 훨씬 더 철저하게 재조직해야 한다고 일반적으로 주장했다. 이후에 이는 특히 영어권 국가들에서 새로운 원칙들에 따라 고안된 새로운 정치단위들의 건설과 정치적 재구조화에까지 이어졌는데, 뉴잉글랜드(New England)의 사례가 그 좋은 예다. 이 지점에서 종교개혁의 이 분파[칼뱅파]는 분열을 시작했고 더욱 자발적인 결사들에 기초한 새로운 '자유' 교회들을 낳기 시작했다. 이 과정은 18세기에 감리교파(Methodism)와 대각성운동(Great Awakening)*과 더불어 심화되었다.

되풀이되는 이러한 창건과 재창건의 활동으로부터 우리는 점점 더 자주 세속적 시간 안에서 창조되는 공동 행위주체성을 목격하게 된다. 신은 아직도 중요한 준거로 남아 있다. 신은 애초에 재창건을 우리의 소명으로 정한 것이다. 하지만 더 고귀한 시간에 대한 참조는 점점 더 그 중요성을 잃어간다. 그것은, 설령 완전히 사라지지는 않았다 하더라도, 종말론적 관점에서만 남아 있다. 새로운 개혁들이 범속한 시간은 최후를 맞고 신 안

---

* 대각성운동(Great Awakening): 주로 1720~1740년대 사이에 영국의 아메리카 식민지들에서 일어난 복음주의적 신앙부흥운동. 이는 미국인들로 하여금 하루 빨리 타락한 영국으로부터 분리되어야 하며, 하나님의 선택을 받은 미국이 지상에 선하고 자유로운 이상국가를 건설해야 한다고 믿게 만들었다.

에서 모든 시간이 집결한다고 예언하는 그런 관점에서만 말이다. 이러한 관점이 차츰 사라지면서, 창건 행위는 범속한 시간으로만 국한되어갔다.

이 새로운 교회 혹은 교파들의 생활은 또 다른 측면에서 공동 행위주체성의 근대적 형식들을 위한 무대를 설정하는 데 도움을 준다. 그것들은 대개 신도들에게 각별한 헌신을 요구했으며, 가족, 친족, 이웃 외의 사람들 그리고 전통적인 충정의 범위를 넘어서는 다른 이들과 결합할 것을 권유했다. 그들이 만들어낸 사회들 안에서는 파당적인 연줄이 그다지 중요하지 않았다. 그보다 더 중요했던 것은 개인 자격의 신도로서 충분하며 근본적으로 모든 사람들에게 동등하게 열려 있는, 하나의 종교 공동체에 소속될 수 있다는 점이었다. 물론 이는 언제나 기독교 교리에 포함되어 있었다. 하지만 근대 교파는 이를 훨씬 더 생생하게 생활 속에서 실천했으며, 신도들로 하여금 자신들이 전체에 개인적이고도 직접적으로 속해 있다고 여기도록 습관을 들였다. 이렇게 해서 근대의 '수평적' 혹은 직접 접속 사회들(direct-access societies)을 위한 근거, 새로운 연합체들(associations)을 끊임없이 만들어내는 사회성의 양식을 위한 근거가 마련되었다. 이 사회들에서는 우리의 구성원 자격이 어떤 당파적 집단에 의해서도 매개되지 않는다.[4]

우리는 유럽에서 공론장이 부상하게 된 과정을 이 모든 경제적 배경, 기독교 교회적 배경, 내밀하며 감정적인 배경 아래 이해해야 한다. 이는 우리가 그것을 '사회'의 정치 외적이고 세속적인 구성요소들 가운데 일부로서 파악해야 한다는 것을 의미한다. 한편으로 그것은 경제와 관련된다. 이때, 경제는 정치적 영역으로부터 한참이나 멀리 떨어져 있다. 거기에서 그것은 어떤 의미로도 공공성의 영역이 아니다. 다른 한편으로 그것은 인민 주권의 새로운 이미지들이 성장하게끔 촉진시켰다. 이는 다시 18세기에 새롭고 때로 놀랍기까지 한 정치적 행동들을 탄생시켰던 것이다.

1 Habermas, *Structural Transformation*, chap. 2, sections 6 and 7.

2 Taylor, *Sources of the Self*, chap. 13을 보라.

3 이어지는 논의에서 나는 다음의 통찰력 있는 분석에 크게 의존했다. Jeff Weintraub, "The Theory and Politics of the Public/Private Distinction" in Jeff Weintraub and Krishan Kumar, eds., *Public and Private in Thought and Practice* (Chicago: University of Chicago Press, 1997), pp. 1~42.

4 프랜시스 후쿠야마가 『트러스트』(*Trust*)에서 이 점에 관해 논의한 바 있는데, 나는 그 내용을 매우 유용하다고 느꼈다. 후쿠야마 역시 아주 성공적인 자본주의 발전양식의 조건들이 형성되는 데 종교개혁의 이 분파[칼뱅파]로부터 떠오른 새로운 사회성이 긍정적으로 작용했다고 주장한다[구승회 옮김, 『트러스트: 사회도덕과 번영의 창조』, 한국경제신문사, 1996].

제8장 주권을 가진

인민

사회적 상상에서 일어난 변화들의 거대한 사슬을 이루는 세 번째 고리는 인민 주권이다. 그것은 근대 사회의 구성을 도왔으며, 역시 하나의 이론에서 출발하여 서서히 사회적 상상들로 스며들었고 그것들을 변형시켰다. 하지만 어떻게? 우리는 상이한 두 개의 경로를 구별할 수 있다. 실제의 역사적 발전에서 이 경로들은 종종 결합되어 나타나며 때로는 분리하기 어렵게 뒤엉킨다는 점을 인정하면서, 나는 여기에서 그것들을 이념형(ideal types)으로서 정의하고자 한다.

우선 하나의 이론은 새로운 실천들을 수반하는 새로운 종류의 활동에 영감을 주며, 어떤 집단이든 그런 실천들을 채택하는 집단의 상상을 이룬다. [신과 인간 사이의] 성약(聖約)이라는 아이디어를 중심으로 형성되었던 최초의 청교도 교회들이 좋은 예를 제공한다. 새로운 교회구조가 신학 교리상의 혁신으로부터 피어났다. 이는 정치적 변화의 줄거리의 일부가 되었다. 신자만이 완전한 시민권을 누릴 수 있었던 코네티컷 조합교회주의(Connecticut Congregationalism)에서 나타나듯이, 아메리카의 여러 식민지에서는 시민사회의 구조가 교회의 운영 방식으로부터 영향을 받았기 때문이다.

사회적 상상에서의 변화는 또 오래된 섭리 속에 이미 존재하고 있던 어떤 실천을 재해석함으로써 이루어지기도 한다. 말하자면 새로운 질서관은 더 오래된 정당성의 형식들을 장악하며, 어떤 경우에는 뚜렷한 단절 없이 변형시킨다.

미국이 바로 그런 변화가 일어난 경우다. 영국과 미국에서 지배적이었던 정당성 관념들, 가령 영국내란(English Civil War)*이나 식민지들에서 반란의 시초를 점화했던 관념들은 기본적으로 과거지향적이었다. 그것들은 '초기 헌정'(ancient constitution)이라는 생각의 주변을 맴돌고 있었다. 초기 헌정은 의회의 정당한 자리를 왕의 옆에 마련해놓고 있는, 까마득한 옛날부터 유지되어온 법에 기초한 질서를 가리킨다. 일상적인 시간이 아닌 '기원의 시간'(엘리아데의 표현)으로 소급하는 이런 방식이 가장 널리 퍼져 있는 전근대적 질서 이해의 전형이었다.

이 오래된 생각은 미국 혁명으로부터 출현한 것이다. 미국 혁명은 인민 주권의 완숙한 토대로 변화했다. 그에 따라 미국 헌법은 '우리들, 인민'의 이야기로 표현되었다. 이에 앞서 자연법의 이상화된 질서에 대한 호소가 나타났는데, 이는 독립선언문(Declaration of Independence)에서 "자명하다고 여겨지는 진실들"에 대한 언급에 담겨 있었다.[1] 이러한 이행은 쉽게 이루어졌다. 왜냐하면 선거를 통한 의회의 구성과 의회의 동의에 입각한 과세는 전통적인 법이라고 여겨졌던 것에서도 그 중요성을 인정받고 있

---

* 영국내란(English Civil War, 1642~1651): 영국에서 의회세력과 군주정세력 간에 발생한 정치적 갈등과 무력 충돌을 일컫는 말로, 청교도혁명이라고도 한다. 두 차례의 국면을 거친 후 왕당파의 완전한 패배로 끝났으며, 인명이나 재산상의 피해는 비교적 크지 않았다. 정치적인 면에서 내란은 공화정(Commonwealth)과 호국경 체제(Protectorate)를 성립시켰으며, 종교적인 면에서는 잉글랜드 내에서 비국교도의 전통을 성장시켰다.

었기 때문이다. 필요했던 것은, 다만 저울의 균형추를 살짝 움직여 선거가 권력에 정당성을 부여하는 유일한 원천이 되게끔 만드는 것이었다.

하지만 이러한 변화가 생겨나기 위해서는 사회적 상상이 먼저 변형되어야 했다. 그리하여 창건(foundation)이라는 관념이 시원(始原)의 신화적인 시간에서 벗어나, 인민이 오늘날 할 수 있는 일로 나타나야만 했다. 달리 말하자면, 그것은 동시대의 순수하게 세속적인 시간에 집합 행동을 통해 발생할 수 있는 무엇인가가 되어야만 했다는 것이다. 그러한 전환은 18세기의 어느 때에 일어났는데, 실제로는 초기보다 후기에 훨씬 더 가까울 것이다. 엘리트들은 그전에도 이미 창건 행위(founding action)의 **이론들**을 제출하였다. 하지만 그것들은 일반적인 사회적 상상에 작용할 수 있을 만큼 그 안으로 충분히 스며들지는 못했다. 그래서 [명예혁명이 일어났던] 1688년은 오늘날의 관점에서 돌이켜보자면 급진적인 출발인 양 보이지만, 당시에는 연속성을 지닌 행동, 이전부터 존재하던 법질서로의 회귀처럼 보였던 것이다(우리는 의미론적인 변화에 의해 기만당했다. '명예혁명' [Glorious Revolution]*은 원래 처음의 위치로 되돌아간다는 의미였을 뿐, 근대적인 의미에서의 혁신적인 전환이 아니었기 때문이다. 물론 그것의 의미가 바뀌는 데에는 **후속 역사에 대한 효과**[*Wirkungsgeschichte*]가 도움이 되었다).

새로운 이론과 전통적인 실천의 결합은 성과를 낳는 데 결정적으로 이

---

* 명예혁명(Glorious Revolution): 1688년 영국에서 일반인의 대규모 유혈사태 없이 전제 왕정을 입헌 군주제로 전환한 사건. 제임스 2세의 권력 남용과 가톨릭 부흥 정책에 반대하여 의회가 국왕을 추방하고, 네덜란드 총독 오렌지 공(公) 윌리엄과 메리 부처를 통치자로 추대하였다. 1689년 의회는 이들에게 '권리선언'(Declaration of Right)을 제출, 승인을 요구했고, 부처는 그것을 인정한 다음 공동으로 왕위에 올랐다. '권리선언'은 뒤에 '권리장전'(Bill of Rights)으로서 다시 승인을 받았다. 명예혁명은 종래 의회의 권리를 수호하면서 왕위 계승까지도 의회가 결정할 수 있게 함으로써, 의회 주권에 기초를 둔 입헌 왕정 수립의 계기가 되었다.

바지했다. 미국의 경우에는 인민 주권에 대한 호소가 가능했다. 그것이 일반적으로 합의된 제도적 의미를 찾을 수 있었기 때문이다. 식민지 이주민들은 모두 새로운 헌법의 제정이 일종의 의회, 아마도 1779년의 매사추세츠에서 그랬듯, 표준적인 형태보다는 약간 더 큰 의회를 통해 이루어져야 한다는 점에 동의하였다. 오래된 대의기구들의 힘은 새로운 개념을 실천적인 견지에서 '해석'하는 것을 도왔다.

우리는 미국 혁명이 하나의 정당성 개념을 기초로 출발해서 또 하나의, 매우 다른 정당성 개념을 낳기에 이르렀다고 말할 수 있다. 양자 사이의 급격한 단절을 피하면서 말이다. 식민지의 이주민들은 거만하고 둔감한 제국 정부에 대항하여 전통적인 '영국인으로서의 권리'를 주장하는 데서 시작하였다. 일단 의회에서 왕과의 관계가 완전히 청산되고 총독들이 더 이상 복종을 기대할 수 없게 되자, 저항의 리더십은 자연스럽게 대륙회의(Continental Congress)*와 연계된, 기존의 선출된 법률 제정가들에게 넘어갔다. 이는 분명 1640년대의 영국내란과 유사한 것이었다.

그러나 전쟁은 언제나 급진화의 원천으로 작용해왔다. 단순히 영국인만의 권리가 아니라 보편적인 인간의 권리를 확고히 하는 독립선언문(Declaration)**을 통해 단절이 이루어졌던 것이다. 어떤 주들은 인민 의지를 토대로 하는 새로운 헌법들을 채택하였다. 궁극적으로, 이 모든 움직

---

* 대륙회의(Continental Congress): 미국 독립혁명 시기에 군사 · 외교 · 재정에 걸쳐 아메리카 13식민지[독립 이후 각 주]의 통일적 행동을 지도한 기구를 말한다.

** 독립선언문(Declaration): 1776년 7월 4일 대륙회의는 미국 독립을 내외에 선언하였다. 이 독립선언문(Declaration of Independence)은 영국으로부터의 독립의 정당성을 주장하면서, 전반부에서 일반적인 자연권 사상을 내세웠다. 즉 인간에게는 생명, 자유 및 행복의 추구라는 천부의 권리가 존재하며 그 권리의 확보를 위하여 정부가 조직되어야 한다는 것이다. 독립선언은 또 정부의 정당성이 피치자의 동의에 유래한 것이라고 주장함으로써 혁명권의 존재를 확인하였다.

임은 새로운 공화국[즉 미합중국]을 근대의 도덕적 질서 내에 두는 헌법으로 귀결된다. 인민이 인민으로서 행동하기 위해 미리 존재하는 어떤 법을 필요로 하는 것이 아니라, 스스로를 법의 근원으로 여길 수 있는 그런 인민의 의지가 근대의 도덕적 질서를 이루는 것이다.

새로운 사회적 상상은 본래 사후적인 재해석을 통해 도래한다. 혁명 세력은 대개 낡고 과거지향적인 정당성 개념을 기반으로 결집했다. 그런데 나중에 이것은 주권을 가진 인민에 내재하는 권력 행사로 여겨지기에 이른다. 그 존재와 정당성의 증거는 주권을 가진 인민이 수립한 새로운 정치체 안에 놓인다. 하지만 인민 주권이 무대에 너무 빨리 등장했더라면 그러한 일을 할 수 없었을 것이다. 선행 관념은 초기 헌정이 정의한 전통적인 인민의 권리에 호소하면서 식민지 이주민들을 투쟁에 동원하고 [혁명 촉발이라는] 처음의 어려운 과업을 수행해야만 했다. 그러나 그것은 머지않아 과거에 대한 냉혹한 배은망덕의 태도와 더불어 망각 속으로 굴러 떨어졌는데, 그러한 태도는 근대 혁명을 규정하는 것이기도 했다.

물론 이것이, 정당화 담론에서만 변화가 일어났을 뿐 실천에서는 어떤 변화도 없었다는 것을 의미하지는 않는다. 그와는 반대로, 중요한 새로운 조처들이 취해졌고 오직 새로운 담론만이 그것들을 정당화할 수 있었다. 나는 앞에서 1779년 매사추세츠의 헌법과 같은, 새로운 주 헌법들에 관해 언급했다. 하지만 연방 헌법이야말로 가장 주목할 만한 실례이다. 연방주의의 관점에서는 새로운 중심 권력을 만드는 것이 절대적으로 필요했다. 이 권력은 여러 주들의 단순한 창조물이어서는 안 되었다. 그들이 [기존의 정부를] 대체하려 했던 연방정부(confederal regime)에는 바로 그러한 권력이 결핍되어 있었다. 여러 상이한 주의 '인민들' 이상의, 공통의 수단을 창조하는 무엇인가가 있어야만 했다. 새로운 연합정부는 '미합중국의 인민'(people of the United States)에 정당성의 기반을 두어야만 했던 것이다.

이것은 연방주의 기획 전체에 필수적인 부분이었다.

동시에 과거의 행위를 새로운 원칙의 산물로서 재해석할 수 있게끔 해주는 제도와 관행상의 연속성이 없었더라면, 주권을 가진 인민의 행위에 대한 이러한 사후적인 투영은 불가능했을 것이다. 이러한 연속성의 핵심은 식민지 이주민들의 거의 대부분이 선출된 의회를 정당한 권력의 형태로 수용했다는 데 있었다. 그러한 수용은 진심어린 것이었다. 선출된 주 의회들이, 왕정 혹은 제국의 통치 아래서 자행된 행정관의 권리 침해에 맞서 오랫동안 식민지 이주민들의 자유를 위한 방파제가 되어주었기 때문이다. 겨우 새로운 주 헌법 채택과 같은 중요한 전환점에 다다랐을 때, 그들은 특별한 확장된 의회의 필요성을 호소하였다. 인민 주권은 그 명백하고도 논쟁의 여지없는 제도적 의미 때문에 받아들여질 수 있었다. 이것이 새로운 질서의 토대가 되었다.[2]

중대한 효과를 낳았던 프랑스 혁명의 경우는 상당히 달랐다. 모든 역사학자들이 언급하는 '혁명 종식'[3]의 불가능성은 인민 주권의 어떤 특수한 표현도 실질적인 지지를 받는 다른 어떤 다른 것에 의해 도전받을 수 있다는 점에서 부분적으로 유래했다. 혁명 직후 몇 년간의 무시무시한 불안정성은 일부 다음과 같은 부정적인 사실로부터 비롯되었다. 즉 왕정의 정당성으로부터 국가의 정당성으로의 이행이 광범위한 사회적 상상 속에서 합의된 의미를 갖지 못했다는 것이다.

이는 물론 그러한 불안정성에 대한 포괄적인 설명으로 이해되어서는 안 된다. 그것은 다만 우리가 그 불안정성을 설명하기 위해 이야기하는 여러 다른 요인들이 어떤 방식으로 함께 작용하면서 우리가 알고 있는 결과를 산출했는가에 관해 무엇인가를 말해줄 따름이다. 왕의 중요한 측근인 군대와 귀족이 새로운 원칙들을 수용하지 않았다는 사실은 당연하게도

[혁명 이후의] 안정화 과정에 엄청난 장애물로 작용했다. 새로운 정당성을 지지하는 사람들조차도 내부적으로 분열되었다. 그 분열을 더욱 날카롭게 만든 것은, 국민 주권(sovereignty of the nation)의 제도적 의미에 관해 어떤 합의된 이해도 없었다는 점이다.

혁명가들에 대한 버크(Burke)*의 조언은 전통적인 헌법을 고수하면서 그것을 조금씩 수정해나가라는 것이었다. 그러나 그것은 이미 그들의 권력을 벗어난 것이었다. 단지 이 헌법의 대의기구라 할 수 있는 삼부회(the Estates General)**가 175년 동안 중단되어 온 때문만은 아니었다. 그의 조언은 식자층, 부르주아지, 그리고 상당수의 귀족들 사이에서 전개되어온 동등한 시민권에 대한 열망과도 근본적으로 맞지 않았던 것이다. 그러한 열망은 여러 가지 방식, 즉 소극적으로는 귀족의 특권에 대한 공격 속에서, 또 적극적으로는 로마 공화정과 그 이상에 대한 열정 속에서 표현되었다.⁴ 이는 실질적으로 1789년 제3신분(평민)의 첫 번째 요구가 왜 각 부 사이의 분리를 폐지하고 모든 대표자들을 하나의 국민의회(National

---

* 에드먼드 버크(Edmund Burke, 1729~1797): 영국의 정치가, 정치사상가. 보수주의의 대표적 이론가로서, 저서 『프랑스 혁명에 관한 고찰』(*Reflections on the Revolution in France*, 1790)을 통해 혁명의 과격화를 경고하였다.

** 삼부회(the Estates General): 프랑스 구체제 아래서 세 신분[성직자의 제1신분, 세습귀족의 제2신분, 기타 신흥귀족과 부르주아지 등의 제3신분]의 대표자가 모여 중요한 의제에 관해 토론했던 신분제 의회를 말한다. 영국 의회와 달리 왕권을 견제하는 대의기구가 아니라, 인민의 대표들이 국왕에게 자문하고 협력하는 기관으로서의 성격을 띠었다. 의회 소집권과 의제 제기권은 모두 국왕에게 있었고, 의결권은 인정되지 않았다. 1302년 필리프 4세가 처음 소집하였으며 1614년 이후 175년이나 열리지 않았다. 1789년 세금 징수 문제로 국왕 루이 16세가 다시 소집하였으나, 제3신분 의원들이 토론과 의결 형식에 이의를 제기하면서 세습귀족과 성직자로 구성된 특권 신분의 의원들과 심각한 의견 대립을 빚게 되었다. 부(신분)별 심의와 표결에 반대하였으나 다른 대표들의 반발에 부딪힌 제3신분 대표들은 단독으로 영국식 의회인 '국민의회'의 설립을 결의, 공포하고 인권선언을 발표하였다. 왕권과 특권층의 강력한 저항에도 불구하고 프랑스 혁명의 진행과정에서 결국 삼부회 체제는 종식되었다.

Assembly)로 통합하는 것이었는지를 설명해준다.

더욱 심각한 점은 식자층 이외에는 대의제 헌정(representative constitution)이 무엇을 의미하는지 거의 알지 못했다는 것이다. 인민 대중이 그들의 불만목록들(*Cahiers de Doléance*)*을 가지고 전국 삼부회의 소집 요청에 응했던 것은 사실이다. 하지만 이 모든 절차는 군주 주권의 존속을 가정하고 있었다. 그것은 인민 의지의 전달 통로로 기능하기에는 전혀 적합하지 않았다.

온건 개혁파들이 바랐던 것은 버크가 내린 처방의 연장선상에 있는 것이었다. 즉 누구라도 시민들의 투표를 통한 국가 의지(nation's will)의 표현이라고 정확히 이해할 수 있는 그런 종류의 대의기구를 만들 수 있도록 전통적인 헌정을 발전시키자는 것이다. 이것이 18세기에 하원(House of Commons)이 띠게 되었던 모습이다. 비록 거기서의 '인민'이 소수의 엘리트였을지라도, 그들은 다양한 방식의 실질적인 대의를 통해 전체를 대변하는 것으로 간주되었다.

영국에 하원을 발생시켰던 이러한 진보는 더욱 광범위한 사회의 사회적 상상의 일부였던, 자치(self-rule) 형식에 대한 어떤 감각을 낳았다. 그 때문에 인민의 폭넓은 참여에 대한 요구가 영국에서는 참정권의 확대라는 형태로 나타났다. 인민은 확립된 대의구조에 참여하고 싶어했다. 이는 1830년대와 1840년대 차티스트(Chartist) 운동**에서 매우 두드러진다. 미국의 경우는 이와 동일한 진화에서 한 단계 앞서 있었다. 그들의 대의제

---

* 불만목록들(*Cahiers de Doléance*): 1788년 루이 16세는 재정적 위기를 타개하기 위해 그 다음 해의 삼부회 소집을 공고했다. 삼부회 회의에서는 통상 국왕이 새로운 세금을 부과하는 대신에 참가자들의 불만 및 요구사항을 검토하는 관례가 있었다. 그렇게 1789년 5월 베르사유에서 삼부회가 열릴 때까지 프랑스 전역에서 4만 가지가 넘는 불만목록들이 수집되었다.
** 차티스트(Chartist) 운동: 1838~1848년 노동계급을 주축으로 전개된 영국의 민중운동을 가리킨다.

의회들은 일반적으로 성년 남성의 참정권을 기초로 선출되었던 것이다.

선출된 의회를 통한 자치 형식은 앵글로-색슨 사회에서 통상적으로 이용 가능한 레퍼토리(repertory)의 일부였다. 그런데 프랑스 민중계급의 경우, 그러한 형식을 자기 레퍼토리 안에 갖고 있지 않았을 뿐만 아니라, 상당히 다른 논리에 의해 구축된 그들 고유의 대중적 항거 형식을 발전시켜왔던 것이다. 이 점을 검토하기 전에, 새로운 이론들을 기반으로 이루어진 근대의 혁명적 이행에 관한 일반적인 논점을 짚고 넘어가야 한다.

바람직한 의미에서의 이행은 '인민', 또는 적어도 중요한 소수의 활동가들이 이론을 이해하고 내면화하는 경우에만 일어날 수 있다. 그러나 정치적 행위자들에게 이론을 이해한다는 것은 그들의 세상에서 그것을 실천할 수 있다는 것이다. 그들은 이론을 현실화하는 실천들을 통해 그것을 이해한다. 이러한 실천은 그들에게 의미 있는 것이어야만 한다. 그 이론이 규정하는 종류의 의미 말이다. 그런데 우리의 실천을 의미 있게 만드는 것은 우리의 사회적 상상이다. 따라서 이러한 종류의 이행에 결정적인 것은 이러한 요건을 충족시키는, 즉 새로운 이론을 실현할 방법을 포함하는 사회적 상상을 인민(또는 그 가운데 활동적인 분파들)이 공유하는 것이다.

내가 2장에서 제안했듯이, 우리는 특정한 시기의 인민의 사회적 상상을 일종의 레퍼토리로 볼 수 있다. 이 레퍼토리는 그들이 이해할 수 있는 실천들의 총체를 포함한다. 그러므로 새로운 정당성 원리에 따라 사회를 변화시키기 위해서는 이 원리를 [현실에서] 충족시키는 방법들을 포함하는 레퍼토리를 갖고 있어야만 한다. 이러한 필요조건은 두 가지 측면으로 구분될 수 있다. (1) 행위자들은 무엇을 해야 하는지 알고 있어야 하며, 그들의 레퍼토리 안에 새로운 질서를 실현하는 실천들을 담고 있어야만 한다. (2) 이러한 실천들이 무엇인지에 관해 모든 행위자들이 동의해야만 한다.

칸트 철학에서 끌어온 유추를 쓰자면, 이론은 추상적 범주와도 같다. 역사 안에서 작용하고자 한다면, 그것은 '도식화될'(schematized) 필요가 있으며 실천의 영역에서는 어떤 구체적인 해석에 응할 필요가 있다.

근대 혁명의 어떤 상황에서는 첫 번째 측면이 실제로는 완전히 빠져 있었던 적도 있었다. 러시아의 경우를 예로 들어보자. 1917년 차르(tsarist) 통치의 붕괴는 새로운 공화제적 정당성으로 가는 길을 열어줄 것으로 여겨졌다. 또 가상의 임시정부는 그 다음 해 자신들이 소집한 제헌의회(Constituent Assembly)에서 그 정당성이 규정될 것으로 여겨졌다. 그러나 올랜도 피지스(Orlando Figes)의 분석에 따르면, 농민 대중은 러시아 인민 전체를 주권을 가진 행위자(sovereign agent)로서 상상할 수 없었다.[5] 그들이 완벽하게 잘 이해하고 추구했던 것은 다음과 같은 것들이었다. [제정 러시아의 촌락공동체인] 미르(mir)가 원하는 대로 행동할 수 있는 자유, (그들의 관점에서 본다면) 귀족들이 강탈해간 땅의 분할, 그리고 더 이상 중앙정부에 장악된 채 억압으로 고통 받지 않는 환경. 그들의 사회적 상상은 마을 또는 미르의 인민들인, **지역의 집단적 행위주체성**(*local collective agency*)을 포함하고 있었다. 그들은 그들에게 많은 해를 가할 수 있고 가끔은 도움도 줄 수 있는 국가 정부를 이 행위주체성이 상대해야만 한다는 것을 알고 있었다. 그러나 전제정부로부터 주권을 양도받을 수 있는 **국민**(*a national people*)에 대한 개념은 갖고 있지 않았던 것이다. 그들의 레퍼토리에는 국가적 차원에서 이루어지는 이러한 유형의 집단행동이 들어있지 않았다. 그들이 이해할 수 있었던 것은 푸가초프의 반란(Pugachovschina)*과 같이 큰 규모의 반란이었다. 그 목적은 중앙 권력을

---

* 푸가초프의 반란(Pugachovschina): 1773~1775년 러시아에서 푸가초프의 주도 아래 농노제에 반대해 일어난 농민반란을 말한다.

양도받고 대체하는 데 있었던 것이 아니라, 중앙 권력이 자신들을 괴롭히고 못살게 구는 짓을 덜 하도록 만드는 데 있었다.

이와는 대조적으로, 프랑스 혁명 시기에 빠져 있었던 것은 두 번째 측면이었다. 인민 주권을 실현하기 위해 여러 방법론이 제시되었다. 한편으로, 전통적인 삼부회 제도는 그러한 목적에 부합되지 못했다. 인민(평민)은 세 개의 부 가운데 오직 한 부만을 선출할 수 있었고, 전체 체제는 주권을 가진 군주에게 탄원하는 백성들을 대표한다는 의미를 갖고 있었기 때문이다.

그러나 다른 한편으로, [프랑스에서] 제안되었던 갖가지 이론들은 미국의 경우에서보다 훨씬 더 광범위했다. 이는 앵글로−색슨 사회에서는 대의제도가 상상계를 강력하게 사로잡고서 이론적 상상력을 억제했다는 사실에서 일부 기인한다. 하지만 그것은 또한 프랑스 문화와 사상의 특이한 궤적들로부터 기인한 것이기도 했다.

프랑스의 경우에서 특히 중요했던 것은 루소의 영향을 받은 일련의 이론들이었다. 이 이론들은 혁명의 경과에 결정적이었던 두 가지 특징을 갖고 있었다. 첫 번째는 바로 루소의 **일반의지**(*la volonté générale*) 개념의 기초가 되었던 것이다. 그것은 근대적인 질서 개념에 대한 루소의 새롭고 더욱 급진적인 개정안을 반영하고 있었다.

우리가 보아온 것처럼, 이러한 질서 개념의 원칙은, 우리가 각자 자유롭게 삶을 위한 수단을 추구하지만 그러한 자조의 추구는 타인의 그것과 나란히 가는 방식으로—혹은 적어도 타인을 방해하지 않는 방식으로— 이루어져야만 한다는 것이다. 다시 말해, 우리 삶의 계획의 추구는 조화를 이루어야만 한다. 그러나 이러한 조화는 다양하게 개념화되었다. 아담 스미스의 유명한 이론에서처럼, 그것은 보이지 않는 손의 과정을 통해 일어날 수도 있다.[6] 하지만 이는 결코 충분하다고 여겨지지 않았기 때문에, 조화는 또한 우리가 자연법을 따름으로써 의식적으로 일어나야만 했다. 로크는 자연법을 신이 주신 것으로 보았고, 우리로 하여금 신에게 복종하게 만드는 것—즉 창조주에 대한 의무감과 영원한 형벌에 대한 공포감—이면 무엇이든 자연법을 따르는 동기가 된다고 보았다.

이후에, 신을 향한 경외감은 인간 외적인 힘에 의한 선의(impersonal benevolence), 혹은 자연적인 공감(natural sympathy)의 개념으로 대체된다. 그런데 이 모든 초창기 관념들의 공통점은 우리 내면 동기의 이중성을 전제하고 있다는 것이다. 즉, 우리는 다른 이들의 이익을 희생하면서까지 자신의 이익을 채우려는 유혹을 받을 수도 있고, 또한—신을 향한 경외감이나 인간 외적인 힘에 의한 선의, 또는 그 무엇에 의해서든— 일반적인 선(the general good)을 위해 행동하는 방향으로 나아갈 수도 있다. 루소가 기각하고 싶어했던 것이 바로 이 이중성이다. 우리가 이 이중성을 극복할 때에만, 곧 나 자신에 대한 사랑과 내 동료들을(이 조화 속에서 나와 함께 참여하는 사람들)의 정당한 목표가 실현되기를 원하는 나의 소망이 일치할 때에만 진정한 조화가 올 수 있다. 루소의 말을 빌리자면, 자기애(amour de soi)와 공감(pitié)이라는 원초적 본능들은 이성적이고 덕성 있는 인간 내면에서 공동선에 대한 사랑으로 함께 융합한다. 바로 이것이 정치적 맥락에서 일반의지로 알려진 것이다.

다시 말해, 완벽한 덕성의 소유자에게 자기애는 더 이상 타인에 대한 사랑과 구별되는 것이 아니다. 그러나 이러한 구별의 극복은 다른 점에서 새로운 이중성을 가져온다. 만약 자기애가 또한 인류애이기도 하다면, 우리 안에서 덕성과 싸우는 이기적 성향들은 어떻게 설명해야 할 것인가? 그것들은 또 다른 동기로부터 와야만 하는데, 루소는 이를 자존심(amour propre)이라고 부른다. 따라서 나 자신에 대한 배려는 마치 선과 악처럼 서로 대립되는 두 가지 다른 형식을 취할 수 있는 것이다.

이러한 구분이 계몽주의의 맥락에서는 새로운 것이었다. 그러나 다른 의미로는, 이는 전통에 깊숙이 뿌리내리고 있던 사고방식으로의 회귀를 뜻한다. 즉 우리가 의지 안에서 두 가지 속성을 구별해내는 것이다. 우리는 아우구스티누스의 도덕세계로 되돌아와 있다. 거기에서 인간은 하나는 선하고 다른 하나는 악한, 두 개의 사랑을 할 수 있다. 그런데, 이 역설이 너무 충격적이지만 않다면, 그것은 수정된 아우구스티누스, 즉 [모든 인간에게 원죄가 있다는 설을 부정하는] 펠라기우스주의적 아우구스티누스(Pelagian Augustine)이다. 드보몽 추기경(Monseigneur de Beaumont)이 아주 분명히 알았듯, 선의(good will)는 이제 선천적이고 자연스러우며 완전히 인간에게 속한(anthropomorphic) 것이 되었기 때문이다.

[루소의] 이론 그 자체는 근대의 도덕질서 안에 놓인, 매우 근대적인 것이었다. 그 목표는 바로 개개인의 의지들을 조화시키는 데 있었다. 비록 그것이 **공통의 자아**(*moi commun*)라는 새로운 정체성을 만들어내지 않고는 이루어질 수 없는 것일지라도 말이다.[7] 이때 우리가 살려내야만 하는 것은 자유, 사람들 하나하나의, 그리고 모든 이의 개인적 자유이다. 자유는 최고의 선이다. 루소는 미덕과 악덕의 대립을 재해석하면서 그것을 자유와 노예 상태의 대립과 나란히 놓을 정도로 자유를 중요시했다. "욕망에의 충동은 노예 상태이며, 미리 정해진 법에 대한 복종은 자유이기 때문이다."[8] 모든 사람들의 선을 목표로 한다는 면에서 볼 때 우리가 사랑하는 법은 자유에 대한 제동이 아니다. 그 반대로, 법은 우리 안의 가장 진정한 것이라 할 수 있는 자기애, 더 높은 도덕성으로 확장되고 변환된 자기애로부터 나온다. 이는 인간이 고독으로부터 사회로 이행하며 얻는 결실이자, 동물적인 상태에서 인간적인 상태로 나아가며 얻는 결실인 것이다.

자연 상태에서 문명 상태(civil state)로의 이행은 인간 행위에서 본능을 정의로 대체시키고 전에는 그의 행동들에 없었던 도덕성을 부여함으로써, 인간에게 놀라운 변화를 만들어낸다. […] 이 상태에서 인간은 본래 갖고 있던 몇몇 이점들을 박탈당하게 되지만, 대신에 다른 굉장한 것들을 얻게 된다. 즉 그의 능력들이 훈련되고 계발되며, 사고가 확장되고, 감정의 품격이 높아지며, 그의 온 영혼이 고양되는 것이다. 그에 따라, 만약 인간이 이 새로운 조건을 남용함으로써 자신이 벗어난 이전 수준 아래로 낮아지지만 않는다면, 그는 자연 상태로부터 영원히 빠져나와 멍청하고 근시안적인 동물에서 지성적인 존재이자 사람으로 변화한 그 행복한 순간을 언제나 찬미할 수 있을 것이다.[9]

다른 한편으로 이 법칙에 대립하는 것은 진정한 자아(authentic self)가 아니라, 타인에 대한 의존을 통해 타락하고 올바른 경로를 비껴간 의지이다.

루소의 개정안(Rousseau redaction)은 로크로부터 내려왔던 계몽시대의 표준적인 관념과는 매우 다른 도덕 심리학을 우리에게 제안하고 있다. 그것은 선과 악이라는, 잠재적으로 두 가지 속성을 갖는 의지[라는 관념]에로 되돌아간다. 뿐만 아니라, 이성과 선의의 관계를 상당히 다른 방식으로 제시한다. 주류의 견해에 따르자면, 우리를 보편적 관점에 올려놓고 불편부당한 관찰자로 만드는 초연한 이성(disengaged reason)은 우리 안에 있는 일반적인 선의를 해방시켜주거나, 아니면 적어도 우리의 계몽된 자기 이익을 인정하도록 가르친다. 그런데 루소에게 이 객관화하는 이성(objectifying reason)은 전략적인 사고의 종복이다. 그것은 우리를 권력의 계산에 더욱 더 휘말리게 할 뿐이다. 그 계산은 다른 이들을 통제하려고 함으로써 실제로는 우리를 점점 더 많이 그들에게 의존하게 만드는 것이다.

고립되어 있으면서 동시에 타인의 승인을 갈망하는 이러한 전략적 자아는 진정한 자아를 한층 더 억누른다. 덕성을 위한 투쟁은 우리의 내면 깊숙한 곳에 묻혀 거의 침묵하다시피 하고 있는 목소리를 회복시키기 위한 시도이다. 우리에게 필요한 것은 초연함(disengagement)과 정확히 반대되는 것이다. 우리에게 필요한 것은 오히려 루소가 '양심'이라는 전통적 용어로 표현했던, 세상의 절규로 들을 수 없게 되어버린, 우리 자신 안의 가장 내밀하고 본질적인 것과의 재결합(reengagement)인 것이다.

양심! 양심! 거룩한 본능, 천상으로부터 울리는 불멸의 목소리; 진실로 무지하고 유한한, 그러나 지적이고 자유로운 피조물을 위한 확실한 길잡이; 인간을 신과 유사하게 만드는, 선과 악의 틀림없는 재판관! 그대는 인간 본성의 탁월성과 인간 행위의 도덕성을 만들어낸다; 그대가 없다면, 나를 짐승보다 나은 것으로 끌어올려주는 그 어떤 것도 내 안에서 찾을 수 없으리—오로지 어떤 원칙도 알지 못하는 이성과 방종한 이해의 도움을 업고 실수를 전전하는 서글픈 특권 이외에는.[10]

이 이론은 새로운 유형의 정치학을 제시하였다. 이는 실제로 프랑스 혁명의 절정기인 1792~1794년 사이에 법제화되었다. 첫째, 그것은 덕성을 중심 개념으로 만드는 정치학이었다. 이때의 덕성은 자기애와 조국애의 융합에 있다. 로베스피에르(Robespierre)*는 1792년 덕성을 다음과 같이 설명하였다. "공화국의 정신, 그것은 선이다. 그것은 조국애다. 그것은 자신의 모든 이해관계를 일반적인 이해관계 속에 합치는 고결한 헌신이다."

---

* 막시밀리앙 로베스피에르(Maximilien Robespierre 1758~1794): 프랑스의 혁명가이자 정치가. 자코뱅당의 지도자로 활약하였고 파리코뮌의 대표로 추대되었다. 혁명정부에 의한 독재 체제를 완성하고 공포정치를 추진하였으나, 부르주아 공화파를 중심으로 하는 의원들의 반격으로 처형되었다.

[11] 어떤 의미에서 이는 고대의 덕성 개념으로의 회귀인데, 몽테스키외는 그것을 공화국의 '원동력'이자 '자신의 이해관계보다는 공적인 이해관계에 대한 지속적인 선호'라고 규정했다.[12] 그런데 이것이 ("일반이해[intérêt général] 안에서 모든 이해관계들을 합치는") 융합이라는, 루소 식의 새로운 용어로 개정되었던 것이다.

둘째, 새로운 정치학은 이분법적 논리로 흐르기 쉽다. 덕성과 악덕 사이의 회색지대가 사라져버리는 경향이 나타나는 것이다. 사적 이해를 위한 정당한 자리는 존재하지 않는다. 비록 사적 이해가 일반적인 선에 대한 사랑에 종속된다고 할지라도 말이다. 자기이익은 타락의 기호이며, 따라서 악덕의 징표이고, 결국에는 적대나 다름없는 것이 될 수 있다. 이기주의자는 반역자와 동일시되기에 이른다.

셋째, 종종 지적되어 왔듯이 이러한 정치학 담론은 거의 종교적인 지향을 갖는다.[13] 때때로 신성성이 환기되는 것이다(성스러운 결합[l'union sacrée], 마라[Marat]*를 죽인 '신성모독의 손' 등).

넷째로 이러한 정치학의 결정적인 특징은 그것의 복잡한 대표성 (representation)** 개념이다. 루소에게는 물론—그리고 이것이 그의 이론이 지닌 두 번째 중요한 특징인데— 선출된 의회를 통해 표현되는 규범적 의미

---

* 장-폴 마라(Jean-Paul Marat, 1743~1793): 프랑스 혁명기의 급진적 언론인이자 정치가. 1789년 9월 『인민의 벗』(L'Ami du peuple) 지(紙)를 창간하여 민중의 정치참여를 고취하였으며, 소농민과 소시민층의 절대생활권 보장, 특권층과 기생계급의 척결을 주장하였다. 지롱드당 지지자에 의해 피살되었다.

** 대표성(representation): 여기에서 representation은 문맥에 따라 '대표성', '대의', '대의제'라고 옮겼다. 이 용어는 어떤 것을 그것 아닌 것으로 대신하는(stand for) 과정과 그 산물을 함께 가리킨다. 정치학적인 맥락에서는 예컨대, 전문적인 정치가 집단이 인민을 대신해서 사회적으로 행동하고 권력을 행사하는 것이다. 기호학적인 맥락에서 보자면, 기호가 기호 아닌 다른 무엇(의미, 지시대상)을 대신하는 과정과 그 산물을 가리키며, 흔히 '재현', '표상'이라고 번역된다.

에서의 정치적 대표성이 저주나 다를 바 없었다. 이는 투명성에 대한 그의 고집과도 연관된다.[14] 일반의지란 극대화된 투명성의 장이다. 의지가 하나로 융합될 때, 우리는 서로에게 최대한 현존하면서 열려 있게 된다는 점에서 말이다. 불투명성은 각자가 지닌 의지에 고유한 성질이다. 우리는 종종 조작과 거짓된 외양을 이용하는 간접적인 전략들로 그 의지를 실현시키려 한다(이는 나쁘며 해로운, 유사 연극적인 유형의 또 다른 대표성 형식과 관계된다). 그런 이유 때문에 이러한 정치적 시각은 공표할 수 없는 감춰진 행위, 음모, 심지어 반역과 불평불만(disaffection)을 일치시키는 것이다. 반면 일반의지는 모든 사람이 보는 앞에서 공개적으로 형성된다. 그래서 이러한 종류의 정치학에서 일반의지는 언제나 인민 앞에서 규정되고 천명되어야 한다. 우리는 루소가 분명하게 묘사한 또 다른 형태의 극장 안에서 그것이 생산되어야 한다고까지 말할 수도 있을 것이다. 배우들이 관객들 앞에서 자신을 선보이는 그런 극장이 아니라, 모든 이가 배우이자 관객이 되는 공공 축제를 모델로 하는 그런 극장 말이다. 진정한 공화주의적 축제(republican festival)를 근대의 타락한 극장 형식들로부터 구분 짓는 것이 바로 이 점이다. 공화주의적 축제에서 누군가 이렇게 질문할 수도 있을 것이다.

그런데 이 스펙터클의 목적은 무엇인가? 거기서 나타나는 것은 무엇인가? 안됐지만, 아무것도 아니다. 풍요가 지배하는 곳이라면 어디에서든 자유와 함께 행복 또한 지배한다. 광장의 한가운데에 화관으로 장식한 막대를 꽂아라. 거기에 사람들을 모두 모아라. 그러면 축제가 열릴 것이다. 하지만 좀 더 잘하라. 관객들 스스로가 즐기게 하라. 그들을 배우로 만들라. 모두가 더 잘 연합할 수 있게끔 사람들이 각자 다른 이들 속에서 자신을 보고 사랑할 수 있도록 그렇게 만들라.[15]

투명성, 즉 비대표성(nonrepresentation)은 일정한 형식의 담론을 필요로 한다. 거기에서는 공통 의지(common will)가 공적으로 정의되며, 그 의지가 인민을 위해, 인민에 의해 명확하게 드러나는 전례(典禮)의 형식들까지 정의된다. 그것은 단번에 이루어지는 것이 아니라, 강박적이라고 여겨질 수도 있을 정도로 반복해서 이루어진다. 이 운명적인 시기의 파리에 존재했던 혁명 담론의 결정적인 차원에 의미를 부여하는 것은 바로 이것이다. 거기에서 정당성이란 이미 사전에 건전하고 덕성 있는 공화국의 의지라고 되어 있는 일반의지의 (결국에는 올바른) 정식화를 통해 획득되는 것을 뜻했다. 이는 1792년에서 1794년까지 혁명 분파들 사이에서 벌어졌던 투쟁이 왜 그렇게 많은 논쟁을 수반했는지를 어느 정도 설명해준다. 그것은 또한 모나 오주프(Mona Ozouf)가 연구한 혁명 축제의 중요성을 보여주고 있다.[16] 루소에 따르면, 이 혁명 축제들은 인민에게 공화국을, 또는 공화국에게 인민을 명확하게 드러내주는 시도들이었다. 때로 이 축제들은 그리스도 성체 축일(Corpus Christi) 행렬과 같은, 초기의 종교 행사들로부터 그 형식을 빌려오기도 했다.

나는 루소주의적 대표성 개념이 복잡했던 이유가 대의제 의회의 금지라는 부정적인 논점 그 이상을 포함하고 있었기 때문이라고 말하고 싶다. 우리는 혁명 담론 그 자체, 그리고 축제 속에서 담론적이거나 유사 연극적인, 또 다른 종류의 대표성을 볼 수 있다. 괜찮아. 누군가는 이렇게 말할지도 모른다. 그것이 [대표성에 대한 부정이라는] 루소주의적 금기를 어긴 것은 아니지. 축제는 그의 계획을 따르고 있기까지 하잖아. 그러나 거기에는 이미 잠재적으로 좀 더 위험하고 공언하기 어려운 무엇인가가 있었다. 실제의 덕성이 있는 곳, 다시 말해 개인 의지와 공통 의지가 실제로 융합하는 곳에만 일반의지가 존재한다고 보는 한, 수많은, 아마도 대다수의 사람들이 여전히 '타락'해 있는 상황, 즉 이러한 융합을 아직 달성하지 못한 상황에 관해서는 무어라 말할 수 있을 것인가? 이제 융합의 유일한 진원지는 소수의 덕성 있는 자들이 된다. 그들은 진정한 공통 의지의 매개체가 될 것이다. 이 공통 의지는 객관적으로 모든 이의 의지, 다시 말해, 덕성 있는 자라면 누구든 동의할 만한 공통의 목표들이다.

스스로 옳다는 통찰을 갖고서 이 소수가 해야만 하는 일은 무엇일까? 단지 형식적으로 합의된 투표 절차의 작동을 통해 타락한 다수의 '전체 의지'(will of all)가 제 갈 길을 가도록 내버려두는 것일까? 이것의 가치는 무엇이 될 수 있을까? 어쨌든 가설 상으로 전체 의지가 일반의지와 일치하는 진정한 공화국이 존재하지 않을 수도 있다면 말이다. 분명 소수는 진정한 공화국을 이루기 위해 행동하도록 요구받으며, 이는 타락과 싸우고 덕성을 구축하라는 의미이다.

우리는 여기서 우리 세계의 숙명적인 일부가 되어왔던 전위 정치(vanguard politics)에 대한 유혹을 볼 수 있다. 이러한 유형의 정치에는 새로운 종류의 대표성 주장이 개입된다. 그것은 세상사의 원래 구조 덕분에 왕이 왕국을, 주교가 교회를, 영주가 봉신을 자연스럽게 대표하는 식의 낡고 전근대적인 종류의 대표성 주장이 아니다. 이 경우, 왕, 주교, 영주 등등은 자기 자리를 차지하면서 신민들을 대표 가능한 집합체로 구성한다. 새로운 대표성 주장은 이것과는 매우 다르다. 하지만 오래된 형식들과 비슷하게, 혁명 권력은 대의적 기능을 명확히 드러내기 위해 자기표현(self-presentation)이라는 유사 연극적인 형식을 이용한다.

그것은 모두에게 구속력 있는 의사결정을 하기 위해 선거인들이 대표자를 선택하는 식의, 루소가 비난한 바 있는 근대적 의미의 대표성도 아니다. 우리는 새롭지만 완전히 공인받지는 못한 이 형식을 일종의 '체현'(incarnation)에 의한 대표성이라고 말할 수 있을 것이다. 소수는 일반의지를 구현하며, 그것이 구현되는 유일한 장소이기도 하다. 그러나 이는 대표성 주장을 체계적으로 정식화하기 어렵게 만든다. [거기엔 두 가지 이유가 있다.] 우선 소수가 스스로를 선출된 대표자라는 공식적 모델로부터 구별하고자 하기 때문이다. 뿐만 아니라, 전체를 대변한다는 [소수의] 주장에 본래 잠정적인 무언가가 있기 때문이다. 가설적으로 말해서, 제대로 기능하고 있는 공화국 내에는 그것[소수의 체현에 의한 대표성]의 자리가 없을 수도 있다. 그것은 혁명적 이행기에만 어떤 역할을 다할 수 있다. 그것은 혁명 이론의 일부일 따름이며, 통치(government) 이론에는 그 자리가 존재하지 않는 것이다.[17] 바로 이것이 전위 정치에서 우리가 늘 보게 되는 모순의 근원이다. 볼셰비즘(Bolshevism)이라는 20세기의 주요한 실례에 이르기까지 말이다.

여하튼 부분적으로만 공인된, 체현에 의한 대표성 이론은 새로운 정치 형식을 낳았다. 그것은 새로운 유형의 활동적인 전위 집단들 뒤에 놓여 있었다. 그 집단들 가운데 가장 잘 알려진 예가 바로 자코뱅주의자들이다. 프랑수아 퓌레는, 오귀스탱 코생(Augustin Cochin)을 따라, [혁명기 프랑스에서] 삼부회가 소집될 때까지 각종 사상모임(sociétés de pensée)이 얼마나 중요한 역할을 수행했는지를 보여주었다.[18]

우리는 여기서 하나의 정치 유형을 위한 이론적 기반을 볼 수 있다. 그 정치는 1792~1794년 [프랑스 혁명의] 분별없는 정점기를 통해 우리에게 잘 알려졌고, 예컨대 레닌주의적 공산주의 등으로 이어지는 근대적 전통을 낳은 바 있다. 그것은 개인적 의지와 일반의지의 융합으로서 덕성의 정치이며, 지극히 '이데올로기적인', 심지어 유사 종교적인 정조까지 띠는 선악 이분법적(Manichaean) 정치이다. 이는 투명성을 추구하며, 따라서 자신의 대척점에 있는 은밀한 의제와 음모를 두려워한다. 그리고 다음과 같은 두 가지 대의 형식을 실천한다. 첫째, 담론적이고 유사 연극적인 형식들 속에서 일반의지를 명확히 하는 것이다. 둘째, 암묵적일 뿐일지라도 일종의 체현에 의한 대표성을 주장하는 것이다.

분명 이러한 정치가 루소주의적 처방들을 충실히 따를 수는 없었다. 예를 들면, 그것은 대의제 의회를 절대적으로 금하는 루소에 찬동할 수 없었다. 거의 3천만 명이 살아가는 거대한 나라에서 그것은 당연히 실행 불가능한 것이었다. 그러나 의회에 대한 루소주의적 의심은 자코뱅당의 실천에서도 여전히 작동했다. 특히 그들이 1793년 5~6월처럼 파리 시민을 선동해 의회에 반대하고 심지어 그것을 축출하도록 했을 때는 더욱 그러했다. 여기서 인민의 직접 행동(direct action)은 (부분적으로) 타락한 대의기구에 대한 마지막 수단의 사용을 의미했다.

이러한 이론과 그에 영감을 받은 실천들이 그 결과 면에서 폭발적인 잠재력을 띠었다는 점을 이해하려면 그것들을 앞에서 정의한 맥락 안에 가져다놓으면 된다. 이는 부정적인 사실들에 의해 규정되는 맥락이다. 먼저 [프랑스의] 사회적 상상에는, 미국에서와는 달리, 인민에 의한 통치가 제도적 용어로 무엇을 의미하는가에 관한 기존의 합의가 없었다. 두 번째로, 왕권에 대한 불합리하고 변덕스런 타협은 안정을 가져왔지만, 그러한 안정은 과거와 연속성을 가진다는 점 때문에, 루이와 그 측근들을 은밀하게 반대하는 세력에 의해 결정적인 위험에 처해 있었다. 이와 같은 틀 속에서 인민 주권에 관한 이론들 전반은 매우 중요해진다. 특별히 그 이론들 모두가 루소로부터 파생된 급진적 해석을 포함하고 있다는 점은 결정적인 결과를 낳았다.

그렇다면 우리는 지금 1792~1794년의 '과도한 일들'(excesses), 특히 공포정치를 혁명가들이 지지한 이데올로기의 탓으로 돌려 비난하고 있는 셈인가? 이는 너무나 단순화된 논리일 것이다. 전체 이행에서 우리가 고려해야 할, 좀 더 중요한 측면이 하나 있다. 우리는 이론에 의해 양산된 새로운 정치 형식과 관행들만을 갖게 된 것이 아니다. 새로운 해석 아래서 포착된 예전 관행도 있다. 그것은 구체제(ancien régime)* 시기 프랑스의 엘리트 아닌 계층에서 발전했던 민중 폭동과 반란의 양식이었다. 이는 고유의 논리에 의해 구조화되었다.

세상 돌아가는 꼴을 참을 수 없게 되자, 프랑스의 농민과 도시 거주민은 그들만의 방식인 농민 봉기 또는 시민 소요로 자신들의 요구를 알렸다. 도시에서 밀 가격이 치솟고, 지역 상인들이 가격을 올리기 위해 매점매석을 하고 있다는 의혹이 불거지자, 시 당국이나 못마땅한 상인들을 목표로 삼는 폭동이 발발했던 것이다. 이들은 종종 근대적 감수성으로는 소름끼치는, 일정 부분 의례화된 폭력으로 살해당했다(예를 들어, 희생자들은 참수당했으며, 그들의 머리는 막대에 꽂혀 이리저리 옮겨지고 전시되었다). 그러자 국왕의 정부는 이에 대응해 군사를 보내고 질서를 회복했으며 본보기로 몇몇을 처벌했다(구체제 하의 공개 처형을 비롯해, 의례적 요소를 갖춘 더 많은 살해).[19] 하지만 그들은 곡물의 최고 상한가를 정하고 다른 곳에서 재고를 수입함으로써 곡물의 가격을 낮추는 조치 또한 확실하게 취해주었다.

어떤 관점에서는 피비린내 나는 이 모든 과정을 권력이 있는 최상층부와 기층민 사이의 교환, 확실하게 이루어진 불만목록(cahier de doléance)의 법제화로 볼 수도 있다. 그러나 이 모든 교환을 틀 짓는 배경에서는 권력이—인민 주권을 정의하는 이해방식의 완전히 정반대편인— 최상층부에 여전히 남아 있다는 점을 인식해야 할 것이다. 그러한 반란은 인민 권력을

---

* 구체제: 프랑스 사에서 16세기에서 프랑스 혁명까지의 시기. 연대기적으로 전 시기이면서 질적으로도 낡은 시기라는 의미를 담고 있다. 프랑스 혁명이 자신이 무너뜨린 체제를 구체제로 규정함으로써 스스로를 신체제로 명명하였다. 하지만 구체제는 프랑스 사에서 국가가 종교의 지배에서 벗어나 점차 세속화하고, 정치, 경제, 사회 등 여러 부문에서 제도가 정비된 근대의 시기이기도 했다.

주장하지 않았다.[20] 오히려 사람들은 훌륭한 왕이 대신과 각료들에게 배신당해왔으며, 누군가가 왕의 이름으로 이 상황을 바로세울 필요가 있다는 매우 오래된 신화에 종종 만족했다. 따라서 1775년에는 폭도들이 필경 '왕의 명령'[21]이라며 곡물의 재고를 쥐고 강제로 가격을 고정시켰다. 이런 식으로 활동했던 민중계급이 주권을 가진 인민으로 행동하려면, 우선 자기의 레퍼토리를 변환시켜야만 했던 것이다.

'혁명을 종식시키는' 데 크게 기여했던 것은 인민의 레퍼토리에서의 이러한 변환, 즉 정기적이며 질서 잡힌 선거에 인민 의지의 표현이라는 의미를 부여하는 새로운 사회적 상상의 발전이었다. 그 과정에는, 늘 그랬듯이, 오래된 실천들을 새로운 방식으로 재해석하기 위한 투쟁이 있었다.

1789년 7월 14일에 있었던 바스티유 감옥의 습격을 보자. 여러 면에서 이것은 구식의 민중 반란이었다. 반란의 목적은 특수하고 제한적이었다. 즉 스위스 용병의 위협으로부터 파리를 지키기 위해 바스티유에 보관되어 있을 것으로 추정되던 무기들을 손에 넣는 것이었다. 그리고 이 반란은 파리 시장을 참수형에 처하고, 그의 목을 막대 위에 내걸어 전시하는 전통적인 폭력 의식으로 끝이 났다. 그러나 바스티유 습격은 인민 권력의 주장으로 여겨졌다. 식민지 거주민들이 이미 확립된 자신들의 전통적 권리의 이름으로 일으켰던 반란이 나중에 인민 주권의 개혁적 행위로 재해석되었던 것처럼 말이다. 감옥이라는 건물의 중요성은 더 이상 그곳에 무기가 있다(사실 그곳에는 무기가 없었지만, 사람들은 있을 것으로 믿었다)는 불확실하고 특수한 사실에 있는 것이 아니라, 왕의 독단에 의해 자의적으로 감금된 사람들이 있는 시설로서의 핵심적이고 상징적인 성격에 있게 되었다.

사실, 윌리엄 시웰(William Sewell)이 보여준 바와 같이, 이 행동은 처음에 엘리트들과 의회에 어떤 불안감을 불러일으켰다.[22] 모든 이가 결과(왕실 군대의 후퇴)에 만족했지만, 썩 마음에 내켜하지는 않았다. 이용된 방법을 완전히 반대하는 것은 아니었다 할지라도 말이다. 그것은 토지 소유계급이 언제나 두려워했고 헌법 개정이 피하고자 했던, 일종의 인민 폭력의 발발이었다. 이 행위에 인민 의지의 표현, 그리고 자기방어를 위한 인민의 자주적 권리의 표현이라는 새로운 해석이 주어진 것은 나중의 일이었다. 그것은 새로운 실천, 즉 혁명적 봉기의 토대였다. 지금 우리가 아는 것처럼, 그것은 길고도 종종 피비린내 나는 경로를 겪게 될 운명이었다. 그러나 그것을 도시 지역 폭동들의 오랜 전통과 이어주는 연속성이 없었더라면 이 새로운 형식과 거기 생명력을 불어넣은 상상이 그토록 빠르게 정착될 수는 없었을 것이다.[23]

이러한 창조적인 착각(creative misremembering)은 사회적 상상의 변형에서 큰 역할을 했다. 그것은 정확히 일 년 뒤의 혁명기념일(Fête de la Fédération)에서 의례적으로 언급되었다. 이를 통해 라파예트(Lafayette)는 혁명을 더 온건한 형태의 입헌군주제 안에서 안정시키기를 희망했다. 그리고 그것은 물론, 인민 지배로의 전환을 상징하는 그날로서 프랑스 공화국의 국가적인 연례 축제가 되었다.

그러므로 회고적인 재해석이 이루어진 미국과 프랑스 두 경우 모두에서, 새로운 상상은 훨씬 오래된 상상에 빚을 지고 있다. 오래된 상상은 연방 헌법이나 혁명 전통과 같은 새로운 형식들을 만들어내는 짐의 일부를 떠맡아왔던 것이다. 그 자연스러운 결과로, 새로운 상상은 기원의 흔적을 담고 있다. 미국의 경우에는 대의제 형식에 부여하는 우선권이, 그리고 프랑스의 맥락에서는 인민 봉기에 대한 찬양, 어떤 의미로는 폭동의 전례(典禮)가 그것이다. 아무튼 결국에는 이 고귀한 봉기의 전통을 안정적인 대의기구들에의 참여와 통합하는 것이 도전적인 과제가 되었다.

문제의 성격상 이러한 종류의 전환이 혁명 직후에 즉시 완수될 수는 없었다. 변화되지 않은 원래대로의 인민 봉기 문화는 사건의 진행 과정에 계속해서 큰 부담을 주었다. 따라서 인민 폭동 문화를 좀 더 자세히 살펴볼 필요가 있다. 이는 매우 광범위한 주제다. 지방에서 일어난 폭동들의 전반적인 결과는 혁명 과정에 매우 강력한 영향을 미쳤다. 하지만 파리에서 벌어진 당파 간 싸움에 직접적으로 영향을 준 것은 바로 도시 지역의 소요 사태들이었다.

예를 들어, 식량 폭동만 보더라도, 그것들은 확실히 정상가격에 대한 인민의 관념을 토대로 하고 있었다. 그러한 관념은 민중계층의 이른바 '도덕경제'(the moral economy)에 핵심적인 요소였다. 도덕경제란 경제관계에 대한 규범적이면서도 종종 암묵적인 관념을 말한다. 당시 발전하고 있던 자본주의에 대한 민중적 적대감의 바탕에는 인민이 공유했던 이 관념이 깔려 있었다.[24] 물론 어느 누구도 이 [도덕경제의] 규범들이 완전하게 실현될 것으로 기대하지는 않았다. 인민은 억압적인 제도와 권력자들—귀족, 부유한 상인, 세리 등—의 무게를 너무 의식하고 있었던 것이다. 그러나 정말로 견딜 수 없는 상황이 되자, 그들은 개입하지 않으면 안 된다고 느꼈다.

'비정상적인' 가격은 책임이 있고 정체를 알 수 있는 인간 행위자에 의해 언제나 설명 가능했다. 그 범인은 가격을 올려 한 몫을 잡기 위해 재고를 꿍쳐두는 '매점매석자'(accapareur)인 경우가 흔했다. 그러나 때로 민중적 분노가 정부 관리들을 향하기도 했는데, 그들이 상인과 결탁해서 또는 일차적인 범인으로서 제때에 충분한 식량 재고를 가져다줄 의무를 소홀히 했다는 이유에서였다. 민중적 심성(mentality)에서는 무능력이나 부주의보다는 악의가 더욱 문제시되었다. 그런데 자신의 의무를 다하지 못한 공무원들은 무능하다고 여겨지기보다는 보통 사람들의 적으로 여겨졌던 것이다. 이는 공급 부족을 귀족의 계략이라는 관점에서 설명하는 일이 혁명기간 중에 얼마나 쉬웠을지를 말해준다. [지배층의] 무능력이 아니라 악의에 재난과 불행의 책임이 지워졌던 것이다.

이러한 심성에는 두 가지가 결정적이었던 것처럼 보인다. 첫째, 그것은 비개인적인 메커니즘에는 거의 여지를 두지 않는다. 즉 거기에는 새로운 경제 개념을 위한 자리가 없었다. [공급] 부족이나 과잉이 시장의 어떤 상태에 의해 설명되며, 먼 나라의 사건들에 의해서도 영향을 받을 수 있다고 보는 경제 개념 말이다. [민중적 심성에서는] 만일 가격이 오른다면, 이는 매점매석자들이 우리에게서 더 높은 가격을 받아내기 위해 재고를 감추기 때문이다. 물론 사람들은 수확이 좋을 수도, 나쁠 수도 있다는 사실을 알고 있었고, 이런 점에서는 공급 부족 또한 자연적 현상이었다. 그러나 그들은 적어도 가격이 최대한으로 엄청나게 치솟는 것을 막기 위해, 책임을 맡고 있는 권력자들이 필요한 공급량을 어느 한도 내에서는 다른 곳에서 가져올 수 있다고 생각했다. 이는 말하자면, 그들이 신민(subject)의 심성을 지니고 있었다는 또 다른 징표이다. 신민은 지배자들이 실제로는 갖고 있지 않은 권력을 갖는다고 보는 경향이 있기 때문이다. 이는 또한 명백히 자본주의의 대척점에 있는 심성이기도 하다. 왜냐하면 비개인적 법칙들에 의해 질서 지어지는 경제, 새로운 정치경제학의 중심이 되는 이 경제를 위한 자리가 이와 같은 심성에는 없기 때문이다. 게다가 그것은 모든 악에 대한 개입주의적 구제책을 요구하는 경향이 있었다.

직접 개입의 힘에 대한 이러한 믿음은 이 사고방식이 갖는 두 번째의 중요한 측면을 반영한다. 만약 일이 잘 되어가고 있지 않다면, 그것은 언제나 누군가의 잘못이다. 우리는 악행을 저지른 자를 규명하고 그에 맞서 행동할 수 있다. 더구나 책임이 있는 행위자는 언제나 악인—어떤 재앙의 무의식적이고 본의 아닌 원인이 아니라, 악의를 품고서 심지어 범죄를 저지르는 행위자—이기 때문에, 그에 맞서는 행동은 악인의 행위에 대한 제압만이 아니라 악인에 대한 처벌을 의미한다. 정의의 기본적 의미는 이를 요구한다. 하지만 그 이상의 무엇인가·역시 있었다. 즉 응징은 잘못을 벌하는 의미뿐만 아니라, 종종 유해한 요소를 정화하는 의미를 갖는다는 것이다.

이 마지막 요인은 어째서 처벌이 때때로 극단적이며 폭력적이었는지를 설명해준다. 예컨대, 매점매석자는 죽음에 이를 수도 있었던 것이다. 이는 또 처형을 포함한 처벌의 상징적이며 유사−의례적인 차원의 의미를 깨닫게 해준다. 비록 목표는 무력화된 구체적 적대의 형식 속에서 악을 제압하는 동시에 주술상징적인 수준에서 악을 제거하는 데 있었지만 말이다. 우리는 (우리에게는 낯선) 구체제의 형법 세계에 있다. 그리고 거기에는 상징적 수준에서 범죄를 소탕하려 드는 '명예로운 배상'(honorable amends)이라는 전혀 다른 형식들이 있다. 루이 15세의 시해를 기도한 죄로 다미앵(Damiens)에게 내려졌던 처벌에 대한, 푸코의 매혹적이면서도 불온한 설명을 읽어본 사람이라면 그 생생한 의미를 알 수 있을 것이다.[25]

요컨대, 이러한 사고방식 속에서는 죄를 지은 쪽 역시 희생양인 경우가 많았다고 말할 수 있을 것이다. 알베르 소불(Albert Soboul)은 다음과 같은 사례를 들고 있다.

희생양 살해: 1789년 7월 22일 그레브(Grève) 광장에서 파리의 재무관 베르티에 드 소비니(Berthier de Sauvigny)와 그의 장인이자 국가 자문관인 풀롱 드 두에(Foullon de Doué) 타살. 풀롱 드 두에는 언젠가 인민은 빵이 없다면 건초라도 먹어야 한다고 공언한 것으로 보고되었다. 그는 비트리(Vitry)에서 체포되어 파리 시청으로 끌려갔다. 아르디(Hardy)에 따르면, 그는 "턱 밑에 한 묶음의 쐐기풀을 달았고, 그의 입 안과 그의 앞에는 건초더미를 나르는 운반차처럼 풀이 놓였다." 시청 건물의 발코니에서 라파예트(Lafayette)는 "풀롱 나리가 감옥에 가야 한다는 데 동의하는 사람들은 모두 손을 들라"고 제안했고, 군중은 "그의 목을 매달라, 그의 목을 매달라, 감옥은 필요 없다!"고 소리쳤다. 풀롱은 군

중에게 붙잡힌 채 그레브 광장으로 끌려가 "거기에서 가로등 기둥에 밧줄로 목을 매 30피트 높이까지 끌어올려졌다. 하지만 밧줄이 끊어지자 사람들은 그를 여러 번 다시 매단 후 결국 그의 목을 잘라 막대 끝에 내걸었다." 베르티에는 장인의 머리에 입을 맞추어야만 했으며, 그 후에 학살되었다. 철저한 모욕: 시체들은 벌거벗겨진 채 거리로 질질 끌려다녔다.[26]

우리는 이 장면 연출에서 잔인하고도 무서운 유머감각을 볼 수 있다. 풀롱 자신은 건초를 먹는 사람의 역할을 해야 했는데, 이는 그가 인민에게 바랐던 몫이라고 소문으로 떠돌았던 내용대로다. 그러나 명예로운 배상의 의식이 축제 분위기 속에서 하나의 즐길 거리이자, 인민 권력의 확인의 일환으로 벌어진다는 사실은 어쨌든 이 의식이 갖는 상징적인 정화의 힘과 모순되지 않는다. 우리는 전근대적 의식이 이러한 양면성을 띠는 다른 많은 맥락을 알고 있다. 거기서 인민의 축제 분위기는 결코 의례적 효력과 충돌하지 않는다. 모범적인 예로 카니발이 있다. 사실 양면성에 관해 말하는 것조차 주술에서 깨어난, 근대적이고 '진지한' 우리 심성을 반영하고 있다. 그 심성에서 종교적인 것, 영적인 것은 웃음이나 자발성과는 잘 어울리지 않는 것으로 여겨진다. 우리의 시각은 조상들의 종교에 대한 [우리 자신의] 오랜 억압을 드러낸다. 그 억압이 우리를 '근대적'으로 만들었던 것이다. 집이나 가게 약탈과 같은, 매점매석자들에게 주어진 조금은 덜 극단적인 처벌에 관하여 소불 자신은 이렇게 말하고 있다. "약탈은 종종 방화와 함께 이루어졌다. 그런데 방화는 더 강력한 상징적 의미를 갖는다. 시각적인 장관을 연출하는 동시에 전면적인 파괴력을 과시하는 방화는 거의 마법적이면서도 확실히 정화하는 것 같은 가치를 부여받는다. 폭동에 참여하는 인민은 모든 억압과 참상의 상징을 불로써 파괴했던 것이다. 인민은 1788년 8월에는 감시 초소를, 바스티유 감옥 탈취 전에는 파리 세관의 방벽을, 대공포(Grande Peur)* 시기에는 토지대장들과 몇몇 성을 불태웠다."27

풀롱의 말, 그 간단한 말이 그렇게나 극단적인 처벌을 받을 만한 것처럼 보였다는 사실은 혁명 상황과 관련이 있다. 그러나 이는 또한 민중적 시각에서는 악행을 저지른 자의 악의에 강조점이 두어졌음을 드러낸다. 풀롱이 왕실 관료인 재무관과 연계되어 있었고 따라서 뭔가 혐의가 있었을지라도 정작 그가 했던 일은 그렇게까지 심각한 것이 아니었다. 하지만 그의 (것으로 추정되는) 말은 적의와 경멸의 적나라한 표현이었던 것이다.

이러한 민중 반란의 문화는 혁명의 과정, 특히 공포정치**로 미끄러지게 되는 1792~1794년의 **일탈**(dérapage)에 관해 무엇을 밝혀주는가? 일단 우리가 전쟁과 지역의 무장 저항세력이라는 외부 상황만으로 공포정치를 설명하겠다는 시도를 포기—그리고 프랑수아 퓌레는 이러한 설명들이 그다지 설득력 있지는 않다는 점을 설득력 있게 보여주었다28—한다 해도, 그것을

----

* 대공포(Grande Peur): 프랑스 혁명 초기인 1789년 7~8월 농촌에 널리 퍼졌던 사회불안 현상. 농업 위기에 따른 농업 무산자들과 부랑인구의 증가, 공업 노동자의 실업사태 등이 대공포 발생의 사회적 원인으로 여겨진다. 경작 농민들은 부랑자들의 약탈이나 강도단의 습격에 대한 불안으로 심리적인 공포에 사로잡혔으며, 혁명진행 과정에서는 귀족들의 반혁명 음모와 외국군 침입에 관련된 유언비어가 널리 퍼졌다.

** 공포정치(Terreur, 즉 Terror): 프랑스 혁명이 한창이던 1793년 9월 5일부터 1794년 7월 27일까지 혁명정부가 실시한 독재정치. 1793년 6월 지롱드당 의원을 국민공회에서 추방하고 권력을 잡은 자코뱅당이 9월 반혁명 용의자에 대한 법령을 제정하고, 공안·보안 두 위원회의 군사·관료 지배 체제를 완성하면서 시작되었다. 10월 국민공회는 임시정부를 '혁명정부'로 개칭하고 공포정치를 승인하였다. 혁명정부의 권한은 대(對)유럽전쟁의 수행에 필요한 최고가격제와 물자통제, 배급제로 더욱 강화되었으며, 반혁명세력의 위험이 증가하면서 용의자들에 대한 정부의 탄압도 극심해졌다. 공포정치 기간 동안 약 30만~50만 명의 반혁명 혐의자들이 수감되었으며, 3만 5천~4만 명이 처형되었다. 1794년 7월 온건파의 반혁명[테르미도르의 반동]이 일어나 로베스피에르가 처형당하고 자코뱅당이 몰락하면서 공포정치는 막을 내렸다.

주로 로베스피에르(Robespierre)와 자코뱅당 같은 더욱 급진적인 집단을 고취시켰던 이론들과 관련지어 이데올로기적 용어로 설명하고 싶어질지도 모르겠다. 이 이론들이 효과를 발휘하지 않았던 것은 아니지만, 직접적인 이데올로기적 해석은 지나치게 단순하다.

이 해석이 고려하지 않은 채 남겨둔 것은 사건의 진행과정에서 종종 상퀼로트(sans-culottes)*라 불린, 파리 내 민중 세력이 엄청난 비중을 차지했다는 점이다. 그들은 실로 사건의 지렛대 역할을 할 만큼 대단한 힘을 갖고 있었다. 그들의 지지는 혁명으로 가는 다양한 지점들, 심지어 혁명의 존속에도 필수적이었다. 또 그들은 테르미도르(Thermidor)[프랑스 혁명력의 제 11월, 열(熱)의 달] 때까지의 분파 간 전투에도 결정적으로 개입할 수 있었다.

우리는 이 관계들의 시초를 다른 식으로 정식화할 수 있다. 우리는 상퀼로트들이 혁명을 '구했다'고 말할 수 있는데, 왜냐하면 반혁명 세력들이 혁명을 진압하려고 위협했던 결정적 순간에 인민의 행동이 형세를 뒤엎었기 때문이다. 이는 분명 1789년 7월 상황에 대한 그럴듯한 해석이다. 이 때 왕은 파리에 군대를 보냈고 인민 폭동은 왕에게서 퇴각을 이끌어냈다.

아니면 우리는 이 세력관계를 다른 각도에서 바라볼 수도 있다. 혁명 엘리트들은 나라 안팎의 왕당파 무장병력에 대한 지원 요구를 아예 논외의 일로 쳤다. 그렇기에 그들은 자신들이 진압할 수 없는 민중 운동에 직면해

---

* 상퀼로트(sans-culottes): '반바지를 입지 않은'이라는 뜻의 프랑스어로, 프랑스 혁명 때는 남루한 옷차림새에 장비도 허술했던 혁명 의용군을 가리키다가 나중에는 급진민주파를 가리키게 되었다. 이들은 대부분 빈민층이거나 하층민의 지도자들로, '반바지를 입는' 귀족, 부르주아지와 계급적으로 구분되었다. 상퀼로트들은 바스티유 습격, 베르사유 행진, 1792년 8월 10일 봉기 등을 주도했다. 공포정치 기간에는 공무원들과 고등교육을 받은 사람들이 스스로를 '상퀼로트 시민들'(citoyens sans-culotte)로 일컬었다.

있는 셈이었다. 이는 1792년 8월 10일에 일어났던 일이며, 테르미도르까지 주기적으로, 그리고 약간은 위협적인 형태로 되풀이되었다. 1792년 9월 학살 동안의 상황은 특히나 극적이었다. 공화국의 부르주아 지도자들은 그러한 상황을 승인하기는커녕, 공포에 사로잡혀 있었다. 하지만 그들은 무력하다고 느끼면서도 왕당파의 무장병력에 호소하지는 못했다. 그것은 상상할 수도 없는 일이었으며 그들에게는 자살이나 다를 바 없는 일이 될 터였다.

그래서 그들은 사태가 그대로 진행되도록 내버려둬야만 했을 뿐만 아니라 심지어 민중 운동에 앞장서야만 했고, 인민의 프로그램을 더 잘 통제되고 온건한(그들은 그렇게 희망했다) 자기들의 판본으로 실행해야만 했다. 이는 모종의 공포(terror)라는 요소를 포함하고 있었다. 따라서 공포정치(Terror)가 있어야만 했던 것이다. 이를 당통(Danton)*은 그 다음 해에 이렇게 표현했다. "앞선 이들의 실수로부터 교훈을 얻읍시다. 입법의회(Assemblée Législative)가 하지 못했던 일을 해냅시다. 인민 스스로가 공포를 자행하는 수고를 덜 수 있도록 우리가 공포를 실천합시다."[29] 그러나 그 동기는 실제로 인민의 예민한 감정에 대한 관대한 태도가 아니었다. 그것은 기본적으로 [혁명의] 존속의 문제였던 것이다. 그 뒤, 경쟁의 역학에 의해 존속은 점점 더 좁게 규정되기에 이른다. 애초에는 혁명의 존재가 바로 문제였다. 그 후에는 혁명과 스스로를 동일시한 정당의 생존이, 그리고 나서는 그 정당의 분파들의 생존이 중요해졌다. 이는 테르미도르 9일 덜 위협적인 군사적 맥락에서 일어난 궁극적 붕괴**에 이르기까지 그러

---

* 조르주 당통(Georges Jacques Danton, 1759~1794): 프랑스의 혁명가이자 정치가. 자코뱅 당의 우파에 속하였으며, 혁명적 독재와 공포정치의 완화를 요구하다가 로베스피에르에 의해 숙청당했다.
** 테르미도르 9일 덜 위협적인 군사적 맥락에서 일어난 궁극적 붕괴: 공포정치가 계속 이어지자 반대파는 혁명력 2년 테르미도르[열의 달] 9일(1794년 7월 27일)에 로베스피에르를 국민

했다. 혁명가들이 서로를 공격함에 따라 인민은 중재자가 되었다. 이는 위에서 기술된 두 번째 의존 양식이다.

이 모든 것은 한동안 파리의 민중계급의 시각과 열망이 혁명정부의 형태와 조치에 중요한 영향을 끼쳤음을 의미한다. 사회 엘리트들은 결코 지배권을 상실하지 않았다. 뮌스터(Münster) 1536*의 재연은 없었다. 급진 정치 기간 내내 기적은 바로 다음과 같은 사실에 있었다. 즉 비록 숙청되고 위협받기는 했지만 그럼에도 불구하고 이론적으로는 국민공회(Convention)가 계속 상황을 통제하였고, 이것이 테르미도르(Thermidor)에 이르르는 이 [급진정치의] 시기 전체에 종지부를 찍게 해주었다는 점 말이다. 아마도 정치적 책략가로서 로베스피에르가 갖추었던 천재성이야말로 의회 형식의 존속을 설명해준다고 누군가는 역설적으로 말할지도 모르겠다.

그러나 한동안 혁명 엘리트들은 그들이 좋아할 수 있는 정도보다 훨씬 더 나아가버린 인민의 열망, 목표와 함께 가야만 했다. 소수의 로베스피에르주의자들조차도, 어떤 반자본주의적 경제통제 조치를 채택해야만 했을 때는 굉장히 꺼려하며 마지못해 하는 식이었다.

이것은 혁명 극단주의의 시기가 이중적 원천을 갖고 있음을 의미한다. 하나의 원천은 명백히 루소로부터 유래한 모델의 이론과 담론 안에 있었다. 하지만 그것은 또한 민중적 반란의 심성에도 뿌리를 두고 있었다. 그리고 이 두 시각은 많은 점에서 평행선을 달렸다.

대의제에 대한 의구심이 그 중 하나였다. 비록 그때까지도 과거가 무겁게 짓누르고 있기는 했지만, 인민 주권이 직접 행동 속에서 모범적으로 표

공회에서 숙청했다.
* 뮌스터(Münster) 1536: 뮌스터 시의 종교개혁운동이 확산되자 가톨릭 교회들은 연합군을 조직하여 1535년 시를 공격했고, 투쟁 끝에 뮌스터는 결국 1536년 함락 당했다.

현된다는 점을 상퀼로트들에게 확신시키기는 쉬웠다. 엘리트들은 민중 반란의 결정적인 나날들(journées)*에 지도력과 프로그램을 제공해야만 했다. 그 중요한 예외로 1795년 3월 테르미도르의 날 이후를 들 수 있는데, 인민은 일단 국민공회(Convention)**를 에워싸고 나자 이상하게 수동적이 되었고 마치 지휘 없이는 그 다음에 해야 할 일이 무엇인지를 모르는 것 같았다.[30] 낡은 모델은 여전히 작동하고 있었다. 그 모델에서 반란이란 권력을 통제하는 것이기보다는, 필요한 조처를 권력이 취하게끔 유도하는 것을 뜻했다.

더욱이 도덕주의, 루소주의적 이데올로기의 선악 이분법은 인민의 심금을 건드렸다. 단순한 불만이 반역으로 변질될 수 있다는 점은 모든 재앙에는 뭔가 사악한 원인이 있다는 믿음과 잘 맞아떨어졌다. 그리고 어떤 재앙 뒤에서 하나의 음모를 보려는 경향은 민중문화와 엘리트 이데올로기 모두에 공통되는 것이었다. 실제로 여기에서의 수렴은 그 자체로 상호영향의 결과였다. 음모와 공모라는 대중적인 수사학은 일찍부터 나타났고, 마라(Marat)와 같은 선동가들에 의해 널리 유포되었다. 이것이 혁명 이데올로기 그 자체의 형성을 도왔을지도 모른다.

하지만 가장 놀라운 수렴은 바로 공포정치에 있다. 이는 처벌받아 마땅

---

* 민중 봉기의 결정적인 나날(journées): 혁명의 나날(journées)이라는 용어는 민중 봉기의 동의어로 자주 쓰였다. 1789년 7월 14일(바스티유 습격사건), 1789년 10월 5∼6일(여성들의 베르사유 시위), 1791년 7월 17일(샹드마르스 대학살), 1792년 8월 10일(군주정 붕괴), 1793년 5월 31일∼6월 2일(지롱드파의 몰락), 혁명력 2년 테르미도르 9일(1794년 7월 27일, 로베스피에르 실각) 등이 대표적인 예로 꼽힌다.

** 국민공회: 1792년 9월 20일부터 1795년 10월 26일까지, 프랑스 혁명 기간 동안 존속했던 입법기관. 왕정 붕괴 뒤 새 헌법을 만들기 위해 선출된 국민공회는 여러 분야의 전문가, 사업가, 상인을 포함한 749명의 의원으로 구성되었다. 국민공회의 참가자로는 자코뱅파의 막시밀리앙 드 로베스피에르, 장-폴 마라 그리고 조르주 자크 당통 등이 있었다. 초기 활동으로 왕정을 공식적으로 폐지하고 공화제를 확립했다.

한 반역자이자 적으로 여겨졌던 재앙의 중개자들을 향한 폭력이었다. 그러나 시간이 흐르자, 로베스피에르는 덕성과 정화의 담론에 더 많은 자리를 내주었다. 테르미도르 이전의 몇 주 동안, 공포정치 최후의 거대한 한 판승부는 악의 공화국을 정화시켜야 할 필요성에 의해 정당화되었다. 그 결과, 그것은 아주 순수한 것으로 나타날 수 있었다.

다시 말해, 민중문화와 엘리트 이데올로기는 모두 희생양의 교의 위에서 수렴되었던 것이다. 정신분석학적 용어를 빌자면, 공포정치는 이 두 가지의 종합(synthesis)으로서, 일종의 타협 형성(compromise formation)* 이었다. 민중문화와 엘리트 이데올로기 양쪽 모두가 이 종합에 무엇인가를 가져왔다. 우리는 다음과 같이 주장할 수 있다. 즉 폭력과 정화라는 양식으로 변할 수 있는 루소주의적 덕성정치의 잠재력의 극단이 기층 민중을 따르면서 선도해야 할 엘리트들의 필요성에 의해 현실화되었다고 말이다. 그 잠재력은, 엘리트들이 계속 통제하고 있는 상황에서라면 아예 무대 위로 떠오르지 않았을지도 모른다.

동시에 처벌과 정화에 대한 인민의 충동은 그 자체가 주술상징적 요소들에 의해 정화되었다. 그것은 '근대화'되고 '합리화'되었다. 이는 다음과 같은 몇 가지 변화를 의미한다. 첫째, 그 충동에 합리적이고 도덕적인 근거가 주어졌다는 것이다. 덕성과 정화의 합리적 이론에 따라, 정말이지 죽어 마땅한 자들만이 표적이 되었다. 둘째, 처벌은 구체제의 잔혹한 상징주의를 대체하는, 단두대(guillotine)라는 근대적, '과학적' 도구를 통해

---

* 타협 형성(compromise formation): 프로이트에 따르면 성욕, 공격성과 같은 본능은 정신을 구성하는 이드, 자아, 초자아 간의 갈등과 불안을 일으킨다. 그 결과 생겨난 방어 기제는 본능의 충동을 하나의 어떤 타협물로 만들어 현실에 드러내는데, 이를 타협 형성이라고 한다. 정신질환의 증상 역시 타협 형성의 일종이다. 그것은 어떤 본능을 대신 표출하는 것인 동시에, 그 본능에 대한 금지를 체현하는 것이다.

합리적이고 '깔끔한' 형식 속에서 이루어졌다. 셋째, 전통적인 민중문화에 필수적이었던 요소들, 즉 축제 분위기와 잔인성의 뒤섞임, 웃음과 도살의 카니발적 난잡함이 의례로부터 제거되었다. [희생양에 대한 처벌과 정화 의례를 위해] 어떤 이는 합리적 기준들을 적용한다. 또 어떤 이는 적절한 심사숙고를 거친 뒤 냉정하게 그것들을 적용한다. 그리고 또 다른 사람이 근대적이고 효율적인 기계를 이용해 직접적이며, 거의 임상의학적인 방식으로 죽음을 다루는 것이다.

이는 마치 희생양 제도가 탈주술적인 종교개혁을 거쳐, 이성의 시대에 알맞게 만들어진 것 같다. 이성에 관한 로베스피에르의 담론이 전례 없는 광기의 형식과 점점 더 닮아간 것은 약간 놀라운 일이다. 이는 청렴세력(the Incorruptible)이 1794년 여름에 다다른 지점이었던 것으로 보인다. 로베스피에르는 아마도 애초에는 단지 필요한 합리화에 지나지 않았을 신화에 정말로 사로잡힌, 자기 담론의 포로가 되고 말았다. 그는 점점 더 비현실적인 계획들을 향해 앞으로 질주했다. 절대자(Supreme Being)의 향연과 더불어, 사물의 형이상학적 기초를 명확히 규정하려는 희망은 거기에서 점점 더 많은 희생자를 태운 사형수 호송차와 나란히 달려가고 있었다.[31]

이는 지속될 수 없었고, 테르미도르와 함께 끝이 났다. 그러나 그것은 우리에게 민주주의 혁명과 희생양적 폭력 사이의 연관성이라는 골치 아픈 유산을 남겼다. 이 연관성은 두 세기가 지나 새로운 맥락에서 다시 등장한다. 그것은 언제나 자기 파괴적이지만, 결코 영원히 사라질 것 같지 않다. 그것은 근대성의 가장 우려되는 특징들 가운데 하나이기도 하다.[32]

이렇게, 18세기의 위대한 두 혁명은, 새로운 사회적 상상과 전통적인 사회적 상상 간의 상호작용이라는 관점에서, 인민 주권의 시대를 열었다.

그 상호작용은 두 혁명 각각의 추이를 결정짓는 데 이바지했다. 상호작용은 특히 복잡했고 충돌을 빚었으며, 낡은 상상과 새로운 상상 사이의 예기치 않은 타협을 내포하였다.

게다가 프랑스 혁명은 그것이 설정한 문제에 대한 해결책을 만들어내는 데 실패했다. 혁명이 인민 주권이라는 새로운 정당성 관념을 채택했다면, 그것을 위한, 또 그에 걸맞은 안정적인 제도는 어떻게 생산할 것인가 하는 문제 말이다. 이는 다시 반대로 이들 제도의 의미를 이해하는, 널리 공유된 사회적 상상의 발전을 요구할 것이다.

상이한 혁명 분파들 사이의 거대한 투쟁은 국가의 주권을 위한 올바른 제도적 표현은 무엇인가라는 쟁점으로 향했다. 이 질문은 그들 간의 투쟁 용어를 규정했다. 각 분파는 이 원칙을 실현하는 적절한 방법으로 제시할, 제 나름의 정식을 갖고 있었다. 이는 공화국 또는 입헌군주제를 통해서일 수도 있고, 간접적인 대의제 또는 인민과 대표자 간의 좀 더 직접적인 관계를 통해서일 수도 있으며, 상이한 이해관계들의 대의 혹은 일반의지의 하나된 표현을 통해서일 수도 있다. 이 서로 다른 제도와 절차 사이의 결정 불가능한 문제는 결국 무력을 통해 그 모든 것의 경계선에서 결정되어야만 했다. 그렇게 해서 인민에 의해 선출된 국민공회의 구성원들은 1793년 파리 구역 출신 활동가들의 위협 아래 마침내 축출되었고, 이는 인민의 이름으로 이루어질 수 있었던 것이다.

이 투쟁의 용어들—외세의 침공과 내부의 반혁명적 반란이라는 위급하고도 실질적인 위험이 가장 중요한 의제가 되어야 할 것처럼 보였던 그 시기 동안, 특이하게 강렬했던 그 투쟁의 이데올로기적 성격, 올바른 정부의 모델과 이론적 정당화에 부여되었던 엄청난 중요성—은 이러한 맥락 안에서 이해될 수 있을 것이다. 담론은 단순히 집단 이익과 군사적 방어라는 엄혹한 현실의 위장막이 아니었으며, 나중에 총재정부(Directory)* 아래서 더 더욱 진실로 드러나게 될 정세 판단도 아니었다. 오히려 이 모든 논의는 진정이었고, 그 목표는 자파(自派)가 인민 주권의 유일한 정당성 있는 실현을 위해 활동하고 있음을 확인시키는 데 있었다. 이는 다음과 같은 사실을 의미했다. 즉 담론의 내용이 아무리 이상하다 할지라도 일반적으로는 죽도록 진지했다는 것이다. 진정한 인민 대표성의 결정적인 척도가, 이기적이며 분열된 파벌에 대항해 전체를 위해 굳건히 서 있는 지도자들의 덕성에 달려 있다고 보았던 자코뱅주의자들에게조차 그러했다. '죽도록 진지하다'(deadly earnest)는 표현은 특히나 자코뱅주의자들의 경우에 알맞았다.

뛰레가 주장했듯, 혁명 위기의 살인적 광기가 단지 수사학적 거품의 일종이며, 그 거품은 국가적 생존을 위한 실제 투쟁, 또는 집단 간의 실제 투쟁에 의해 걷혔다고 여겨질 수는 없다. 우리는 그 [담론들의] 중심성을 고려해야만 한다.[33] 이러한 수사학적 전투가 민중문화와 그 요구, 기대에 의해 설정된 거대한 세력장(force field)에 의해 기이하고 무서운 형상으로 왜곡되었다는 점을 인정한다 하더라도 말이다.

'혁명의 종식'이라는 문제는 왕정복고(Restoration)*와 19세기로 들어가는 프랑스 사회를 계속해서 따라다녔다.[34] 혁명 직후, 안정의 회복은 일반적으로 승인된 대의제 정부 형태를 통해서만 이루어질 수 있었다. 이는 혁명 시기 전체가 해결하지 못한 채 남겨둔 이중적 문제의 해결을 의미했

---

* 총재정부(Directory): 로베스피에르가 몰락한 뒤, 1795년 8월 부르주아 공화주의에 입각한 제한선거에 따라 입법안 제출권을 갖는 500인회와 그 선택권을 갖는 원로원의 양원제 의회가 구성되었고, 행정부에는 5명의 총재가 취임하였다. 이 총재정부는 기득권 세력의 이해를 옹호하면서 1795년 이후 3년간 존속했으나, 나폴레옹 보나파르트(Napoléon Bonaparte)가 쿠데타로 정권을 장악하고, 의회에서 반대파를 몰아낸 후 통령정부를 구성함으로써 붕괴하였다.
* 왕정복고(Restoration): 1814년 나폴레옹 정권이 실각함에 따라 프랑스 제1제정이 몰락하고 대혁명 이전의 부르봉 왕가가 복귀하여 반동적인 왕정을 다시 세운 사건을 가리킨다. 1814년의 1차 왕정복고, 1815년의 2차 왕정복고를 거쳐 루이 18세, 샤를 10세 등이 통치하였고 1830년 7월혁명으로 루이 필리프(Louis Philippe)의 7월왕정이 수립되면서 종식되었다.

다. 즉 정치 엘리트들은 대의제도에 관한 일정한 합의에 이르렀고, 그 합의는 동시에 인민의 사회적 상상의 일부가 될 수 있었던 것이다.

왕정복고 기간에 나타난 극우 왕당파들의 반대는 상황을 다시 한 번 대단히 어렵게 만들었다. 노동계급의 성장과 더불어 커져가는 사회적 분열은 엘리트 입헌주의와 인민의 레퍼토리 사이의 간극을 메우는 일을 훨씬 더 어려운 것으로 만들었다. 이와는 반대로, 수많은 과격파들에게는 혁명이 적절한 제도적 질서로 이르는 통로일 뿐만 아니라 그 자체가 인민 주권의 모범이 되는 계기로서 계속 살아 있었다. 로버트 툼(Robert Tombs)이 "혁명수난극"(the Revolution passion play)이라고 명명했던, 혁명 시나리오와 같은 무엇인가가 급진적 상상력을 떠나지 않고 인민의 기억 속에 남아 있었다. 1789년의 약속을 마침내 실현시키기 위해 그것이 재연되기만을 기다리면서 말이다.[35] 이러한 상황에서 "혁명은 끝났다"고 제아무리 주장한들 부활한 혁명의 유령은 결코 끝내 매장될 수 없을 것이었다.

하지만 기조(Guizot), 독트리네르(Doctrinaires),* 티에르(Thiers) 그리고 나중에 강베타(Gambetta)가 보았듯, 확실하게 새로운 정당성 원리의 적절한 실현이라고 일반적으로 인정받을 정치 형식들의 진화가 유일한 해결책이 될 터였다. 기조와 독트리네르는 이를 위해서는 새로우면서도 널리 공유되는 사회적 상상의 성장이 필요하다는 점을 이해했다. 하지만 그러한 상상은 참정권을 제한적으로만 보장하는 그들 고유의 엘리트 대의제도를 둘러싸고서는 결코 결집될 수 없었다. 이는 1830년 이후 점차 분명해졌다.[36]

시간이 흘러 프랑스 공화국은 [새로운 사회적 상상과 함께 가는] 그러한 형

---

* 독트리네르(Doctrinaires): 프랑스 왕정복고기에 극우 왕당파와 자유주의자의 중간에서 양자 간의 타협과 화해를 도모했던 정치적 당파를 말한다.

식들을 찾아냈지만, 이는 정책을 모든 성년 남성에 대한 참정권 부여로 전환한 이후의 일이었다. 강베타는, 인민이 질서 잡힌 대의제도 주위에서 새로운 사회적 상상을 발전시킬 수 있는 유일한 길은 선거에 참여하는 것이라고 보았다.[37]

그런데 프랑스에서 확립된 형식들은 영미권의 방식과는 흥미롭게도 상이하다는 점이 밝혀졌다. 피에르 로장발롱은 프랑스에서 보통 선거권이 획득된 독특한 경로를 추적했다. 그는 이러한 공화주의적 전통에서 사회적 상상의 또 다른 형상을 규명해낸다.[38]

1 이는 보기보다 어렵지 않은 이행이었다. 미국의 개척자들은 자신들이 영국인으로서 누리는 권리들을 이미 '천부적' 권리들의 특수한 구체적 표현으로 이해하고 있었기 때문이다. Bernard Bailyn, *The Ideological Origins of the American Revolution* (Cambridge, MA: Harvard University Press, 1992), pp. 77~78, 187~188을 보라.

2 "위임관계가 순수한 지배 형식으로 동화되어버릴 수 있다는 점에 대해, 프랑스에서는 우려가 있었지만 미국에서는 그렇지 않았다." Pierre Rosanvallon, *La Démocratie inachevée* (Paris: Gallimard, 2000), p. 28. 새로운 연방 헌법을 둘러싼 격렬한 논쟁에서 볼 수 있는 것처럼, 대의제 형식에 관한 이 심층적인 동의로도 그 구조에 대한 매우 활발한 논쟁을 막을 수는 없었다. 그것은 심지어 대의제의 본질과 관련된 몇몇 깊이 있는 쟁점들을 불러일으키기도 했다. Bailyn, *The Ideological Origins of the American Revolution*, chap. 5를 보라. 이 기본적인 동의는, 쉐이의 반란(Shay's rebellion)처럼, 의회에서 결의된 법에 대항하는 인민의 폭동도 예방하지 못했다. 중요한 점은 이러한 반란들이 경합할 만한 정당성 양식의 구축을 시도하지 않았다는 사실이다. 오히려 그것들은, 아무리 정당할지라도 체계가 여전히 범할 수 있는 심각한 불의에 맞서는 최후의 수단이었다. 이 점에서 그것들은 오히려, 아래에서 논의되는, 프랑스 구체제에서의 폭동과 유사했다. Patrice Gueniffey, *La Politique de la Terreur* (Paris: Fayard, 2000), pp. 53~57에 나오는 흥미로운 논의를 보라.

3 François Furet, *La Révolution Française* (Paris: Hachette, 1988).

4 Simon Schama, *Citizens* (New York: Knopf, 1989), chap. 4를 보라.

5 Orlando Figes, *A People's Tragedy* (London: Penguin, 1997), pp. 98~101, 518~519.

6 로크는 이미 이러한 메커니즘의 맹아적 형태를 발전시켰다. 소유권에 관한 장에서, 그는 다음과 같이 단언하고 있다. "자신의 노동에 의해 토지를 이용하는 사람은 인류 공동의 자산을 감소시킨 것이 아니라 증대시킨 것이다. 왜냐하면 인간의 삶을 부양하기 위해 [공유지에서 떼어내어] 울타리를 쳐서 경작한 1에이커의 땅에서 생산되는 식량은, 똑같은 비옥도를 가졌지만 개간되지 않은 채 공유지로 놓여 있는 1에이커의 땅에서 생산되는 식량보다 (아주 조심스럽게 말하자면) 열 배는 더 많기 때문이다. 그러므로 자연에 방치된 상태인 100에이커의 땅으로부터 삶의 편익을 얻기보다, 울타리로 막은 10에이커의 땅으로부터 더 많은 양의 삶의 편익을 얻고 있는 사람은 실로 90에이커의 땅을 인류에게 되돌려주고 있는 셈이라고 말할 수 있다." (*Second Treatise of Civil Government*, 5.37)[강정인 · 문지영 옮김, 『통치론: 시민정부의 참된 기원, 범위 및 그 목적에 관한 시론』, 까치, 1996].

7 J.-J. Rousseau, *Du Contrat Social*, Book 1, chap. 6.

8 *Ibid.*, Book 1, chap. 8.

9 *Ibid.*

10 J.-J. Rousseau, "Profession de foi du vicaire savoyard", in *Émile* (Paris: Éditions Garnier, 1964), pp. 354~355.

11 Georges Lefebvre, *Quatre-Vingts-neuf* (Paris: Éditions Sociales, 1970), pp. 245~255에서 재인용.

12 Montesquieu, *L'Esprit des Lois*, Book 4, chap. 5.

13 François Furet, *Penser la Révolution française* (Paris: Gallimard, 1978), p. 276.

14 Jean Starobinski, *Jean-Jacques Rousseau: La Transparence et l'Obstacle* (Paris: Gallimard, 1971).

15 J.-J. Rousseau, *Lettre à d'Alembert sur les spectacles*, in *Du Contrat Social* (Paris: Classiques Garnier, 1962), p. 225. 우리는 이로부터 루소가 추구한 투명성이 얼마나 온갖 형식—정치적, 연극적 또는 언어적 등등—의 대표성의 적인지를 알 수 있다. 어떤 두 지점의 관계에서 투명성과 단일성은 동일한 항이 두 지점 모두에서 나타날 것을 요구한다. 그것들은 x가 y 이전에 어떤 것을 표현할 뿐만 아니라, x가 y를 지배하는 관계를 포함한다.

16 Mona Ozouf, *La fête révolutionnaire* (Paris: Gallimard, 1976).

17 그니피(Gueniffey)는 [앞의 책] 『공포정치』(*La Politique de la Terreur*)에서의 논의에서 이 구별을 적절히 이용했다.

18 Furet, *Penser*, p. 271.

19 다만 이것들이 얼마나 정교하고 (우리가 보기에) 소름끼치는지는 푸코가 『감시와 처벌』(*Surveiller et Punir*)의 매혹적인 첫머리에서 묘사한 다미앵(Damiens)의 처형장면에 자세히 나와 있다. 다미앵은 1757년 루이 15세의 암살을 시도했다.

20 그니피(Gueniffey)의 지적에 따르면, 구체제의 민중 봉기는 "권력에 대한 어떤 권리주장도 표현하지 않으며, 반대로 권력의 자율성에 대한 암묵적인 인정에 부응한다. […] 인민은 주권을 주장했다기보다는 억압당하지 않을 그들의 권리를 강조했다"(*La Politique*, pp. 78~79).

21 Albert Soboul, "Violences collectives et rapports sociaux: Les foules révolutionnaires (1789~95)", in *La Révolution française* (Paris: Gallimard, 1981), p. 578.

22 William Sewell, "Historical Events as Transformations of Structure: Inventing Revolution at the Bastille", *Theory and Society* 25(1996), pp. 841~881.

23 Colin Lucas, "The Crowd and Politics", in Colin Lucas, ed., *The Political Culture of the French Revolution* (Oxford: Pergamon Press, 1988), pp. 259~285. 이 글은 혁명이 도시 군중의 실천에 가져온 변화들을 추적한다. [그에 따르면,] 군중의 실천에 엘리트들이 제안했던 재해석이 어느 정도 영향을 미쳤던 것처럼 보인다. 한 가지 예로, 군중의 요구는 단순히 특수한 내용을 넘어서기 시작했다. 군중은 확실히 좀 더 큰 정치적 목표를 포함시키기에 이르렀던 것이다. 노장-르-로트루(Nogent-le-Rotrou)에서 군중은 전통적인 요구를 국가 정치의 새로운 의제와 결합시키면서, "국가 만세! 밀 값이 싸질 거야!"라고 반복해서 외쳤다

(276). 그리고 혁명력 3년 제르미날[맹아의 달]~프레리알[목장의 달]에 국민공회에 몰려들었던 군중은 "빵, 그리고 [인간과 시민의 권리를 선언한] 1793년 헌법"을 요구했다(278). 이러한 목표의 확장과 연결되면서, 군중은 때때로 혁명적인 모임의 투사들, 즉 일반적 범주에서의 지도자가 아닌 사람들에 의해 동원될 준비가 되어 있었다. 바로 이것이 저 유명한 나날들(journées)[각주 참조]의 공식이었다. 다른 한편, 군중은 여전히 정상적인 권력이 다른 어떤 곳에 존재하는 것을 당연하게 여기는 듯이 보였다. 그들은 정당하게 구성된 권력기관이 자기 책임을 다하기를 기다렸다. 심지어 1795년 국민공회에 몰려들었던 사람들조차도 의사당 안에 들어섰을 때 무엇을 해야 하는지를 알지 못했다. 그들은 급진적인 대표자들의 지휘를 따랐을 뿐이다.

24 Thompson, "The Moral Economy of the English Crowd in the Eighteenth Century", pp. 76~136.

25 Foucault, *Surveiller et Punir*.

26 Soboul, "Violences collectives et rapports sociaux", p. 577.

27 *Ibid.*, p. 579. 소불은 또한 얼마나 많은 집단행동이 정확한 목표를 겨냥하고 있으며, 전통적인 도덕성을 당연히 여기는지 언급한다. "약탈은 상퀼로트들의 토지 평등주의에 부응했다. 존재조건의 불평등은 나쁜 것이라는 명분으로 개인적인 앙갚음이 정당화되었다. 더욱이 약탈에 대한 독려나 변명은 식료품과 일차적인 생필품 가게들만을 대상으로 하는 것이었다." (578) 게다가 보복의 정도는 형상을 만들어 목을 매다는 데서부터 최고형에 이르기까지 일정하게 달라졌다.

28 François Furet, *La Révolution française au débat* (Paris: Gallimard, 1999)를 보라.

29 Soboul, *La Révolution française*, p. 289에서 재인용. 그니피(Gueniffey)는 파리 군중의 영향력으로 말미암아 어떻게 제헌의회(Constituent Assembly) 구성원들의 자유주의적 신념이 아주 일찍부터 변화하기 시작했는지를 보여준다. 이 군중은 마라(Marat)와 다른 이들이 교묘하게 자극했던, 적과 음모에 대한 강박관념에 사로잡혀 있었다. 의회 구성원들 가운데 일부는 인민이 요구하는 바를 수행하는 척이라도 해야 할 필요가 있다고 보았다. 누군가는 '인민의 동요'를 가라앉혀야 했고, 의회 바깥에서의 선동에 대한 '고정종양'[즉 방지책]을 만들어내야 했으며, '야만적이고 원초적이라고 느껴지는 폭력의 분출을 막아야' 했던 것이다(*La Politique*, pp. 81~93).

30 Lucas, "The Crowd and Politics", pp. 259~285를 보라.

31 로베스피에르가 자신의 통치기간의 마지막 몇 달 동안 보여주었던 허황한 형이상학－정치적 야심은 1794년 2월 5일 그가 국민공회에 제출했던 보고서에 펼쳐져 있다. 그에 따르면, 혁명의 목적은 악을 정복하고 덕성의 치세를 여는 데 있다. 이는 "자연의 서약을 이루고, 인류의 운명을 완수하며, 철학의 약속을 지키고, 범죄와 전제정치의 오랜 지배로부터 섭리를 놓여나게 해주기 위한" 것이다. "군주정의 온갖 악덕과 우스꽝스러운 짓거리를 공화정의 모든 미덕과 기적으로" 대체함으로써 말이다(Gueniffey, *La Politique*, p. 313에서 재인용).

32 혁명과 폭력 사이의 이 전체적인 연관성은 더 많은 연구를 필요로 한다. 이는 르네 지라르의 작업으로부터 큰 도움을 받을 수 있을 것이다. 나는 프랑스 혁명의 사회적 상상, 그리고 그

것이 공포정치와 맺고 있는 관계에 관해 다음의 글에서 꽤 길게 논의한 바 있다. Charles Taylor, "La Terreur et l'imaginaire moderne", François Furet memorial lecture, May 2001. 하지만 이는 혁명 이후의 근대적 폭력이라는 엄청난 문제의 표면을 슬쩍 건드린 데 지나지 않는다.

33 Furet, *Penser la Révolution française*.

34 Pierre Rosanvallon, *Le Moment Guizot* (Paris: Gallimard, 1985), pp. 16~17, 285.

35 Robert Tombs, *France:1814~1914* (London: Longman, 1996), pp. 20~26.

36 Rosanvallon, *Le Moment Guizot*, 80, chap. 9.

37 "나는 보수주의자들 가운데서도 공적인 삶에서의 안정성에 대해, 합법성에 대해, 인내심을 가지고 실천되는 중용에 대해 우려를 가진 사람들을 위해 말합니다. 나는 그들에게 이야기합니다. 우리가 만일 보통선거가 자유롭게 기능하도록 내버려둔다면, 그것이 의사표현을 할 때 그 결정의 독립성과 권위를 존중한다면, 보통선거는 모든 갈등을 평화적으로 끝맺고 모든 위기를 풀어낼 수 있는 수단입니다. 그런데 어떻게 여러분은 우리가 그러한 수단을 가지고 있다는 사실을 보지 못합니까? 만일 보통선거가 주권의 충만성 안에서 작동한다면, 혁명의 가능성은 없을 것입니다. 시도할 혁명이 더 이상 없기에, 프랑스가 말했을 때 두려워해야 할 쿠데타도 더 이상 없을 것입니다." 1877년 10월 9일 강베타의 연설. Rosanvallon, *Le Moment Guizot*, pp. 364~365에서 재인용.

38 Pierre Rosanvallon, *Le Sacre du Citoyen* (Paris: Gallimard, 1992).

제9장 　어 디 에 나

　　　퍼 져 　있 는

　　　　　질 서

경제와 공론장 다음으로 커다란 세 번째 변화는 새로운 집단적 행위주체성으로서 '인민의 발명'(inventing the people)과 관련된 것이다.[1] 이들 변화로부터 떠오른 형식들에서 우리는 동시대 자유 민주주의의 도덕적 질서를 우리가 어떻게 이해하고 있는지 그 윤곽을 알아낼 수 있다. 우리가 사회생활을 상상하는 방식은 이 형식들 속에서 접합된다. 우리가 살고 있는 사회는 단지 정치적으로 구조화된 질서만이 아니다. 우리는 또한 시민사회(civil society)에 속해 있다. 우리는 경제 안에서 서로 연계되어 있고, 공론장에 접근하려 할 수 있으며, 독립된 결사체들의 세계 속에서 움직인다.

이러한 형식들은 18세기 말 이전 서구 선진사회들의 사회적 상상 안에도 확고하게 자리 잡고 있었다. 하지만 그 가운데 가장 발전된 사회조차도 지금의 우리와는 여전히 상당한 거리가 있다. 오랜 여정에도 불구하고 아직도 갈 길은 한참 남아 있었던 것이다.

이 사회적 상상의 양식들이 여전히 사회 엘리트와 활동가 집단 같은 소수만의 특징이었다는 점에 주목해보면 그 거리를 알 수 있다. 확실히 영국과 프랑스 국민의 대다수는, 적어도 부분적으로는 [사회적 상상의] 이전 형식들에서 헤어나지 못하고 있었고, 미국 국민들 역시 어느 정도까지는 그러했다. 앞으로 다가올 오랜 여정의 마지막 단계는 새로운 자기 이해 형식들이 아래로, 바깥으로 확산되는 과정을 필요로 했던 것이다.

그러나 그 거리는 또한 다른 용어로 기술될 수 있다. 우리는 근대적 도덕질서와 더불어 사회생활의 어떤 차원들 — 정치, 경제, 공론장 — 에서는 사회적 상상이 다시 모양 잡혔지만, 또 다른 차원들은 변화하지 않은 채 남아 있었다고 말할 수 있다. 가족(family)이 그 명백한 사례 가운데 하나다. 하지만 단순히 가족만을 예로 들 수는 없다. 지금 가족으로 여겨지는 것이 당시에는 집안(household)으로 일컬어질 만한 것에 자주 끼어 있었다. 집안에는 하인, 견습생, 장사를 배우러 온 조카, 고용인들처럼 핵가족과 함께 살며 일하는, 친인척이 아니거나 혹은 최소한 핵심집단의 구성원이 아닌 사람들이 포함되어 있었던 것이다. 이들 집안은 논쟁의 여지없는 남성 가장의 권위 아래서 종종 매우 가부장적이었고 강한 위계 의식에 의해 지배되었다. 종속관계는 거기에서 멈추지 않았다. 소작인은 지주에 대한 일종의 의존 속에서 살았고, 장인(artisans)은 후견인(patron)에게 의지하여 살아갔다. 심지어 집안의 가장조차도 힘 있는, 더 높은 위계의 강력한 후원자(sponsor)에게 의존하는 관계에 있었는데, 후원자는 그 집안을 위해 수당, 직위 또는 생활을 책임졌다. 성직자의 경우가 그러했다. 사실 이 후원자들 역시 궁정이나 대공들 사이, 혹은 영주의 저택에 있는 더 힘 있는 인물에게 의존하기도 했다.

요컨대, 주종과 후견제도, 노역 또는 (가족 내) 가부장제에 대한 의존이라는 사슬이 전근대의 북대서양 사회들을 가로지르고 있었던 것이다. 이 사슬은 서로 연결되어 있었다. 그 결과 우리는 가장 미천한 최하층민에서부터 그가 속한 집안의 가장을 지나, 그가 경작하는 땅의 주인에 이르고,

다시 이 지주가 어떤 특혜를 위해 의존하는 후견인을 지나, 마지막에는 왕이 있는 최고지점으로까지 이어지는 의존의 계보를 따라갈 수 있었다. 가장 변호할 수 있는 방식으로 이야기하자면, 이 전체 사슬은 위계적 상보성의 원칙을 드러내도록 되어 있었다. 하층에 있는 자들은 서비스를, 상층에 있는 자들은 지배와 보호를 제공하는 식으로, 상이한 계층에 있는 사람들은 저마다 서로의 복지에 필수적인 공헌을 하였다.

이와 같은 관점에서 보면, 집안, 가족, 후견관계 등 사회 안에서 한데 짜여 얽힌 다양한 의존의 실타래와 군주제 정치구조 사이에는 연속성 내지 동질성이 있었다. 바로 그래서 부권(paternal power)이라는 말이 위계적 상보성을 기초로 하는 모든 의존 형식의 표준적인 수사어로 제시될 수 있었던 것이다. 가장 널리 받아들여진 정당화 논리 가운데 하나에 따르면, 왕권은 그 자체가 부권의 일종으로 여겨질 수 있었다. 그것은 신민들의 동의와는 무관한 자연적인 권력이라는 점에서 [부권과] 비슷했다. 이것이 로버트 필머(Robert Filmer)* 이론의 토대였다. 그는 17세기 영국에서 절대 왕권에 관한 가장 영향력 있는 발언자 가운데 한 사람이었는데, 그의 주저서인 『부권론』(Patriarchy)을 로크는 『시민정부론』(Civil Government)의 첫 번째 논문에서 웃음거리로 만들었다. 그러나 왕권에 대한 가부장적 은유는 18세기까지 아주 널리 퍼져나갔다. 예컨대, 애디슨(Addison)은 『스펙

*로버트 필머(Robert Filmer, 1588~1653): 영국의 정치인이자 사상가. 청교도혁명 때에는 왕당파로 활약하였다. 그가 죽은 후에 간행된 『부권론』은, 사람은 자유롭게 태어나지 않았으며 국왕권은 가부장권에서 유래한다는 명제에 입각하여 왕권신수설을 정식화하면서 절대왕정을 옹호하였다. 명예혁명을 옹호한 존 로크의 『(시민)정부론 2편』(Two Treatises of Government) 가운데 첫 번째 논문은 「로버트 필머경과 그 일파의 잘못된 원리와 논거를 밝히고 논박한다」는 제목을 달고 있다(국내에 번역, 소개된 『통치론』은 로크가 자신의 정치권력론을 체계적으로 개진한 두 번째 논문 「시민정부의 참된 기원과 범위 및 목적에 관한 소론」이다).

테이터』(*The Spectator*)에서 "부모에 대한 복종이 모든 정부의 토대"라고 쓰고 있다.[2] 사실 식민지에서의 독립선언문 이전의 논쟁에서 양쪽 당사자는 모두 그 이미지를 이용하였다. 토리당원들이 보기에 반역을 꿈꾸는 사람은 잠재적인 부친살해범이었다. 반면 미래의 반역자들은 왕이 "학대의 긴 사슬"을 통해 아버지로서의 의무를 저버렸다는 이유로 자신들의 행동을 정당화할 수 있었다.

부권이 만연했던 이 사회는 위계적이라는 측면에서 우리 사회와 달랐다. 또한 그것은 그 구성원들과도 매우 다른 관계를 맺고 있었다. 의존의 긴 사슬과 관련해 중요한 점은 그것이 고도로 인격화되어(personalized) 있었다는 것이다. 이를테면, 최하층민인 나는 다른 모든 이들처럼 왕의 백성일 뿐만 아니라 특정한 주인의 종이며 그 주인은 특정한 영주와 연관되어 있고 그 영주는 후견인과 연관되어 있는, 그런 식이다. 왕에 대한 나의 종속은 이 특수하고 개인적인 관계들을 통해 매개된다. 가부장제 수사어의 힘은 권력과 의존의 인격화가 널리 퍼져 있는 현실로부터 일부 기인한다. 토크빌이 보았던 바와 같이, 평등은 이 사슬들이 끊어져 산산조각이 나고, 시민들이 권력과 별다른 매개 없이 관계를 맺게 되는 원자화 과정(atomization)과 그 궤적을 함께 했다.[3]

이 전근대적 섭리는 [사회 어디에나 퍼져 있었다는 점에서] 18세기 후반에 부상하고 있던 사회적 상상과는 달랐으며, 차라리 지금 우리의 것과 좀 더 닮아 있다. 근대적 도덕질서가 모든 층위와 영역에서 오늘날의 사회적 상상에 철저히 스며든 것처럼, [전근대 사회에서는] 위계적 상보성이라는 유사한 원칙이 모든 차원과 층위에서 사회적 상상을 활성화시켰던 것이다. 게다가 우리가 목격할 수 있는 사실은 단지 이 균일성(uniformity)만이 아니다. 균일성은 그 자체가 사회적 상상의 일부였다. 다시 말해, 행위자들 자신이 [여러 차원과 층위에서 작동하는 원칙의] 유사성들을 알고 있었으며,

그런 이유로 왕의 권위를 위한 수사어로서 부권에 호소할 수 있었던 것이다. 오늘날에도 이와 비슷하게 우리는 많은 비정치적 관계들, 충분히 '민주적'이지 않거나 평등주의적이지 않은 관계들을 비판하고 심지어 변형시킬 필요성이 있다고 느낀다. 예를 들어, 우리는 권위주의적 가족에 맞서는 일이 민주적인 행동이라고 이야기한다. 우리는, 단지 우리의 삶이 현재 모순된 원칙을 둘러싸고 조직되었을 뿐이지, 우리 자신은 전근대 선조들이 그러했던 것과 마찬가지로 일관성이 있다고 여긴다.

그러나 내가 지금까지 기술한, 근대의 사회적 상상에서 새롭게 부상한 형식들은 우리에게 낯설게, 심지어 미심쩍게 보인다. 그것들이 어떤 중요한 층위—정치체, 공론장, 경제—에서는 새로운 원칙을 도입하고 있었던 반면, 다른 틈새 영역들은 그냥 내버려두었기 때문이다. 우리에게는 당시의 인민이 모순되고, 심지어 위선적으로까지 보이기 쉽다. 엘리트 남성들은 권리, 평등 그리고 공화국을 이야기했지만, 노예는 물론이거니와 계약을 맺은 하인을 부리는 일을 아무렇지도 않게 생각했고 자신의 아내, 아이들, 집안 식솔들을 대체로 전통적인 가부장제 권력 아래에서 유지했다. 이 확연한 모순을 그들은 알지 못했던 것일까?

그에 대한 대답은 이것이 반드시 모순은 아니었다는 것이다. 일단 사회적 상상이 모든 영역에서 동일한 원칙에 의해 활성화되어야 한다는, 배경의 구조화하는 관념을 받아들인다면, 정치체와 가족의 질서 짓기에서의 차이가 드러난다. 그러나 인민이 이러한 배경 관념을 엉뚱하고 받아들이기 어려운 것으로 보거나, 심지어 그것을 하나의 가능성으로조차 고려하지 못했을 수도 있는 것이다. 우리가 고찰하고 있는 이 시대에는, 예를 들어 가부장제가 가족/집안에 너무도 깊게 뿌리내리고 있었고, 따라서 군주 지배와 귀족 위계제에 대한 공화주의적 도전은 모든 영역에 유효한 대항 원칙을 제시하는 형식보다는 부권 원칙의 동일한 적용을 거부하는 형태를 취해야만 했다. 필머에 대한 로크의 저 유명한 답변은, 부권과 정치권력을 구별하고 그것들이 매우 상이한 원칙에 의해 작동한다는 점을 증명하는 것이었다.[4] 그리고 이것은 혁명가와 개혁가들이 일반적으로 채택한 노선이었다. 메리 울스톤크래프트(Mary Wollstonecraft)와 같이 몇몇 용감하고 혁신적인 인물들이 이 점에 관해 실질적인 만장일치를 이뤘다는 점은 두드러진다. 사실 우리가 예전의 집안이라는 틀의 바깥에서 가족을, 구체적으로는 지금의 핵가족 안에서 남편−아내의 관계를 비판적인 민주−평등주의적 시각으로 보게 되기까지는 오랜 시간이 걸렸다. 말하자면, 이는 바로 어제 일어난 일에 불과한 수준이다. 영역들을 가로지르는 균일성이란 명백하고 상식적인 요건과는 거리가 멀다.[5]

그럼에도 불구하고, 우리는 그러한 균일성에 다다랐다. 오랜 여정은 마침내 우리를 그곳에 데려다주었다. 하지만 이만큼이나 오게 된 것은 일관성에 대한 자연적 충동 때문이 아니다. 그보다는, 애초에 새로운 질서 속에서 주변화되었던 어떤 층위들로서는, 그것은 편입되고자 하는 충동(drive to inclusion)이었다. 이것이 오랜 여정의 마지막 국면이다. 즉 한편으로는, 새로운 사회적 상상이 원래 그것을 채택했던 사회 엘리트를 넘어 그 아래로 확장된다. 다른 한편으로는, 이 새로운 상상의 원칙들이 사회생활의 다른 수준과 영역들로 확대되는 것이다. 우리는 두 번째 것 없이는 첫 번째 것이 불가능하다는 사실을 곧바로 알 수 있다. 만약 하인과 하급자들을 그들의 윗사람에게 묶어놓는 예속의 사회적 형식들이 변화하지 않는다면, 그들이 사회를 구성하는 평등한 개인들 안에 그들도 끼워주는 상상 안으로 이끌릴 수는 없는 것이다. 오랜 형식들과의 절연이 이루어져야만 한다. 그러는 과정에서 평등이 위계를 대신하며, 동시에 옛날의 인격적이고 개별적인 의존 관계들이 해체되면서 동등한 지위에 대한 비인격적이고 일반적인 인정으로 대체된다. 이러한 변동은 대다수의 북대서양 사회들에서 일어났지만, 상이한 경로로 매우 다른 굴곡과 함께 생겨났다. 최초이면서 가장 극적이었던 경우는 미국이다. 그것은 어떤 의미로는 대혁명(Revolution) 속의 혁명, 혹은 더 낫게는, 대혁명의 여파 속의 혁명이었다.[6] 어쩌면 누군가가 그것을 다음과 같이 기술할 수도 있을 것이다. 즉 바로 그 과정에 의해서 독립(independence)은 공화주의자 집단이 외부의 군주제가 지닌 권위에 맞서 실현하는 가치(value)로부터 모든 개인들이 추구하며 그들이 함께 동등하게 향유하는 지위(status)로 진화한다고 말이다.

혁명은 [귀족과 자작농(yeoman)의 중간계층인] 젠틀먼(gentlemen)에 의해 주도되었다. 그들 가운데 다수는 이 계층으로 올라선 지 얼마 되지 않았지만,[7] 그럼에도 그들은 젠틀먼이었다. 그들이 활동하는 세상에서는 지도자와 선출 대표가 더 나은 부류 출신이어야 하는 것이 당연했다. 해당 관직(대표, 판사 등)의 위세는 그 자리에 있는 사람의 사회적 명망에 의해 경계 지어졌다. 더욱이 이 혁명적 지도력은 18세기에 통용되던 공화주의적 견해를 공유하고 있었다. 곧 지도자들은 몽테스키외적 의미에서 '덕성'을 구현해야만 하며, 공동의 선에 헌신해야 하고, '무사무욕'해야 한다는 것이다. 이는 밥벌이에 급급한 평범한 인민은 실현할 수 없는 일이었다. 어떤 사람이 사업을 한다면 그 사람 역시 미덥지 않게 여겨졌다.[8]

미합중국이 계속해서 그러한 공화주의적 엘리트에 의해 통치되는 것은 혁명을 일으키고 헌법을 창안했던 세대의 많은 이들의 꿈이었다. 이 꿈은 물론 주-종 관계, 순종적인 아들, 그리고 경의와 같은 다양한 형태의 비정치적인 예속이 지속되는 상황을 가정하고 있었다. 그러나 그렇게 되지는 않았다. 새로운 혁명은 정치적인 문제 이상의 것이었기 때문이다. 제퍼슨적 공화주의자들이 연방주의자 엘리트들에게 성공적으로 도전했듯이, 온갖 다양한 출신 성분의 인민이 정치계급 안으로 침입했다. 어떤 사람들은 눈에 띄게 태생이 비루했다. 그러나 새로운 개인적 독립성은 부분적으로는 사회 변동이었으며, 빠른 경제 성장과 내수 시장의 확대, 제조업의 성장, 그리고 무엇보다도 [개척지와 미개척지 사이에 존재하는] 변경의 개방과 함께 가는 것이었다. 독립성은 수많은 젊은 남성들, 그리고 종종 젊은 여성들에게까지 현실이 되었다. 그들은 가족을 떠나서, 자신이 속한 공동체 그리고 전통적 의존의 연줄과 단절하고 자기만의 새로운 생활을 시작할 수 있었으며, 또 그렇게 했던 것이다.

유물론적 해석을 하려는 성향을 가진 사람이라면 개인적 독립성과 평등이라는 새로운 문화를 경제적, 인구학적 변화로 설명하려 들지도 모르겠다. 그러나 겨우 몇 마일 북쪽으로 떨어진 캐나다에서 변경의 개방이 비교적 다른 문화적 결과를 가져왔다는 사실은 그러한 설명이 불충분하다는 점을 아주 명백하게 보여준다.[9]

또 하나의 흔한 실수인 소거법에 따른 해석에 이끌려 우리가 변화를 오래된 연줄이나 복종과 연대의 해체로서, 즉 단지 부정적으로만 규정하려 들 수도 있다. 그러나 이러한 독립성은 단순히 낡은 도덕적 연줄의 파기가 아니었다. 토크빌이 근대세계에서의 개인주의와 관련해 지적했던 바와 같이, 독립성은 그 나름의 도덕적 이상을 담고 있었다.[10] 게다가, 새로운 이상은 사회와의 새로운 종류의 연계를 수반했다. 조이스 애플비(Joyce Appleby)가 묘사하는 것처럼, 새로운 이상화된 인격은 "내면의 기량을 계발하고, 독립적으로 행동하며, 고결하게 살아가고, 자신의 목표를 향해 전념하는 사람"을 찬미했다.[11] 즉 근면, 인내, 자립이 가능한 사람을 찬미했던 것이다.

이 도덕적 이상의 본질은 부분적으로 그것과 새로운 신앙심 간의 빈번한 결합에 의해 판단될 수 있다. 19세기 초는 두 번째 대각성운동(Great Awakening)의 시대로서, 순회 설교자들을 통해 가장 멀리 있는 국경에 이르기까지, 공화국 어디로나 신앙부흥운동이 퍼져나갔다. 급속히 성장하는 침례교와 감리교 교파에서 나타난 새로운 종교적 열정, 종종 오래된 기성 체제의 외부에서 드러났던 이 열정은 그 자체가 독립성의 이상을 반영하고 있었다. 개인들은 조상 대대로 내려온 교회로부터 절연했으며, 빠르게 증가하는 종파들의 선택지 가운데서 자기만의 형식을 추구했다.[12] 동시에 그들은 이 새로운 독립성을 살아가기 위한 힘을 추구했다. 이는 신에 대한 개인적 헌신의 관계 속에서 두려움과 절망이라는 악마, 게으름과 음주의 유혹(당시는 오늘날 미국인들의 개인당 술 소비량의 네 배를 마셨던 때였으니, 이는 특히 그럴 법했다)[13]을 물리치기 위한 힘*이었다. 이러한 유형이 오늘날에는 친숙해졌는데, 지구상의 많은 나라에서 복음주의 프로테스탄티즘(evangelical Protestantism)이 빠르게 확산되면서 그렇게 된 것이다. 미국에서 계속되고 있는 신앙부흥운동들은 물론이거니와, 라틴 아메리카, 아프리카, 아시아, 전(前) 공산권 국가들에서까지도 말이다.[14] 이는 새로운 개인적 독립성이 종교적 신앙과 더불어 내생적으로 한계지어진다는 이야기가 아니다. 그와는 반대로, 독립성은 매우 세속화된 형식을 포함한, 온갖 종류의 형식으로 나타났다. 비록 신앙부흥운동이 당시 인구의 4분의 1에 달하는 사람들을 감동시키며 아주 광범위하게 퍼져나갔다 할지라도 말이다.[15] 그러나 이러한 열정적 신앙과 공생관계 속에서도 독립성이 존재할 수 있었다는 사실이 그 이상의 도덕적 본질을 증명해주고 있다.

하지만 인격적 독립은 단순히 개인들의 삶을 위한 도덕적 이상만이 아니었다. 그것은 또한 행위자를 사회에 관계시키는 것이기도 했다. 사회와

---

* 두려움과 절망이라는 악마, 게으름과 음주의 유혹을 물리치기 위한 힘: 미국에서는 1830년대 초반 절주 운동과 노예제 폐지운동이 힘을 얻게 된다. 거기에는 복음주의 프로테스탄티즘으로 무장한 수십만 명의 사람들이 참여했다. 이는 전국 규모로 벌어진 미국 최초의 사회운동이기도 했다.

의 관련성은 자제심 있고 정직하며 상상력이 풍부하고 진취적인 사람들이 질서와 진보를 결합한 새로운 사회의 초석으로 여겨졌다는 사실에 부분적으로 깃들어 있었다. 그들은 사회에 좋은 일을 하는 주요 행위자로서, 사회의 도덕적 기풍을 규정하는 동시에 경제 성장이라는 거대한 이익을 부여하였다. 여기에는 물론 상업과 기업가 정신이 사람들을 분열시키는 것이 아니라 모두의 선을 향상시키며, 정력적이고 자제력 있고 자립적인 이들을 결속시키는 토대가 될 수 있다는 가정이 깔려 있었다. 미국을 위대하고 자유롭고 평등하게 만든 힘은 바로 진보를 향한 이러한 종류의 추진력이었다는 것이다. 개인적 독립성은 미국식 애국주의의 새로운 모델의 일부가 되었으며, 오늘날에도 강력하게 살아남아 있다.

이는 혁명 세대의 이상으로부터 멀어진, 엄청난 문화 혁명을 표상했다. [이전에는] 무사무욕이 결여되어 있기 때문에 의심스럽게 여겨졌던 사업은 이제 그렇게 비춰지지 않았다. 첨예한 이해관계가 걸린 새로운 유형의 경제적 활동이 새로운 윤리의 기반으로 받아들여졌다. 그 윤리는 공화국의 전통적 이상인 자유와 평등을 취하고는, 상당히 새로운 층위에서 그것들을 움직인다. 자유는 더 이상 개인이 단순히 주권을 가진 인민에 소속되는 데 있지 않았다. 자유는 개인의 독립성을 의미했다. 더욱이 이러한 종류의 일반화된 자유는 평등의 필수적인 토대가 되었다. 그것만이 위계적인 독립성이라는 이전 형식들을 부정하기 때문이다. 예전의 관점에서는 이기주의, 사익, 부패의 원천으로 보였던 것이 이제는 자유롭고 평등한 사회의 추동력이 된 것이다.

그러므로 사업가는 [사회에 대한] 선행자로 여겨졌다. 무일푼에서 벼락부자로 성공한 개인들에 관한 내러티브가 구체적인 사례와 영감을 제시하면서 되풀이 이야기되었다. 사실 가장 큰 존경과 칭찬을 얻은 사람들은 새로운 부를 창출하고 지도력을 발휘했다거나, 아니면 공공의 행복에 기여한 이들이었다. 선행자가 된 성공적인 기업가라는 패러다임이 만들어 졌고, 그 후 이 패러다임은 미국에서 줄곧 지배적인 위치를 차지했다.[16]

따라서 독립성은 단순히 개인적인 것이 아닌, 사회적인 이상이었다. 그 것은 국가의 복지와 위대함에 대한 기여로 평가되었고, 그에 상응하여 칭 송받고 찬미되었다. 같은 이유로, 성공하는 진취적 개인들 또한 더 큰 사 회의 많은 부분을 느꼈다. 그들은 사회의 존경, 칭찬 그리고 인정을 추구 했다. 그들은 명성을 위해 경쟁했으며, 종종 지도자적 역할을 담당했다.

실로 이러한 개인적 독립성의 혁명은 더 넓은 사회에 대한 소속감을 고 양시켰다. 그것은 사람들을 작은 공동체들로부터 쪼개어 나누어놓았지 만, 그들을 일종의 자기도취적인 고립 속에 남겨 두지는 않았다. 오히려 그것은 서로 평등한 사람들로 이루어진 비인격적인(impersonal) 사회에 우리가 속해 있다는 강력한 소속감을 가질 수 있게 해주었다. 이는 무엇보 다도 많은 신문과 정기 간행물이 경이로운 성장을 거두고, 공화국 곳곳에 유통되는 현상 안에 반영되었다.[17] 인격화된 위계서열의 관계가 널리 퍼 져 있던 사회는 마침내 비인격적인 평등에 바탕을 둔 사회로 온전히 이행 했던 것이다.

이론상 평등을 기반으로 하는 사회였다는 점에 주의하자. 많은 사람들 이 가정이나 노예제 농장처럼, 여전히 새로운 원칙이 닿지 않는 곳에 남겨 져 있었다. 새로운 사회를 둘러싼 자축이 벌어지고 있는 가운데 실패자 들, 즉 부자로 성공하지 못한 사람들에 대해서는 애써 눈감는 풍조 또한 존재했다. 당시 증가하고 있었으며, 대개 주변인, 특히 아일랜드 출신인 신참 이민자들을 고용했던 공장들에서는 새로운 형식의 억압적 의존이 출현했으나, 그에 대한 외면은 더욱 심했다. 미국의 발전에서 중요한 점 은 [기업가 같은] 진취적인 인간형의 모범적인 가족상을 이룰 수 없었던 바 로 이 사람들이 공화국에 대한 대안적 전망을 중심으로 단합할 만한 문화적 공간을 결코 발견하거나 정립할 수 없었다는 데 있다. 미합중국은 아마도 유진 데브스(Eugene Debs)* 정도를 제외한다면, 단언컨대 진지한 사회주의 야당을 갖지 못했다.

　나는 여기서는 그 오랜 여정을 마친 미국의 경로에 관해 말하고 있지만, 다른 지점들을 거치다가 결국에는 비교적 다른 곳에서 끝난 여러 다른 국가들의 궤적도 존재한다는 사실을 충분히 의식하고 있다. 사회적 상상이라는 개념은, 만일 이것이 없었다면 무척이나 유사했을 북대서양 자유민주 체제에서 나타나는 국가별 차이를 포착할 수 있게 해주는 듯하다. 어떤 점에서 이 차이는 근대적 상상의 독자적이며 선구적인 형식들—경제, 공론장, 자기통치적 정치체(self-governing polity)—이 종국에는 사회생활의 또 다른 수준과 영역들에 대한 이해를 변화시키게 되었던 상이한 방식들로부터 생겨난다. 미국과 많은 유럽 사회 간의 결정적인 차이 가운데 하나는 새로운 정치적 상상의 아래와 바깥으로의 확산이 구대륙에서는 부분적으로 하위집단들(subordinate groups), 특히 노동자들의 계급적 상상(class imaginary)을 정련하고 결집하는 과정을 통해 일어났다는 사실에 있다. 이는 예를 들어, 공화국 초기부터 현존했던 기술자들 간의 공통 이해에 대한 감각 그 이상을 의미했다. 영국 노동운동이나 프랑스 또는 독일 노동조합의 계급적 상상은 특정한 부류의 독립적인 개인들이 이해관계를 공유한다는 감각을 훨씬 넘어서는 것이었다. 그것은 지역 공동체(한 예로, 영국의 탄광촌) 내에서 공유되는 공통의 정체성 감각이라든지, 또는 착취당하는 노동자로서 일종의 공동체적 운명을 함께 하는 사람들의 일반의지에 더 가까웠다. 어떤 경우에 그것은 미국의 궤적에는 낯선, 근대적 도덕질서의

---

* 유진 데브스(Eugene Victor Debs, 1855~1926): 미국의 노동운동가. 1894년에 부르만 철도 파업을 지도하고 사회당을 결성하였으며, 제1차 세계대전 때는 반전(反戰) 운동을 지도하였다.

루소식 개정안에 의해 형성된 정치문화에 속했다.

이는 각 국가의 민주주의 문화가 또 어떤 식으로 서로 차이 나게 되는지를 암시한다. 현재 우리의 [민주주의] 이해방식을 훨씬 거슬러 올라가는 역사적 궤적이 아직도 물들이고 있는 중이다. 미국과 프랑스 간 정치문화의 차이를 다시 참고해보면 이를 알 수 있다. 나는 거기에서 인민 주권의 새로운 상상이 어떻게 해서 그 형식들 가운데 일부, 특히 대의 형식을 초기 헌정의 전통적 정치문화로부터 이어받았는지에 관해 이야기했다. 그러나 새로운 상상은 단지 오래된 것을 대체하는 것만이 아니다. 그것은 예전 전통의 핵심적 가치를 다시 해석하면서도, 스스로 이전 전통에 뿌리를 두고 있다는 의식을 간직하고 있다. 새로운 것을 단절이 아닌 재해석으로 여겼기 때문이다. 그래서 미국인들은 자신들이 오랜 자유의 전통을 이어가고 있다고 인식할 수 있었던 것이다. 심지어 독립을 선언하고 19세기 초 문화혁명을 경험했을 때조차도 그들은 그렇게 생각했다. 그들은 21세기에도 계속해서 마그나 카르타(Magna Carta)를 이야기하고 있다. 마찬가지로 프랑스의 공화주의자들은 7월 14일의 바스티유 습격을 계속해서 기념한다. 대의 정부라는 자유주의적 양식 안에 오랫동안 정착해왔으면서도 말이다. 각각의 경우에서, 현재의 정치문화는 과거에 의해 굴절된다. 해당 국가의 역사에서 숭배되어온 것과 거부되어온 것 모두에 있어서 그렇다.

근대의 사회적 상상은 서양에서조차 각국의 국사(national histories)를 매개하는 상이한 미디어 속에서 다르게 굴절되어왔다. 이것이 우리에게 경고하는 바는, 이들 상상이 다른 문명권에서 강제되거나 채택될 때 서구적인 형식이 단순하게 반복되리라고 기대해서는 안 된다는 것이다.

| 지은이 주 |

1 E. S. Morgan, *Inventing the People* (New York: Norton, 1988).

2 Gordon Wood, *The Radicalism of the American Revolution* (New York: Vintage, 1993), pp. 43~44에서 재인용.

3 "귀족정은 모든 시민을 농부에서부터 왕까지 거슬러 올라가는 긴 연쇄로 만들었다. 민주주의 는 이 연쇄를 끊고 각각의 고리를 떨어뜨려 놓는다." Alexis de Tocqueville, *La Démocratie en Amérique* (Paris: Garnier-Flammarion, 1981), 2, p. 126.

4 예를 들어, 다음을 보라. Locke, *Second Treatise of Government*, chap. 6, para 75: "그러나 이 두 권력, 정치권력과 부권은 완전히 다르며, 별개의 것이다. 그것들은 너무도 다른 토대 (Foundations) 위에 세워져 있고, 너무도 상이한 목적들을 부여받았다"(*Locke's Two Treatises*, p. 332).

5 사실 당대의 '선진' 서구 자유주의 사회에는 인구 내에 언제나 상당한 수의 소수집단이 있다. 이들은, 예컨대 자기의 가족이나 종교생활이 정치, 경제체계와는 꽤 다른 모델 위에서 작동 하는 것으로 여긴다. 예를 들면 최근의 이민자들의 경우가 종종 그렇다.

6 나는 Wood, *The Radicalism of the American Revolution*, 그리고 Joyce Appleby, *Inheriting the Revolution* (Cambridge, MA: Harvard University Press, 2000)에서 이 부분의 도움을 받 았다. 또한 Bailyn, *The Ideological Origins of the American Revolution*을 보라.

7 Wood, *Radicalism*, p. 197.

8 *Ibid.*, pp. 96~109.

9 *Ibid.*, p. 311.

10 Tocqueville, *La Démocratie en Amérique*, vol. 2, part 2, chap. 2, p. 125.

11 Appleby, *Inheriting*, p. 11.

12 *Ibid.*, p. 201.

13 *Ibid.*, p. 206, 215.

14 David Martin, *Tongues of Fire* (Oxford: Blackwell, 1990)를 보라. 이는 단지 복음주의 프 로테스탄티즘에서만 나타나는 현상이 아니다. 예를 들어, 누군가는 많은 아프리카계 미국 인들에게 이슬람 교도로의 개종이 유사한 활력 증진(empowerment)의 기회였다고 주장할 수 있을 것이다.

15 Appleby, *Inheriting*, p. 145.

16 *Ibid.*, pp. 123~124, 257~258.

17 *Ibid.*, pp. 99~103.

제10장 직접 접속 사회

나는 우리 근대의 사회적 상상을 도덕질서의 바탕에 있는 관념이라는 측면에서 기술하고 있다. 이 상상은 17세기 자연법 이론의 특징적인 양상들을 우리의 특유한 사회적 실천과 형식 속에 담아 넣었고 이 과정에서 그 [도덕질서의 기반이 되는] 관념을 변형시켰다. 그런데 분명한 점은 질서에 대한 기층 관념의 변화가 그와 더불어 여러 다른 변화들을 가져왔다는 것이다.

　나는 이미 행위 초월적 토대(action-transcendent grounding)는 존재하지 않으며, 근대의 사회적 형식들은 오로지 세속적 시간 안에서만 존재한다는 사실을 지적했다. 근대의 사회적 상상은 [사회나 국가처럼] 거대한 초지역적 실체들을 더 이상 세속적 시간 내의 공동 행위보다 더 고고한 그 무엇, 공동 행위와 다른 그 무엇 안에 정초된 것으로 보지 않는다. 내가 앞서 주장했던 바와 같이, 전근대 국가에서는 사정이 달랐다. 왕국의 위계적 질서는 존재의 거대한 사슬을 기초로 삼는다고 여겨졌다. 부족 단위는 나름의 법칙에 의해 그렇게 구성된 것으로 간주되었고, 이는 아득한 옛날로, 또는 엘리아데의 의미로 '기원의 시간'이라는 지위를 갖는 어떤 정초의 순간까지 거슬러 올라갔다. 영국내란[즉 청교도혁명]까지를 포함해, 과거 지향적인 시각을 지닌, 원형의 법을 확립하려는 전근대 혁명들의 중요성은 바로 정치적 실체가 행위 초월적이라는 의미로부터 온다. 정치적 실체는 자체의 행위만으로는 스스로를 창조할 수 없다. 반대로 그것은 이미 그렇게 구성되어 있기 때문에 실체로서 작용할 수 있는 것이다. 바로 그와 같은 이유에서 그러한 정당성은 원초적인 구성/헌정(original constitution)으로 되돌아가는 문제와 결부되는 것이다.

17세기의 사회계약 이론은 인민이 자연 상태를 벗어나 함께 모인다고 보는데, 이는 분명 또 다른 사고의 질서에 속하는 것이다. 그러나 만약 위에서의 내 주장이 옳다면, 세상사를 이해하는 이 새로운 방식은 18세기 후반이 되어서야 사회적 상상 안에 들어오게 되었다. 어떤 의미에서는 미국혁명이 그 분수령이었다. 식민지 거주민들은 영국인으로서 이미 확립된 자신들의 권리를 위해 싸우고 있었다. 이런 점에서 그것은 과거 지향적 정신 속에서 수행된 것이었다. 게다가 그들은 의회에서 연합해, 기존의 식민지 입법기관 아래서 싸우고 있었다. 그런데 이 모든 과정에서 '우리, 인민'(We, the people)이라는 결정적인 창작물(fiction)이 떠올랐고, 새로운 헌정의 선언이 인민의 입에 놓이게 되었던 것이다.

여기에서 다음과 같은 발상이 나오게 된다. 즉 인민, 또는 당시에 불리던 대로 '민족'(nation)은 정치적인 헌정에 우선하며 그와는 독립적으로 존재할 수 있다는 것이다. 그리하여 이 인민은 세속적 시간 안에서 자신의 자유로운 행위를 통해 스스로에게 헌정을 부여할 수 있다. 물론 이러한 신기원을 창조하는 행위에는 고귀한 시대(higher time)라는 오래된 관념으로부터 끌어온 이미지들이 재빠르게 덧붙여진다. 새로운 프랑스 혁명력이 그랬듯, '시대의 새로운 질서'(*Novus Ordo seclorum*)*[라는 모토]는 유대교와 기독교의 종말론에 상당히 의존하고 있다. 헌정의 창건에는 우리가 다시 다가가기 위해 끊임없이 노력해야 하는, 우월한 족속의 행위자들로 가득한 고귀한 시대인, 기원의 시간의 힘과 같은 그 무엇이 주어진다. 그럼에도 세상사를 이해하는 새로운 방식은 퍼져나갔다. 민족, 인민은 인격(personality)을 가질 수 있으며, 선재하는 어떤 정치질서의 외부에서 함께 행동할 수도 있다. 이는 근대 민족주의의 주요 전제들 중 하나로 자리를 잡는다. 이것 없이는 민족의 자기결정권에 대한 요구가 무의미할 것이기 때문이다. 이는 인민이 역사적인 정치 조직에 속박 받지 않고 자기만의 고유한 헌정을 세울 권리인 것이다.

집단적 행위주체성(collective agency)이라는 새로운 관념, 즉 '민족' 또는 '인민'이 시간에 대한 새로운 이해 속에서 어떻게 접합되는지를 보기 위해, 나는 베네딕트 앤더슨의 통찰력 있는 논의로 되돌아가보고자 한다. 앤더슨은 동시성이라는 범주 아래 사회를 파악하는 새로운 방식에 따라 국가에 대한 새로운 소속감이 어떻게 예비되었는지 강조한다. 이때, 사회는 특정한 순간에 구성원들의 삶을 운명 짓는 수만 가지 사건의 동시적 발생으로 이루어지는 총체다.[1] 이들 사건은 일종의 동질적인 시간의 단편을 채워준다. 아주 투명하고 명백한 이 동시성 개념은 전적으로 세속적인 시간 이해의 일부가 된다. 세속적인 시간이 다양한 종류의 고귀한 시간과 뒤섞여 짜여 있는 한, 모든 사건이 동시성과 연속성의 명료한 관계 속에 놓일 수 있다는 보장은 없다. 이를테면, 성축일은 어떤 면에서는 나나 내 동료 순례자들의 삶과 동시대적이지만, 다른 면에서는 영원에, 혹은 기원의 시간이나 그것이 예상한 사건들에 가까이 있는 것이다.

---

* 시대의 새로운 질서(*Novus Ordo seclorum*): 이는 미국 국새에 새겨진 모토 가운데 하나. 또 다른 모토는 '신은 우리의 사역을 승인하셨다'[*Annuit cœptis*]이다. 1782년 의회의 의뢰로 만들어진 국새의 이 모토는 독립선언일이 미국의 시대를 여는 신기원이라는 의미를 담고 있다. 이는 1935년 이래 미국 달러의 뒷면에도 인쇄되었다.

순전히 세속적인 시간의 이해는 우리로 하여금 사회를 수평적으로 상상할 수 있게 해준다. 그 사회는 일련의 평범한 사건들이 고귀한 시대와 맞닿는, 어떤 '최고점들'(high points)과는 관계가 없다. 따라서 그것은 왕이나 성직자들처럼, 그렇게 [고귀하다고] 추정되는 지점에 자리하면서 매개하는 특권을 부여받은 인물 혹은 대리인을 인정하지 않는다. 직접 접속 사회는 바로 이러한 급진적 수평성(radical horizontality)을 함축한다. 그 사회의 구성원은 제각기 "전체에 [매개 없이] 직접 닿아" 있다. 이와 같은 새로운 이해가 인쇄 자본주의(print capitalism)와 같은 사회적 발전이 없었더라면 나타날 수 없었으리라는 앤더슨의 주장은 분명 옳다. 하지만 그의 주장은 그러한 발전만으로 사회적 상상의 변동을 충분히 설명할 수 있다는 의미는 아니었다. 근대 사회는 우리가 우리 스스로를 사회로서 그려내는 방식에서도 변화를 요구했다. 그 가운데서도 중요한 것은 탈중심화된 시각에서 사회를 그 누구에게도 속하지 않는 것으로 파악하는 능력이었다. 즉 나 자신의 시각보다 더 진실하고 권위 있는 시각을 추구한다고 해서, 내가 사회를 사고할 때 왕이라든지 신성한 의회라든지 아니면 다른 무엇을 그 중심에 둘 필요는 없는 것이다. 나는 아무 위치에도 있지 않은 관찰자나 가질 법한, 옆으로의, 수평적인 시각을 가질 수 있는 것이다. 이 경우에는 사회가 아무런 특권적인 매듭 지점도 없는 것으로 그려진다. 근대 사회, 그것의 자기 이해 그리고 '세계상의 시대'[2]에 나타난 근대적인 개관 양식들(synoptic modes) 사이에는 긴밀한 내적 연계성이 존재한다. 즉 사회는 동시다발적인 사건들이고, 사회적 교류(social interchange)는 비인격적 체계이며, 사회적 지형(social terrain)은 지도로 그려지는 것이고, 역사 문화는 박물관에서 선보이는 것이라는 등이다.

[옛날에는] 사회의 어떤 수직성(verticality)이 있었고, 그것은 고귀한 시대에 토대를 두었다는 점에 의존하였으나, 이는 근대 사회에 접어들면서

사라졌다. 다른 각도에서 본다면, 이 [전근대의 수직] 사회는 또한 매개된 접속(mediated access)의 사회였다. 프랑스와 같은 구체제의 왕국에서는 백성들이 국왕이라는 최고점을 통해 응집하는 질서 안에서 결합할 뿐이었다. 이 질서는 왕이라는 인격체를 통해 고귀한 시대 그리고 세상사의 질서와 연결된다. 우리는 왕과의 관계를 통해 이 질서의 구성원이 된다. 이전 장에서 보았듯이, 초기의 위계적인 사회들에는 권력─복속 관계를 인격화하는 경향이 있었다.

근대 수평 사회의 원칙은 근본적으로 다르다. 우리들 각자는 중심으로부터 같은 거리에 있다. 그리고 우리는 전체에 [매개 없이] 직접 닿아 있다. 바로 이 때문에 우리는 직접 접속 사회라고 이름 붙일 수 있는 것이다. 우리는 인격화된 연계들의 위계적인 질서로부터 비인격적인 평등주의적 질서로, 매개된 접속의 수직적 세계로부터 수평적인 직접 접속 사회로 이행해왔다.

초창기 형식 속에서는 위계서열과 매개된 접속이 함께 가는 것이었다. 17세기 프랑스에서와 같은 서열사회─토크빌의 말을 빌자면 '신분사회'─는 명백한 의미에서 위계적이었다. 그러나 이는 개인이 사회의 어떤 구성 요소에 속함으로써 사회에 속했다는 의미이기도 했다. 어떤 이는 농부로서 영주와 연결되어 있었고, 영주는 다시 왕으로부터 자격을 받았다. 어떤 이는 왕국에서 일정한 지위를 갖는, 또는 공인된 지위와 더불어 의회에서 일정한 기능을 수행하는 시 자치제의 일원이었다. 그와 반대로, 근대적인 시민권 개념은 직접적이다. 내가 중개 조직들을 통해 제아무리 여러 가지 방식으로 사회의 나머지 부분과 관계 맺는다 할지라도, 나는 나의 시민권이 다른 모든 것으로부터 독립된 별개의 것이라고 생각한다. 내가 국가에 속하는 근본적인 방식은 그 어떤 다른 소속에도 의존하지 않으며, 그에 의해 매개되지 않는다. 나는 모든 동료 시민들과 더불어 국가에 대해 직접적인 관계를 맺고 있으며, 그것은 우리 공동의 충성 대상인 것이다.

물론 그렇다고 해서 실제로 일이 진행되는 방식이 반드시 변화하지는 않는다. 나는 사동생이 판사인지 하원의원인지라는 사람을 한 명 알고 있다. 그래서 나는 곤경에 빠졌을 때면 그녀에게 전화를 한다. 그러니 변한 것은 다만 규범적 상(normative picture)이라고 말할 수 있을지도 모르겠다. 하지만 그 상의 기초를 이루는 것은 인민이 자신의 소속에 대해 상상하는 방식의 변화다. 이것이 없었더라면 우리에게 새로운 규범은 존재할수 없었을 것이다. 17세기 프랑스에도, 그리고 그 이전에도 분명히 인민은 있었다. 하지만 그 인민에게는 직접 접속이라는 발상 자체가 낯설었을 것이고, 그에 대한 명료한 이해도 불가능했을 것이다. 식자층에게는 고대의 공화국이라는 모델이 있었다. 그러나 다른 많은 이들은 오로지 좀 더직접적이고 이해 가능한 소속단위들—영주, 소교구—을 통해서만이 왕국또는 보편적인 교회처럼 더 큰 전체에 자신들이 속해 있다고 이해할 수 있었다. 그 단위들이 서로 비늘처럼 겹쳐져 거대한 실체를 이루는 것이다. 근대성은 다른 무엇보다도 우리의 사회적 상상에 혁명을 가져왔다. 매개성(mediacy)의 형식들이 추방당하고, 직접 접속의 이미지가 확산되었던것이다.

이는 내가 지금껏 기술한 사회적 형식들의 출현을 통해 이루어졌다. 그 사회적 형식들이란 인민이 스스로 전국적인(때로는 국제적인) 토론에 직접적으로 참여하고 있다고 상상하는 공론장, 모든 경제적 행위자들이 평등한 자격으로 다른 이들과의 계약관계에 참여한다고 여겨지는 시장경제, 그리고 당연히 근대적인 시민권 국가 등을 말한다. 하지만 우리는 접속의 비매개성 내지 직접성이 우리의 상상력을 사로잡는 다른 방식들 역시 떠올릴 수 있을 것이다. 예를 들어, 우리는 패션 공간에서 스타일을 따라잡고 그것을 전하며, 스스로를 미디어 스타들의 전 세계적인 수용자 가운데

238

일부로 여긴다. 그리고 이들 공간은 비록 그 나름대로는 위계적일지라도
—그 중심에는 거의 전설적인 인물들이 있다—, 어떤 다른 것에 대한 소속이
나 충성에 의해 매개되지 않는 접속을 모든 참여자에게 제공한다. 같은 종
류의 그 무엇이, 더욱 실질적인 참여 양식과 더불어 다양한 사회적, 정치
적, 종교적 운동에서 이용 가능하다. 그러한 운동은 근대적 삶의 중요한
특징이며, 지역을 가로질러 국제적으로 인민을 결연시킴으로써 단일한
집단적 행위주체성으로 만드는 것이다.

상상된 직접 접속의 이러한 양식들은 근대적 평등과 개인주의에 연계
되어 있다. 사실 그것들은 근대적 평등과 개인주의의 또 다른 면모에 지나
지 않는다. 접속의 직접성은 위계적인 소속의 이질성을 없앤다. 그것은
우리를 균질적으로 만들며, 이는 평등해지는 한 가지 방법이다(이것이 유
일한 방법인가 하는 문제는 다문화주의를 둘러싼 오늘날의 많은 투쟁에서 논란이
되는 중대한 쟁점이다). 동시에 다양한 매개의 추방은 우리 삶에서 매개의
중요성을 감소시킨다. 개인은 여러 매개로부터 점점 더 자유로운 자리에
있게 되며, 따라서 한 개인으로서 지니는 자의식 역시 커져간다. 도덕적
관념으로서 근대 개인주의는 어디에도 소속되는 것을 그친다는 의미—그
것은 아노미와 붕괴의 개인주의이다—가 아니라, 개인이 스스로를 더욱 광
범위하고 비인격적인 실체—국가, 운동(the movement), 인류 공동체—에 속
하는 것으로 상상한다는 의미이다. 이러한 변화는 다른 각도에서 '네트워
크' 또는 '관계적' 정체성에서부터 '범주적'(categorical) 정체성으로의 이
동으로 기술되어왔다.[3]

우리는 중요한 의미에서 근대의 직접 접속 사회들이 전근대 사회들보
다 더 동질적이라는 점을 곧바로 알 수 있다. 그러나 이것이 의심의 여지
없는 진실이라 할지라도, 수백 년 전에 비해 상이한 계층 간의 문화와 생
활양식이 실제적으로 덜 분화되는 경향이 있다는 말은 아니다. 계급들 사

이의 사회적 상상이 서로 한층 가까워져온 것 역시 사실이다. 예를 들어, 마을이나 소교구와 같은 지역 공동체 사람들이 그들 사회의 나머지 부분에 대해서는 아주 흐릿한 관념만을 가졌다는 점에 위계적이고 매개된 사회들의 특징이 있었다. 그들은 중앙의 권위에 대해서는 선한 국왕과 악한 신하들의 혼합 같은 일정한 이미지를 갖게 되지만, 그림의 나머지를 어떻게 채울지에 대한 관념은 거의 없었다. 특히 어떤 다른 사람들과 지역들이 왕국을 구성하는지에 대해 그들은 대체로 잘 알지 못했다. 사실 정치 엘리트들의 사회적 상상과 이론은 교육받지 못한 계급이나 지방민들의 그것과는 넓은 간극이 있었다. 이러한 정황은 많은 국가에서 비교적 최근까지 지속되었다. 19세기 대부분의 기간 동안 프랑스가 어땠는지에 관한 기록은 잘 정리되어 있다. "하나의, 나눌 수 없는"[4] 국가라는 [프랑스] 공화주의적 지도자들의 확신에 찬 발언에도 불구하고 말이다. [소수 엘리트와 다수 인민들 간의] 이러한 의식상의 분열은 직접 접속 사회의 존재와는 제대로 양립하기 힘든 것이다. 제3공화국에 이르러 마침내 필수적인 변화가 이루어졌고, 대혁명에 의해 이론화되었던 근대 프랑스는 처음으로 현실적이고 포괄적인 국가가 되었다. 사회적 상상에서 일어난 이 (한 가지 의미 이상으로) 혁명적인 변화를 유진 웨버는 『농부에서 프랑스인으로』(*Peasants into Frenchmen*)라는 자신의 책 제목에 담아내고 있다.

1 Anderson, *Imagined Communities*, p. 37.

2 Martin Heidegger, "Die Zeit des Weltlbildes", in *Holzwege* (Frankfurt: Niemeyer, 1972)[최상욱 옮김, 『세계상의 시대』, 서광사, 1995].

3 나는 이 용어를 크레이그 칼훈(Craig Calhoun)으로부터 빌려왔다. 예를 들면, "Nationlaism and Ethnicity", *American Review of Sociology*, no. 9(1993), p. 230을 보라. 이 장의 논의는 크레이그의 최근 작업에 크게 빚지고 있다.

4 이는 다음의 책에서 훌륭하게 그려졌다. Weber, *Peasants into Frenchmen* (London: Chatto, 1979).

제11장

행 위

주 체 성 과

객 관 화

우리 자신이 수평적이고 세속적인 세상에 산다고 상상하는 일은 우리가 세속적 시간의 공동 행위에 기초한, 새로운 종류의 집단적 행위주체성에 속한다는 문제를 끌어들인다. 하지만 스펙트럼의 다른 끝에서 그것은 우리가 어떠한 행위자적 시각으로부터도 벗어나 사회를 객관화된, 일련의 과정으로 파악할 수 있다는 문제와도 관련된다. 나는 5장에서 근대적인 사회 인식의 이러한 이중초점을 언급한 바 있는데, 여기서는 그것에 관해 좀 더 논의해보고자 한다.

왕이나 옛날 법률은 각기 우리 사회를 고귀한 시대에 있는 토대와 연결시켜주기 때문에 사회가 그 본질상 오로지 왕에게 종속됨으로써만, 혹은 옛날 법률에 의해 지배됨으로써만 응집력을 갖는다고 간주되는 한, 사회를 다른 용어로 또는 다른 각도에서 상상하기란 어려운 법이다. 사회를 그저 정치적이거나 법적이거나 종교적인 질서 짓기로부터 부분적으로 독립해 작용하는 하나의 체계, 일군의 연결된 과정으로 보려면 순수한 세속적 시간 속으로 이행해야 한다. 이는 또한 정치적 실체라는 관점에서 사회의 응집성을 정의하는 규범적인 질서 짓기로부터 독립적인, 하나의 총체로서의 사회라는 관점을 요구한다. 그런데 고귀한 시대에 배태되어 있는 규범적 질서 짓기가 정치체를 본질적으로 규정한다고 여겨지는 한, 이는 거의 불가능한 일이었다.

사회에 관한 그러한 최초의 독립적인 견해는 그것을 경제로 파악하는 것이었다. 이때, 경제는 더 이상 확장된 집안으로 해석되는 영역, 왕국의 통치자에 의해 관리되는 특수한 영역이 아닌, 고유한 법칙들을 따르는 하나의 연결된 거래체계를 가리킨다. 이 법칙들은 행위자 뒤에서 그것들이 연결시키는 인간 행위에 적용된다. 그것들은 보이지 않는 손을 구성한다. [이러한 논리에서] 우리는 집단적 행위주체성의 대척점에 있는 것이다.

따라서 세속적 시기의 새로운 수평적 세상은 사회를 상상하는 두 가지 상반된 방식을 가능하게 해준다. 한편으로 우리는 집단적 행위주체성의 자유롭고 수평적인 새 양식들을 상상할 수 있게 되며, 그러한 행위주체성에 들어가고 그것을 창조할 수 있게 된다. 그것이 이제는 우리의 레퍼토리 안에 존재하기 때문이다. 다른 한편으로 우리는 사회를 규범과는 무관한 과정들의 체계로서, 여러 면에서 본질적으로 그 과정들과 유사한 체계로서 객관화할 수 있게 된다. 한편으로 사회는 공동 행위주체성(common agency)의 장이다. 다른 한편으로 그것은 지도로 그려지고, 개괄적으로 재현되고 분석되며, 계몽된 행정가들에 의해 외부로부터 영향을 받을 준비가 되어 있을 법한 영토이다.

우리는 익숙하게 이 두 관점의 긴장 상태를 경험해왔다. 우리는 종종 첫 번째 것이 두 번째 것에 의해 억제되거나 무시될까봐 염려한다. 우리 세계가 점점 더 관료주의적 운영 아래 놓이게 되고, 이는 다시 고유한 비인격적 법칙에 의해 지배되는 것으로 판명되면서 말이다. 그러나 이 두 입장은 분리될 수 없다. 그것들은 동시대의 것이며, 근대의 도덕적 질서로부터 유래한, 동일한 범위의 상상 작용에 함께 속해 있는 것이다.

그 중심에는 정치적인 것이 정치 외적인 것(the extrapolitical), 즉 나름의 통일성과 목적을 갖는 다른 생활 영역들에 의해 제한된다는 발상이 있다. 이 영역들이 경제적인 것을 포함하기는 하지만, 경제적인 것이 전부는 아니다. 이러한 발상은 근대의 사회적 상상에 짜 넣어져, 정치 외적인 형식들 속에서 사회를 개념화하도록 해준다. 이는 정치경제학이라는 이름이 붙게 된 학문을 통해서뿐만 아니라, 사회학이라고 이름 붙은 것의 다양한 양상들을 통해서도 이루어졌다. 근대적 의미에서 사회가 뜻하는 바로 인해 우리는 여러 가지 방식으로 포착되고 연구될 수 있는 이 실체를 향해 주의를 돌리게 된다. 정치적인 것은 그저 그 중 하나일 뿐이며, 반드시 가장 근본적인 것은 아니다.

우리의 근대적 상상은 이렇게 공동 행위를 가능케 하는 범주들뿐만 아니라, 행위자들의 뒤에서 일어나거나 효과를 낳는 과정과 분류의 범주들 또한 포함한다. 우리들 각자는 인종, 언어, 수입 정도, 또는 복지 체제 내 명칭과 관련된 인구통계조사 범주에 놓일 수 있다. 우리가 어느 범주에 맞는지, 또는 그로부터 어떤 결과가 나올지 알고 있든 아니든 간에 말이다. 그럼에도 능동적인 것(the active)과 객관적인 것(the objective), 이 두 종류의 범주 모두는 내가 여기서 쓰고 있는 의미에서의 사회적 상상에 필수적일 수 있다. 즉 우리 실천들에 의미를 부여함으로써 그것들을 가능케 하는 상상 작용의 총체로서의 사회적 상상 말이다.

능동적인 범주가 어떻게 그렇게 하는지는 명백하다. 우리는 자신을 집단적 행위주체성으로 이해할 때만 레퍼토리 안에 그러한 유형의 행위[즉 공동 행위]를 가질 수 있으니까 말이다. 그러나 객관적인 범주는 다른 식으로 [실천들에 의미를 부여함으로써 그것을] 가능하게 만든다. 내가 살고 있는 사회를 경제로 파악하는 것은, 엄밀하게 말한다면 그것을 집단적 행위로 파악하는 것이 아니다. 단지 내가 이런 식으로 체계를 이해하기 때문에,

나는 내가 하는 방식을 시장 거래에 투입한다. 체계는 나의 행위가 원하는 결과를 갖기 위해 필요로 하는 환경을 제공하며, 나는 그것이 여전히 의도된 대로 작동하고 있는지(예를 들면, 혹시 경기침체 또는 경기과열로 향하고 있지는 않은지)를 이따금씩 확인해보고 싶어지는 것이다.

능동적이고 객관적인 범주들은 우리 삶에서 상호보완적인 역할을 한다. 우리가 객관적인 범주들 없이도 때울 수 있다는 것은 불가능한 상상에 가깝다. 대칭적 가설(symmetrical hypothesis)—즉 우리는 사회에 대해서는 오직 객관적 상상 작용만을 가져야 하는 반면, 행위주체성으로서의 감각은 순전히 개인 수준에서만 가져야 한다는 논리—에 관해 말하자면, 이는 18세기의 유토피아(혹은 디스토피아) 중 하나인, 계몽전제주의(enlightened despotism)*에 부합한다. 이 경우, 전체에 영향을 줄 수 있는 유일한 행위주체성은 통치자다. 그리고 그는 가장 과학적인 이해에 의해 인도되는 것이다.

사회의 정치적 발전이 이에 근접하게 이루어졌던 것은 프리드리히 2세(Friedrich II)[프로이센], 요제프 2세(Joseph II)[오스트리아], 예카테리나 대제(Catherine the Great)[러시아 제국], 그리고 폼발(Pombal)[포르투갈]의 '계몽적' 지도 아래서의, 오직 아주 덧없이 짧은 순간뿐이었다. 우리의 역사가 다른 방향을 취했다는 사실은 단순한 우연 이상으로 보인다. 어느 정도 역사는 공론장의 발전을 통해 아주 놀랍게 다른 방향으로 나아갔다.

우리는 여기서 상보성의 작용을 볼 수 있다. 어떤 의미에서 공론장에서의 토론은 경제적이고 정치적이고 사법적인, 사회에 대한 계몽되고 객관적인 이해의 발전에 의존하며, 또 그것으로 이루어져 있었다. 어떤 관점

---

* 계몽전제주의(enlightened despotism): 18세기 프랑스의 계몽사상을 전제군주가 실제 정치에 적용하려던 전제정치를 가리킨다. 그 중심 과제는 지식 엘리트들이 군주 또는 인민 일반을 사상적으로 계몽시키는 데 있었다.

에서는 공론이 조용하고 이성에 의거한 토론의 산물로서 이상적으로 합리적인 것이라고 여겨졌다. 그러나 또 다른 관점에서 공론장은 불가피하게 공동 행위로 여겨졌다. 토론은 결말을 갖고 있었다. 즉 그것은 공론, 공통의 정신 또는 집단적 판단으로 구체화되었다. 더욱 결정적으로, 이러한 여론은 점차 거부할 수 없게 정당화의 원리가 되었다.

프랑스 구체제의 마지막 20년 동안 이 새로운 힘의 출현보다 더 놀라운 것은 없었다. 1770년 이전, 왕실 정부는 계몽된 여론을 잠재적인 불법 방해 혹은 위험으로 간주했다. 검열을 통해 사상의 유통을 통제하려는 노력이 수행되었다. 이것이 명백히 효력을 점차 잃어가자, [정권에] 호의적인 작가들이 '권력자의 뜻을 반영한' 개입을 통해 공공 토론을 조종하려는 몇몇 시도가 이루어졌다. 혁명 전야에 도달할 즈음에는 여론이 저항할 수 없는 힘으로 여겨지기에 이르렀다. 예를 들면, [공론의 압력 아래] 왕은 자신이 전에 해고했던 재무총감 자크 네케르(Jacques Necker)*를 다시 불러들여야만 했다.

많은 것들이 이러한 발전에 기초가 되었다. 채권자의 자비에 맡겨진, 정부의 쌓여만 가는 고삐 풀린 빚도 거기 포함된다. 그러나 전환의 필수적인 조건은 공통의 인식 그 자체의 성장이었고, 이는 공론과 같은 것이 존재하는 토대가 되었다. 사회적 상상에서의 변화는 새로운 정치적 힘의 등장을 가져왔다.

당대의 일반적인 이미지에서 공론이란 권력자가 귀를 기울여야만 했

---

* 자크 네케르(Jacques Necker, 1732~1804): 스위스 출신의 프랑스 은행가이자 정치가. 루이 16세 당시 재무총감에 취임하였으며, 1781년에는 프랑스 최초의 재정 보고서를 간행하여 재정수지의 전모를 국민에게 알렸다. 이는 궁정의 비난을 샀고, 그가 공직에서 사임하는 계기가 되었다. 1788년 다시 총감에 취임한 그는 삼부회를 소집하였고, 이는 결국 프랑스 혁명의 도화선이 되었다.

던 법정, 일종의 최고재판소처럼 그려졌다. 이 법정을 말제르브(Malesherbes)는 "모든 권력으로부터 독립적이며 모든 권력에 의해 존경받는 [⋯] 공중의 법정이며 [⋯] 지상의 모든 판관 가운데 최고의 판관"이라고 칭송했다.[1] 자크 네케르 자신이 사건 이후에 자신의 혁명사에서 설명했던 바와 같이, "이백 년 전에는 존재하지 않았지만 반드시 고려되어야만 하는 권위가 떠올랐다. 공론의 권위가 그것이다."[2]

근대의 사회적 상상은 이렇게 능동적인 동시에 관조적이다. 그것은 집단행동과 객관적 분석의 레퍼토리를 확장한다. 그런데 그것은 또한 일련의 중개 형식 안에도 존재한다. 사람들이 자신들과 수많은 다른 이들이 동시에 존재하고 활동한다고 이해하는, 전형적으로 근대적이며 수평적인 사회적 상상의 형식에 관해 앞에서 이야기하면서, 나는 경제, 공론장, 그리고 주권을 가진 인민뿐만 아니라 패션의 공간 또한 언급하였다. 이는 동시성의 네 번째 구조의 한 예다. 그것은 공동 행위의 장이기 때문에, 공론장이나 주권을 가진 인민과는 다르다. 이러한 점에서 패션의 공간은 경제와도 같은데, 거기에서 수많은 개인적 행위들은 우리의 등 뒤에서 사슬처럼 이어진다. 그러나 그것 역시 경제와는 다르다. 우리의 행위가 특수한 방식으로 패션의 공간에 관련되기 때문이다. 나는 내가 좋아하는 종류의 모자를 쓴다. 하지만 그렇게 함으로써 나는 내 스타일을 여러분 모두에게 전시하고 있는 것이다. 이 점에서 나는 여러분의 자기 전시(self-display)에 반응하고 있는 것이며, 여러분은 나의 자기 전시에 반응할 것이다. 패션의 공간은 우리가 함께 기호와 의미의 언어를 지탱하는 곳이다. 그것은 끊임없이 변화하지만, 언제든지 우리의 몸짓에 그 의미를 주기 위해서 필요한 배경이다. 만일 내 모자가 특유의 건방지면서도 은근한 자기 전시를 표현할 수 있다면, 이는 바로 우리들 사이에서 스타일이라는 공통어가 이

지점까지 진화해왔기 때문이다. 내 몸짓은 그것을 바꿀 수 있다. 그리고 나면 거기에 반응하는 당신의 스타일상의 움직임이 그 언어가 갖게 된 새로운 윤곽으로부터 그 의미를 취할 것이다.

패션의 공간이라는 이 예로부터 내가 이끌어내고자 하는 일반 구조는 수평적 · 동시적 · 상호적 현존의 그것이다. 그런데 이는 공동 행위가 아니라, 상호 전시(mutual dsiplay)의 구조다. 우리가 행동할 때, 각자에게 문제가 되는 것은 타인들이 우리 행위의 목격자이자 결과적으로는 우리 행위가 지니는 의미의 공동 결정자(codeterminer)로서 현존한다는 점이다.

이러한 종류의 [공적인 전시] 공간들이 근대 도시사회에서는 점점 더 중요해진다. 거기에서 서로 알지 못하고 교제관계도 없는 수많은 사람들은 서로에게 영향을 미치며 서로의 삶의 불가피한 맥락을 이루면서 어깨를 부비고 살아간다. 매일 일터로 달려가는 지하철에서는 타인들이 나의 길을 방해하는 장애물로 전락할 수도 있지만, 도시의 삶은 더불어 살아가는 다른 방식들을 발전시켜왔다. 예를 들어, 우리들 각자는 일요일에 공원에서 산책을 하거나, 길거리의 여름 축제에서 뒤섞이거나, 플레이오프(playoff) 경기가 열리기 전에 운동장에서 어울린다. 여기서 각각의 개인 또는 소집단은 독자적으로 행동하지만, 그들은 자신들의 전시가 타인들에게 무엇인가 말하고 있고 타인들이 그에 반응할 것이며 모든 사람의 행위를 물들이게 될 공통의 분위기나 기풍을 만드는 데 기여할 것임을 알고 있다.

수많은 도시의 모나드들(monads)은 유아독존(solipsism)과 커뮤니케이션 간의 경계를 배회한다. 내가 큰소리로 하는 말과 몸짓은 나와 가까이에 있는 친구들에게만 분명히 전달된다. 일요일 외출에 함께 나선 나의 가족들은 조용히 산책하고 있다. 하지만 우리는 언제나 우리가 구축하고 있는 이 공동의 공간을 의식하고 있으며, 우리가 교환하는 메시지는 바로 그 안에서 의미를 갖는다. 고독과 커뮤니케이션 사이의 이 낯선 지대는 이 현상이 생겨난 19세기에 일찍이 많은 관찰자들의 흥미를 끌었다. 관찰과 전시를 결합하는 산책자(flâneur)와 댄디(dandy)의 역할에 대한, 또는 도시 풍경에 대한 에두아르 마네(Edouard Manet)의 일부 그림이라든지 샤를 보들레르(Charles Baudelaire)의 열렬한 관심을 떠올려볼 수 있을 것이다.

물론 이 19세기 도시 공간은 장소 중심적(topical)이었다. 다시 말해, 모든 참가자들은 서로가 보이는 같은 장소에 있었다. 그러나 20세기의 커뮤니케이션 수단은 장소 초월적인 변이를 생산해왔다. 예를 들어, 누군가는 자신의 행위가 전 세계에 반향을 일으킬 것을 알면서 CNN 카메라 앞에서 군인들에게 돌을 던지는 것이다. 사건에 대한 우리 참여의 의미는 광범위하게 퍼져 있는 전체 시청자들, 우리가 사건을 공유하는 이 시청자들에 의해 형성된다.

다만 이 공간들이 고독과 연대감 사이에서 떠돌기 때문에, 그것들은 때때로 공동 행위로 재빨리 전환될지도 모른다. 사실 그것들이 그렇게 되는 순간을 정확히 집어내기는 어려울 수 있다. 후반전의 결정적인 골을 응원하기 위해 모두 하나가 되어 일어날 때, 우리는 의심의 여지없이 공동 행위자가 된다. 다 함께 행진하고 노래하거나 심지어 다양한 무차별 폭력을 휘두르며 경기장을 떠날 때, 우리는 이를[즉 공동 행위자로서의 위치를] 연장시키려 하는 것일 수 있다. 록 페스티발에서 환호하는 군중도 이와 비슷하게 융합된다. 이 융합의 순간들에는 과거의 카니발이나 거대한 집단 의례들을 떠올리게 만드는, 고양된 흥분이 있다. 그래서 어떤 이들은 우리 세상에 존재하는 새로운 종교 형식 가운데 이러한 순간들이 있는 것으로 보아왔다.[3] 에밀 뒤르켐(Émile Durkheim)은 집단적 열광(collective effervescence)의 이 시간들에 사회와 신성한 것(the sacred)을 정초하는 계기로서의 중요성을 부여했다.[4] 어쨌든 이 순간들은 오늘날의 '고독한 군중'이 필요하다고 느끼는 중요한 무엇인가에 응답하는 듯하다.

자주 지적된 바와 같이, 이러한 종류의 몇몇 순간은 실제로 지난 여러 세기의 카니발과 가장 흡사하다. 그 순간들은 흩어져 있던 이전의 잠재력으로부터 새로운 집단적 행위자의 탄생을 증언하기에 강력하고 감동적일 수 있다. 그것들은 사람들을 들뜨게 만들고 흥분시킬 수 있다. 그러나 카니발과는 달리, 그 순간들은 구조와 반(反) 구조(counter structure)에 대한 암묵적이면서도 깊이 확립된 공동의 이해에 의해 틀지어져 있는 것이 아니다. 그것들은 종종 아주 매혹적이지만 또한 빈번하게 거칠고 마구잡이 식이며, 유토피아적 혁명을 꿈꾸거나 외국인 혐오증을 드러내거나 지나치게 파괴적인, 수많은 상이한 도덕적 벡터에 사로잡힐 수도 있다. 그것들은 깊은 곳에서 느껴지는, 대개가 소중히 품고 있는 어떤 선으로 구체화될 수도 있다. 평범하지 않은 삶 속에서 사랑과 행복이라는 평범하고도 연약한 꿈을 기리면서 말이다. 바츨라프(Václav) 광장에서 울리는 열쇠꾸러미*라든지, [영국의] 다이애나 왕세자비의 장례식이 그런 경우였다.

[나치의 대규모] 뉘른베르크(Nürnberg) 집회, 그리고 그와 비슷한 또 다른 공포들로 가득 찬 20세기의 역사를 기억한다면, 우리에게는 이 광란의 신들린 순간에 희망만큼이나 두려움을 가질 만한 이유도 많이 있는 셈이다. 그러나 이 순간들의 잠재력, 그리고 엄청난 호소력은 아마도 근대의 세속적 시간 경험 속에 잠복해 있을 것이다.

---

* 바츨라프(Václav) 광장에서 울리는 열쇠꾸러미: 1968년 소련군의 침공으로 수많은 사상자를 냈던 '프라하의 봄' 사건의 중심지였으며 1989년 체크의 공산정권이 무너지게 된 무혈혁명 '벨벳혁명'의 중심지이기도 했던 바츨라프 광장에서 벌어지는 상징적인 행동을 가리킨다. 후일 체코슬로바키아 최후이자 체크 공화국 최초의 대통령이 된 바츨라프 하벨(Václav Havel)이 열쇠 꾸러미를 흔들어 소리를 냄으로써 시위를 했던 일화에서 유래하며, 닫혀 있는 문을 열어간다는 의미를 갖는다. 지금도 정오가 되면, 바츨라프 광장 주변에서는 벨벳혁명을 기념하기 위해 열쇠고리를 흔들어 짤랑거리는 소리를 내는 모습을 쉽게 볼 수 있다고 한다.

나는 이 모호한 상호 전시 공간들에 관해 상세하게 논했는데, 그것들의 가능성은 분명히 공동 행위와 객관화 사이에서 소진되는 것이 아니다. 다이애나의 장례식을 지켜본 수백만 명의 시청자들 가운데서 그러했듯이, 공동 공간이 행위보다는 강력한 감정의 공유로 채워지는 순간들 역시 있다. 이 광범위한 장소 초월적 시청자 공간이 우리 세계에서는 점점 더 중요해지고 있다.

더욱이 사람들이 함께 하는 이 상이한 방식들은 그저 나란히 존재하지 않는다. 우리는 상호 전시가 어떻게 해서 때때로, 적어도 잠깐 동안이라도 공동 행위로 전환될 수 있는지를 이미 보았다. 더 지속적인 기초 위에서라면, 실업자나 복지혜택 수혜자처럼 단순한 인구통계 범주에서 출발한 집단도 공동의 요구를 주장하는 공동 행위주체성으로 결집될 수 있을지 모른다. 혹은 기존의 행위주체성들이 단순한 수동적 범주로 전락할 수도 있다. 근대적 상상은 복잡한 상호작용과 잠재적인 상호이행 속에서 온갖 형식을 포함한다.

사회를 단지 정치체가 아닌, 여러 단면을 가진 대상으로 이해하는 방식은 우리 세계에서 또 다른 중요한 영향을 미쳤다. 그러한 이해는 정치 영역에서의 행위가 다른 형식들, 그리고 사람들이 거기서 추구하는 목표의 고결성(integrity)을 고려해야만 한다는 감각과 관련된다. 경제적 번영을 위한 단순한 수단으로서의 정치라는 관념은 우리 세계에서 뜨겁게 논박되고 있다(그리고 나는 그러한 논박이 정당하다고 믿는다). 사실 인민 주권의 등장은 정치에 새로운 중요성을 부여했다. 이는 정치활동이 시민생활의 정점에 서 있었던 고대 공화정과 도시국가들(poleis)로부터 [정치적] 이상과 형식을 부활시킨 데서 부분적으로 표현되었다. 하지만 그렇다고 할지라도 나머지 다른 영역들의 고결성이 부정될 수는 없다. 우리는 전체주의의 유혹, 그러니까 빛나는 미래라는 이름으로 삶의 다른 모든 측면들을 통제하고 무시하려는 충동에 익숙하게 되었다. 이는 일찍이 자코뱅 공포정치의 절정에서, 그리고 나중에는 소비에트 공산주의와 그 분파들에서 뚜렷이 나타났다. 이 시도들은 도덕질서에 대한 우리 이해의 어떤 근본적인 특징들—가장 두드러지게는 개인의 자유와 도덕적 자율성에 대한 요구—을 거스른다. 뿐만 아니라 그것들은 대개 과잉통제가 결국에는 속박 없는 세상을 낳으리라는 (결국 헛된 것으로 판명된) 희망 속에서 수행되었다. 마르크스주의에 있어 궁극적 목적은 국가의 쇠락이었다. 우리의 근대적 이해 속에 정치 이전의 것(the prepolitical)이 정치의 한계이자 목적으로 깊숙이 자리 잡고 있다는 점을 보여주는 데에 이보다 더 설득력 있는 증거는 없을 것이다.

(우리 세기 또 하나의 거대한 전체주의적 유혹인 파시즘의 경우는 도덕질서에 대한 우리의 이해에 대해 실로 정면공격을 실행한다. 그것은 이러한 질서에 대한 반동의 한 가지 양상인데, 나는 이 문제를 뒤에서 기술하겠다. 그 질서가 줄곧 논란의 대상이 되어왔으며, 앞으로도 계속 그럴 것임을 아는 것은 중요하다. 하지만 그것이 대체되는 것을 상상하기란 어려운 일이다. 파시즘이 20세기 초반의 군사적 패배에 의해 제거되었다는 사실은 우리에게 행운이었다. 그러나 파시즘이 이러한 운명을 맞이하지 않았다 하더라도, 나는 파시스트 정권이 우리 문화 속에 깊게 자리한, 더 큰 자유에 대한 요구에 무한정 저항할 수 있었을까 하는 의구심을 품고 있다.)

뱅자맹 콩스탕(Benjamin Constant)은 일찍이 고대와 근대의 자유에 관한 자신의 유명한 강의에서, 근대를 비정치적인 것(the nonpolitical)에 결정적인 자리를 부여하는 시대라고 말했다.[5] 콩스탕에 따르면, 자코뱅주의(그리고 루소)의 오류는 바로 고대인들이 높이 평가한 정치적 참여의 자유만이 우리에게 중요한 유일한 자유라고 간주한 것이었다. 그런데 인민은 이제 경제적 풍요와 사생활의 만족감 또한 매우 중요한 것으로 여기게 되었다. 우리가 정치적 삶에 단순히 고대의 모델을 적용시킬 수는 없게 된 셈이다.

동시대의 도덕질서 개념에 대한 더 충분한 그림을 제시하기 위해, 우리는 근대적 상상에서 이미 확인한 사회적 존재의 세 가지 형식—경제, 공론장, 그리고 인민에 의해 지배되는 정치체—에 네 번째 형식을 추가해야만 한다. 이는 권리 장전과 권리 헌장에서 벌써부터 명시되어온 것이다. 규범적 질서에 대한 우리의 이해에 배태되어 있는 본래의 그로티우스-로크 이론의 핵심적인 특징이 여기에 있다. 그것은 인민 주권이 그랬던 것과 비교적 동일한 방식으로, 동일한 과정에 의해 우리의 사회적 상상을 구조화하기에 이르렀다. 다시 말해, 예전의 실천들에 새로운 의미가 주어졌으며, 따라서 그것들은 다르게 구조화되었던 것이다.

선출된 의회로부터 동의를 얻는 관행이 미국 혁명 동안에 정치적 정당성의 새로운 정의(definition)로 전환되었듯이, 동일한 정치적 변동과 동시에, 그리고 이를 통해, 법의 우월성(primacy)을 구체적으로 실현하는 관행이 그 의미를 변화시키기 시작했다. 그것은 단순히 영국인의 권리를 신성화하는 대신, 위대한 17세기 이론가들이 말해온 천부적 권리(Natural Right)의 반영물로 여겨지기 시작했다. 이는 독립선언문(Declaration of Independence)에서 환기되었다. 그리고 권리의 우월성은 헌법의 첫 열 가지 수정조항들*에 의해 더 멀리까지 나아간다.

이 모든 발전은 제2차 세계대전 이후 우리 시대에 이르러 그 정점에 달하게 된다. 이제는 정치구조에 우선하며 그것이 함부로 손댈 수 없는 권리

---

* 헌법의 첫 열 가지 수정조항들: 1788년 채택된 미국헌법은 세계 최초의 성문 헌법이다. 이후 최초로 수정된 10개의 조항은 1791년 비준되었으며 권리 장전(Bill of Rights)이라고 불린다.

라는 관념이 널리 펴져 있다. 비록 지금은 그 권리가 '천부적' 권리[또는 자연권]보다는 '인권'이라고 불리고 있지만 말이다. 권리 헌장의 조항 안에는 이러한 의식이 표현되어 있다. 일반 법률이 이 근본 규범들[즉 인권]을 위반하면, 그것은 이 조항에 의해 무효가 될 수 있는 것이다.

어떤 의미에서 이들 권리 선언은 정치적인 것(the political)이 존중해야만 하며 또 그 근간을 이루는 도덕질서에 대한 우리의 근대적 관념의 가장 명확한 표현이다.

1 Keith Baker, *Inventing the French Revolution* (Cambridge, England: Cambridge University Press, 1990), p. 189에서 재인용.

2 Stephen Holmes, *Benjamin Constant and the Making of Modern Liberalism* (New Haven: Yale University Press, 1985), p. 243에서 재인용.

3 Danièle Hervieu-Léger, *La Religion pour Mémoire* (Paris: Cerf, 1993), chap. 3, 특히 p. 82 를 보라.

4 Émile Durkheim, *Les Formes élémentaires de la Vie religieuse* (Paris: Presses Universitaires de France, 1912).

5 Benjamin Constant, "De la liberté des anciens, comparée à celle des modernes", in Marcel Gauchet, ed., *Écrits Politiques* (Paris: Gallimard, 1997).

제12장 　　서 사 　　양 식

세속적 시간 속으로의 편입과 함께 얽힌, 수평적인 직접 접속 세계로의 이행은 시간과 공간 안에 있는 우리 상황을 다르게 감각하도록 이끌 수밖에 없었다. 그것은 [그 이전과는] 상이한 역사 이해와 서사 양식(modes of narration)을 낳는다.

특히 예전과 같은 행위 초월적 토대를 필요로 하지 않으며 스스로의 국가를 세울 수 있는 인민 또는 민족, 이 새로운 집단적 주체는 자기 이야기를 하기 위한 새로운 방식을 요구한다. 어떤 면에서 그 방식은, 되찾을 수 없는 기원의 시간에 존재했던 전설적인 인물들의 낡은 이미지를 차용하는, 국가 창건의 옛 이야기들과 닮아 있다. 스스로의 기원에 관한 미국식 이야기 기법에서 조지 워싱턴(George Washington)과 다른 창건자들이 어떤 대우를 받는지 생각해보라.

그러나 갖가지 유사성에도 불구하고, 뚜렷한 차이가 존재한다. 우리는 지극히 세속적인 시대의 이야기를 다룬다. 현재의, 창건 이후의 (postfounding) 질서가 옳다는 감각은 이러한 시대 이해와 조화를 이루는 용어로 표현되어야 한다. 더 이상은 그것을 고귀한 시대에 숨어 있던 자기

실현적 질서가 떠오른 결과라고 기술할 수 없다. 세속적인 시대에 적절한 범주는 오히려 유기체의 영역에서 끌어낸 성장과 성숙의 범주다. 자연 안의 잠재력은 숙성한다. 그러므로 역사는, 예컨대 오류와 미신에 맞서 싸우는 인간 능력, 즉 이성의 더딘 성장으로 이해될 수 있다. 창건은 사람들이 합리적인 이해의 어떤 단계에 이르게 될 때 오는 것이다.

　이러한 새로운 역사는 나름대로의 결절점(nodal point)을 갖는다. 하지만 그 지점은, 이를테면 이성 혹은 합리적 통제를 향해 무르익어가는 잠재력의 여러 단계 주위에 조직된다. 하나의 이야기 속에서 성장은 올바른 도덕질서, 우리가 실현하고자 하는 상호이익의 맞물린 관계를 알게 하며("우리는 이 진실들이 자명하다고 주장한다"), 다른 한편으로는 그것을 실행하기에 충분한 자기 통제를 이루게 한다. 이 두 경로 모두에서 충분히 나아갔을 때, 우리는 결절점에 있는 셈이며, 거기에서 새롭고 더 나은 사회가 세워질 수 있다. 우리의 창건 영웅들은, 그 모든 특별한 자질에도 불구하고, 세속의 시대에서 성장의 이야기로부터 떠오르는 것이다.

　이는 근대성에서 가장 중요한 서사 양식 가운데 하나인 진보의 이야기(혹은 신화)에 적합할 수 있다. 그것은 널리 원용되는 또 다른 모태인 혁명의 이야기에도 적합하다. 이는 성숙의 결절점으로서, 이제 사람들은 도덕질서를 방해하거나 왜곡하는 해묵은 형식 및 구조와 결정적인 단절을 할 수 있게 되는 것이다. 전례 없었던, 이러한 질서에 대한 요구를 실행하는 일이 갑자기 가능해진다. 모든 것이 가능하다는 무모한 감각이 있다. 그러한 이유에서 혁명의 아이디어는 쉽게 강력한 신화로 변할 수 있다. 이는 무한한 가능성들이 변절이나 무기력에 의해 좌절되고 배반당했던 과거의 결절점에 대한 신화인 것이다. 혁명은 여전히 완수되어야 할 그 무엇이 된다. 바로 이것이 19세기 내내 그리고 20세기로 진입하는 시기에 프랑스 급진 좌파를 지탱해준 신화였다.[1]

그러나 가장 강력한 서사 양식 가운데 하나는 민족을 중심축으로 삼는
다. 자기 자신의 정치적 탄생을 관장할 수 있는 인민에게는 역설적인 무엇
인가가 있다. 이 사람들만이 자치(self-rule)의 목적을 위해 함께 어울리도
록 만든 것은 무엇인가? 때로 그것은 역사의 우연한 사건들이다. 민족이
태어나는 것은 여태껏 단일한 권위에 의해 지배받아온 인민이 이 통치권
을 스스로 장악하겠노라 결심하기 때문이다(또는 인민이 그러한 목적에로
인도되어야 한다고 어떤 엘리트들이 결심하기 때문이다). 1789년의 프랑스, 그
리고 그만큼 순조롭지는 않았지만 20세기 초 오토만 국적(Ottoman
nationality)을 정립하기 위한 시도들*이 그러한 경우에 해당된다. 그렇지
않으면, 미국 혁명에서와 같이 인민이 자치에 찬성하는 정치적 선택으로
부터 스스로를 정립하기도 한다. 혁명의 지지자들은 이러한 결정적인 정
치적 대안에 의해 다른 영국인들로부터, 심지어 그들 한가운데 있는 토리
당원들로부터도 떨어져 나왔다.

하지만 우리가 민족주의라고 부르는 것의 많은 부분은 역사적 우연성
또는 정치적 선택과는 달리, 단일한 선민(選民)을 위한 어떤 기초가 있다
는 아이디어를 토대로 한다. 국가를 이루는 인민이 공동의 언어, 공동의
문화, 공동의 종교, 또는 공동 행위의 역사 덕분에 서로 어울려 하나가 된
다고 여겨지는 것이다. 이 공동의 과거의 많은 부분이 대개 순수한 발명
(invention)이라는 점은 끊임없이 지적되어왔다.[2] 이는 진실이다. 그러나

---

* 20세기 초 오토만 국적(Ottoman nationality)을 정립하기 위한 시도들: 1908년 오토만[오스
만] 제국에서는 청년 투르크당이 혁명을 일으켰다. 그들은 술탄 압둘 하미드 2세가 1878년에
중단시켰던 오토만 의회를 복원하고 헌정 제2기의 시작을 알렸으며 입헌군주제를 시도했다.
결국 이 혁명이 오토만 제국 해체의 이정표가 되었다. 군주정을 헌정과 선거 제도로 대체하는
과정은 어렵고도 더디게 진행되었고, 제국의 주변부는 지역적인 반란들의 압력 및 연이은 패
전으로 인해 계속해서 분열되었다. 근대 국가인 지금의 터키가 건국될 수 있었던 것은 수많은
영토와 국민을 잃고 제1차 세계대전에서도 패배한 이후, 즉 1922년에 이르러서의 일이었다.

그것은 정치적으로 확실히 유효한 발명인 경우가 많았다. 그것은 내면화되었고, 당사자 인민의 사회적 상상의 일부가 되었다.

여기서 다시 바탕이 되는 것은 잠재력의 성장이라는 범주이다. 제아무리 흩어져 있고 방언이 다양하며 의식이 결핍되어 있더라도, 우리는 어쨌든 **즉자적인**(*an sich*) 우크라이나인, 세르비아인, 슬로바키아인 등이었다. 우리가 주권을 가진 단일한 인민으로서 함께 구실하는 것을 자연스럽고도 정당하게 만들어주는 중요한 공통점들이 우리에게는 있었다. 다만 우리는 이 사실을 깨우쳐야 할 필요가 있었다. 그러고 나서 우리는 어쩌면 이러한 운명을 실현시키기 위해 투쟁할 필요가 있었다. 여기에서는 의식의 성숙, 성장이라는 아이디어, 궁극적으로는 **대자**(*für sich*)가 되는 **즉자**(*an sich*)라는 아이디어가 중심이 된다.

서사성(narrativity)의 이 세 가지 양식—진보, 혁명, 민족—은 분명히 결합될 수 있다. 그리고 그것들은 다음에 **구원의 역사**(*Heilsgeschichte*)에 대한 종교적 이해로부터 나온 종말론적이고 메시아적인 양식들과 함께 짜일 수 있다. 예를 들어, 성숙하는 질서는 폭력적 저항에 직면하며 폭력이 더욱 격렬할수록 궁극적인 승리에 더욱 가까워진다는 발상이 그렇다. 혁명에는 거대한 투쟁, 세속화된 아마겟돈의 대결전이 따를 것이다. 20세기의 역사에서 이러한 투쟁의 파괴적 결과는 너무도 명백한 것이었다.

우리 인민이 온갖 세기적 발전, 혹은 도덕질서, 자유, 권리를 위한 온갖 세기적 투쟁에서 어떤 자리를 차지하고 있는지에 대한 우리의 감각은 민족 정치사에서 우리의 현재를 위치 짓는 것 너머에 있었다. 이는 우리가 가지고 있는 민족적 자기 이해의 매우 중요한 일부일 수 있다. 프랑스 혁명 당시 프랑스인의 민족의식에서 일종의 보편주의적 국수주의(universalist chauvinism)가 점했던 위상을 떠올려보라. 프랑스는 유럽에 자유와 인권을 가져다주도록 운명 지어진 민족이었다. 군사적 영광과 보편적 사명이 뒤섞였다. 나폴레옹이 알고 있었듯, 이는 무모한 일이었다. 우리 세기에는 소비에트 연방과 중국 공산주의가 여러 상이한 지점에서 이러한 눈가리개를 사실이라고 가장하기 위해 애쓴 바 있다.

  그러나 공간 차원에서 이루어지는 상상의 확장 또한 존재한다. 나는 근대적 상상의 주요한 세 가지 형식을 위한 중심으로서 민족 또는 국가에 관해 이야기하고 있다. 그런데 그 형식들은 모두 초국가적인(supranational) 장소를 갖고 있다. 경제는 국제적인 것으로 보일 수 있고, 공론장은 어떤 면에서는 늘 국경 너머로 확장되는 것이다. 유럽 계몽주의의 중심이 되었던 사상의 교환은 잉글랜드, 스코틀랜드, 영국, 그리고 나중에는 독일과 미국 등 상이한 국가의 논쟁들을 이어주었다. 유럽 국가 그 자체로 말하자면, 그것은 늘 국가 체제(system of states)로 이해되었던 것 안에 존재했다.* 그리고 그 체제는 1648년 베스트팔렌(Westfalen) 조약**의 체결과 함

---

* 유럽 국가 그 자체로 말하자면, 그것은 늘 국가 체제(system of states)로 이해되었던 것 안에 존재했다: 16세기 유럽에는 분산된 봉건 지배의 지속, 분산된 도시들 사이의 새로운 네트워크, 기독교에 기반을 둔 신성한 연방제, 정치적 제국, 국가 체제 등의 가능성이 열려 있었다. 결국 유럽은 당시 성장하고 있던 도시 상인과 농업 지주 세력의 이해관계를 균형 있게 방어하기 위한 장치인 주권국가, 그리고 이들로 이루어진 국가 체제를 구축해갔다. 17, 18세기 유럽에는 300여 개의 주권국들이 있었다. 유럽 국가 체제 자체는 소수 강국들의 지배 아래 실현된 세력 균형으로 유지되었다.

** 베스트팔렌(Westfalen) 조약: 1648년 체결된, 에스파냐와 네덜란드 사이에 벌어진 8년 전쟁과 신성로마제국에서 일어난 30년 전쟁을 마감한 조약. 에스파냐, 프랑스, 스웨덴, 네덜란드, 신성로마제국 황제 페르디난트 3세와 각 동맹국 제후들, 신성로마제국 내 자유도시들이 참여했다. 이 조약은 최초의 근대적인 외교 회의를 통해 나온 결과물로서, 유럽에서 로마 가톨릭 교회와 신성로마제국의 정신적, 실질적 지배를 무너뜨리고 새로운 질서를 세웠다. 조약에 따라, 제후들은 완전한 영토적 주권과 통치권을 인정받았으며 가톨릭, 루터파, 칼뱅파는 동등한 지위를 부여받았다. 교황과 황제의 권력은 약화되었다. 결국 정치는 종교의 영향에서 벗어나 세속화하고 국가 간의 세력 균형으로 질서를 유지하는 새로운 체제가 만들어졌다. 이는 유럽의 근대화와 절대주의 국가의 성립에 매우 커다란 영향을 끼쳤다.

께 균질성의 새로운 단계에, 그리고 일군의 새로운 기본 규칙에 도달했
다.[3]

　문명의 단일성에 대한 이러한 감각은 라틴 기독교 국가(Latin
Christendom)로서의 원초적인 자기 이해로 거슬러 올라간다. 이는 모든
것에 우선하는 초국가적 조직인 가톨릭 교회에 의해 함께 묶여 있었다. 그
이후로 이 문명은 공유된 질서의 원칙들 안에서 그것의 일체감을 결코 잃
지 않았다. 물론 그것은 여러 가지 방식으로 기술되었으며, 근대의 주요
한 기술방식이 바로 '유럽'이었다.

　만일 지금 우리가 다른 의미에서 문명성(civility) 혹은 문명을 끌어들인
다면, 즉 하나의 큰 문화적 복합체를 다른 것과 구별하는 방식으로서가 아
니라 야만성 혹은 미개성과 대조되는 규범적 의미에서 그렇게 한다면, 우
리는 근대 유럽이 종종 기독교계로서 뿐만 아니라 문명의 중심 저장고로
서, 또는 전자라기보다는 오히려 후자로 자임해왔다고 말할 수 있을 것이
다. 그리고 초국가적 질서에 대한 이러한 관념은 민주적 통치와 인권 존중
이 그 질서를 정의하는 주요 특징 가운데 하나로 자리 잡을 때까지, 수세
기에 걸쳐 점진적으로 변화되어왔다. 근대의 도덕질서는 우리가 모든 이
의 가장 광대한 존재 배경을 이해하는 방식을 식민화한 것이다. 유럽 국가
체제가 세계 체제로 확장되기 위한 기반을 형성한 이래로, 상상의 차원에
서 확장된 질서는 이제 전 지구적 공동체의 (올바르게 행동하는) 모든 구성
원들을 포함하기에 이르렀다.

　그러나 문명과 근대 도덕질서의 이러한 동일시가 저항 없이 일어났던
것은 아니다. 이전의 군주제적－위계적 질서 모델을 위해 모든 수단을 동
원한 반동적 투쟁이 이루어졌다. 그 모델이 근대적 질서 개념에 의해 영향
을 받기 시작했던 과정의 초기부터 그랬다. 앞서 언급된 바로크 시대의 질
서 개념이 함축하는 타협에서 우리가 보았던 것처럼 말이다. 혁명 이후 왕

정복고가 뒤따를 수는 있다. 하지만 샤를 10세(Charles X)가 1825년 랭스 (Rheims)에서 대대적으로 전통적인 즉위식을 열고자 했을 때 깨달았듯이, 사실상 왕정복고가 상황을 과거로 되돌릴 수는 없었던 것이다. 새로운 환경에서는 예전의 호화로운 허례허식이 더 이상 일어날 수 없었다. 다른 권위주의 정권들은 위계적 상보성의 형식을 복원하는 데보다는 권력국가 (Machstaate)가 되는 데에 더 많은 투자를 했다. 일부는 독재자 차르(tsar) 아래 동원된 러시아 민족주의에 대한 호소처럼, 너무나 이상하고 모순적인 행사들에 의존하기도 했다.

그럼에도 이 '반동적' 정권들은 오랜 방어적 투쟁을 벌였고, 결국 20세기 독재 정치 형태들에 그 바통을 넘겨줬다. 이 둘 사이의 구성인 (constituency)들에는 연속성이 있었다. 빌헬름 시대 독일의 질서에 향수를 품은 사람들 중 일부는 나치 대열에 합류했다. 프랑스 파시스트들은 [20세기 초반 40여 년 동안 영향력 있었던 우익 반(反)공화주의 단체인] 악시옹 프랑세즈(Action Française)와 같은 운동들로부터 성장했는데, 이는 군주정의 복원을 추구하였다. 그러나 근대 도덕질서에 대한 두 종류의 저항은 사실 서로 다른 원천에서 비롯되었다. 20세기의 저항은 이 질서에 대한 반동, 즉 18세기에 이 질서가 처음으로 정치의 조건을 규정하기 시작한 이래로 야기해왔던 지속적인 불안감으로부터 나왔던 것이다.

18세기 세련된 상업사회의 등장이 많은 사람들 사이에 불러일으킨 불안감을 본다면, 이것이 무엇과 관련되는지를 알 수 있을 것이다. 근대 사회는 그 이전의 사회들보다 좀 더 평화적이고 생산적이며 평등주의적이었다. 그리고 이 모든 것은 선(善)으로 여겨졌다. 그러나 이 모든 것 안에 잃어버린 무엇인가가 있다는, 사람들을 괴롭히는 두려움이 있었다. 인간다움, 영웅주의, 영혼의 위대함은 서서히 부식되었다. 특정한 예외적 인간들의 우월성이 평범함에 대한 사랑 속에서 익사해버렸던 것이다.

이러한 불안감의 일부가 18세기에는 공화주의적 덕성에 대한 지속적인 관심으로 나타났다. 아담 스미스(Adam Smith)와 아담 퍼거슨(Adam Ferguson)*처럼, 새로운 사회에 대한 가장 선진적이고 정교한 이론들을 제공했으며 그러한 사회의 이점을 가장 분명하게 보고 있었던 일부 사상가들조차, 과도한 노동 분업은 사람들의 지각을 마비시키고 무기력하게 만들며, 자치적 시민이 될 자격을 박탈하고, 결국 옛날의 전사-시민(warrior-citizen)이 지녔던 용기와 덕성에 종말을 가져올 것이라는 우려를 표명했다. 퍼거슨이 표현한 바와 같이, "옷감 제조업자와 가죽 제조업자의 기술을 분리함으로써, 우리는 구두와 옷감을 더 잘 공급받게 된다. 그러나 시민을 형성하는 기술과 정치가를 형성하는 기술, 정책의 기술과 전쟁의 기술을 분리하는 것은 인간의 특성을 분해하려는 시도일 뿐이다." 그것은 자유로운 인민에게서 그들의 안전에 필요한 것을 박탈하는 일이 될 것이다.⁴

이러한 우려는 그 세기가 지난 후에도 사라지지 않았다. 근대의 평등주의와 평화적인 생산 기술은 위대함, 영웅주의, 목숨을 건 용기, 번영보다 더 고귀한 무엇인가에 대한 열망을 대가로 얻어진 것이라는 의구심이 떠나지 않고 계속 되풀이되었던 것이다. 토크빌은 민주주의에 대한 자신의 옹호를 자유의 쇠퇴에 대한 공포와 지속적으로 뒤섞는다. 물론 복지와 평등에 대해 프리드리히 니체만큼 대단한 비평가는 없었다. 그는 "마지막 인간"(last men)이 추구하는 "가련한 안락"(pitiable comfort)을 경멸했다.

---

* 아담 퍼거슨(Adam Ferguson, 1723~1816): 영국의 도덕철학자이자 역사학자. 철학의 중심 과제가 사회의 본질과 기원의 탐구에 있다고 보았으며, 『시민사회역사론』(*An Essay on the History of Civil Society*, 1767), 『도덕학과 정치과학의 원리』(*Principles of Moral and Political Science; being chiefly a retrospect of lectures delivered in the College of Edinburgh*, 1792) 등의 저서를 남겼다.

이러한 결핍감의 치료법 가운데 하나가 루소가 제안했던 유형의, 자치에서의 평등을 좀 더 영웅적이고 깊이 있게 추구하는 일이었다. 우리는 이를 자코뱅, 마르크스, 그리고 공산주의에서 보게 된다. 새로운 부류의 덕성 공화국, 또는 평등한 공유자들(equal sharers)의 공동체를 정립하려는 시도 속에는 영웅적 본질이 새겨져 있으며, 이는 사람들이 가련한 안락으로 굴러 떨어지지 않도록 막아주는 것이다. 또 다른 경로는 니체를 따랐다. 그것은 근대 질서의 평등주의적이고 인본주의적인 가치를 모두 거부하고, 영웅주의, 지배 그리고 권력의지(the Will)라는 새로운 정치를 제안했다.

이 두 가지 반응은 모두 20세기에 자유 민주주의에 대한 전체주의의 도전을 만들어냈다. 또 이는 스스로를 근대 도덕질서의 한 판본으로서 정의하기에 이르렀다. 하기야 근대 도덕질서는 그 자체가 여러 형식을 갖는다는 점, 그리고 정치적인 것은 한계를 지닌다는 점을 강조한 바 있다. 그런데 이 투쟁에서 자유 민주주의가 승리함으로써 결국 문명과 근대 질서의 동일성이 확립되었던 것이다. 비록 공산주의와 파시즘이 모두 기성 체제에 대한 대항이라는 의미를 띠었다는 사실은 세기 초에 이미 이러한 동일화가 잘 진행되고 있었다는 암시인 듯하지만 말이다. 그렇기에 [영국 시인] 에즈라 파운드(Ezra Pound)는 제1차 세계대전에서 이루어진 젊은이들의 비극적인 헛된 희생에 관해 이렇게 노래할 수 있었다.

수없이 많은 이들이 죽었다네.
그리고 그들 가운데 최고는
이 빠진 늙은 암캐 한 마리를 위해
누덕누덕 엉망이 된 문명을 위해 죽었다네.[5]

우리는 지금 대부분이 서구사회에서 살고 있으며, [문명과 근대 질서가 자유 민주주의라는] 이 동일시는 완전히 당연한 것으로 여겨진다. 문명을 규범적인 의미에서, 정치적으로 올바르지 않은 방식으로 불러내는 일이 당황스러울지는 모르겠지만 말이다. 우리는 이러한 질서의 기본 가치를 거부하는 사람들, 예를 들어 발칸 반도 혹은 아프리카에서 대학살을 저지른 자들이나 알 카에다 테러리스트들을 두려워하면서도 동시에 (언제나 공공연하게는 아니지만) 그들을 경멸한다.

게다가 우리 문명에서 구축된 그대로의 이 질서에, 우리는 사람들이 언제나 자신들의 가장 근본적인 질서 감각과 관계해온 방식을 연계시킨다. 우리는 우리 세계에서 그 질서가 실제로 유효하다고 믿으면서 안정감을 느끼며, 또 그 질서에 참여하고 그것을 지지하면서 우리 자신의 우수성과 선량함을 느끼는 것이다. 이는 [9.11 사태로 붕괴했던] 세계무역센터의 경우처럼, 질서가 외부로부터 깨질 수 있음을 보게 될 때 우리가 엄청난 불안감으로 반응할 수 있다는 의미이다. 이는 또한 질서가 내부로부터 훼손되거나 혹은 스스로 질서를 배반할지도 모른다고 느낄 때, 우리가 훨씬 더 동요할 수도 있다는 의미이기도 하다. 거기서 위협받는 것은 우리의 안전만이 아니다. 우리 자신의 고결함과 선함에 대한 감각 또한 위협받는 것이다. 이것이 의문시되는 상황을 보면 우리는 매우 불안해지며, 궁극적으로는 행동 능력까지 위협받는다.

이런 이유로 우리는 이전 시대에서 다음과 같은 양상들을 보게 된다. 사람들이 위협의 순간에 '내부의 적'에게 희생양의 폭력을 휘두르는 것. 그것을 우리의 고결성을 위한 책략으로 이용함으로써 안전에 대한 위협에 대응하는 것. 위협을 희생양에게 돌리는 것 등등. 라틴 기독교 국가의 초창기에는 유대인과 마녀들이 어느 누구도 바라지 않는 이 역할에 내던져졌다. '계몽된' 시대에 우리가 여전히 유사한 메커니즘에 의존하려 한다는 증거는 확실치 않다. 그러나 만일 희생양의 폭력을 동원하기 위해 평화적 보편주의의 원칙이 불려온다 하더라도, 그것이 역사에서 그와 같은 경우의 첫 번째 패러독스가 되지는 않을 것이다.[6]

사회적 상상과 문명적 우월감의 결합, 그리고 그것과 희생양 처단이 맺고 있을 법한 관계, 이는 근대 서구의 사회적 상상이 갖고 있는 어두운 면이다. 그렇다면 사회적 상상은 마르크스주의자들이 이데올로기라 부르는 것, 즉 우리 상황에 대한 왜곡되거나 거짓된 의식과 무슨 관계가 있는가? 상상력과 연관된 용어의 사용은 이러한 의문을 불러일으킨다. 우리가 상상하는 것은 새롭고 건설적이며 전례 없는 가능성을 열어주는 어떤 것일 수도 있고, 순전히 허구적이거나, 어쩌면 위험할 정도로 그릇된 것일 수도 있다.

사실 나는 그 용어를 사용함으로써 이 측면들을 모두 결합시키고자 했다. 상상이, 어떤 중요한 현실의 왜곡이나 은폐를 뜻하는, 거짓일 수 있을까? 위의 몇몇 예에 비춰보면, 이 질문에 대한 답은 확실히 '그렇다'이다. 우리가 우리 자신을 민주 국가에서 살아가는 평등한 시민으로 간주하는 상황을 예로 들어보자. 우리가 이를 정당화 원리로 이해할 뿐만 아니라 실제 [현실에서] 완전하게 실현되는 것으로 상상하는 한, 우리는 은폐 공작에 가담하게 될 것이다. 사회적으로 배제되고 무력화된 여러 집단으로부터 우리의 시선을 돌리거나, 또는 그러한 박탈이 그들 자신의 탓이라고 상상하면서 말이다. 우리는 근대의 사회적 상상이 이데올로기적인 허위의식으로 가득 찬 방식들을 우연히, 규칙적으로 발견한다. 이때, 사회적 상상은 더 이상 이념형으로서가 아니라, 이런저런 인구집단에 의해 실제로 체험된 것으로 정의된다.

그러나 이러한 사회적 상상을 규명하면서 얻게 되는 이점은 그것이 단지 이데올로기만은 아니라는 것이다. 사회적 상상은 또한 실천을 가능하게 만드는 구성적 기능을 갖는다. 그것은 실천에 의미를 부여하고[즉 행위자가 실천을 이해하게끔 해주고], 따라서 힘을 주는 것이다. 이러한 점에서 사회적 상상이 전적으로 거짓일 수는 없다. 모든 사람은 아닐지라도, **어떤** 사람들은 우리의 편리한 자기 정당화가 상상하는 대로, 민주적인 자치 형식에 참여하고 있다. 온갖 인간적인 상상력의 형식과 마찬가지로, 사회적 상상이 자기 이익을 도모하는 허구와 억압으로 채워질 수도 있다. 하지만 그 또한 실재의 필수적인 구성요소이다. 그것이 실체 없는 몽상으로 환원될 수는 없는 것이다.

1 Baczko, *Les Imaginaires Sociaux*, pp. 117~118. 나는 이 책에 나온 흥미로운 논의로부터 많은 부분을 가져왔다.

2 Ernest Gellner, *Nations and Nationalism* (Oxford: Blackwell, 1983); Eric Hobsbawm, *Nations and Nationalism since 1780* (Cambridge, England: Cambridge University Press, 1990)을 보라.

3 마이클 만(Michael Mann)은 『사회권력의 원천』(*Sources of Social Power*)에서 서유럽이 언제나 개별 국가들이 기능하는 초국가적 질서를 이해하고 있었다는 점을 강력하게 주장한다.

4 Ferguson, *Essay on the History of Civil Society*, p. 230. 이러한 불안의 바탕에는 생계를 꾸려가야 하는 평범한 사람들은 무사무욕한 덕성에 이를 수 없고, 사업을 하는 이들 역시 그러기에는 고충을 안고 있다는 생각이 깔려 있다. 미국 혁명의 공화주의 지도자들 사이에는 이런 생각이 널리 퍼져 있었다.

5 출처는 Ezra Pound, *Hugh Selwyn Mauberley*. 이후 Samuel Hynes, *A War Imagined* (London: Pimlico, 1990), p. 342에서 재인용.

6 근대성에 내재하는 폭력성에 대한 쟁점은 모두 더 폭넓게 다룰 만한 가치가 있다. 우리는 특히 르네 지라르(René Girard)의 개척적인 작업을 참조할 수 있다.

제13장 세 속 성 의 의 미

우리의 사고방식이 사회적 상상의 양식들에 의해 어떻게 지배되고 있는지에 대해서는 이제 충분한 논의가 이루어진 것 같다. 그러한 상상의 양식들이 내가 오랜 여정이라고 일컫는 것으로부터 떠올랐으며, 상호이익으로서의 질서에 대한 근대적 이상에 의해 어찌어찌 형성되었다는 점도 말이다. 민족주의의 일부 형태나 [예컨대 인종 청소 등의] 정화용 폭력처럼 우려스러운 양상뿐만 아니라, 당대 세계에서 실질적으로 확고한 정당성의 척도들—자유, 평등, 인권, 민주주의—은 이러한 근대 질서가 우리의 사회적 상상에 얼마나 강한 영향력을 행사하는지를 보여준다. 그것은 우리가 사실상 그 너머로 사유하기가 불가능한 하나의 지평을 구성한다. 특정한 시점 이후에는 보수주의자들조차도 고귀한 시대의 오래된 토대에 더 이상 호소할 수 없게 된다는 점은 주목할 만하다. 그들 역시 조제프 드 메스트르(Joseph de Maistre)*의 사형집행인처럼, 질서의 기능적 필요성에

---

* 조제프 드 메스트르(Joseph de Maistre, 1753~1821): 프랑스의 논객, 도덕주의자, 외교관. 프랑스 혁명으로 쫓겨난 후에 대표적인 정통 보수주의자가 되었다. 왕권신수설을 주장했으며 사회는 교황-왕-사형집행인으로 이루어진 삼위일체와도 같다고 주장했다. 특히 질서

관해 이야기해야만 하는 것이다. 드 메스트르와 카를 슈미트(Carl Schmitt)*가 둘 다 그렇듯이(그러나 의미심장하게도 모라[Maurras]는 그렇지 않았다), 그들은 여전히 신학적 용어로 사유할지도 모르겠다. 그러나 이는 꽤나 다른 층위에 있는 신학이다. 그들은 세속 세계의 이론가들로서 말해야만 하는 것이다.[1]

그렇다면 근대의 사회적 상상은 근대 세속사회와 어떤 관계를 맺고 있을까?

내가 쓰는 세속적이라는 용어가 함축하는 것처럼, 솔직히 오랜 여정이 공론장으로부터 종교를 몰아내는 데 공헌했음은 틀림없다. 그것은 공론장에서의 신의 추방을 도왔다. 혹은 그렇게 보일지도 모른다. 하지만 이는 사실이 아니다. 그것이 이전에 신이 존재했던 하나의 양식, 즉 고귀한 시대에 존재하는 사회의 행위 초월적 토대에 관한 이야기의 일부로서의 신을 제거했다는 점은 분명하다. 칸토로비츠가 기술한 '왕을 에워싼 신성성', 그리고 신과 왕, 왕과 예수 사이의 유비/동일시의 범위는 크게 침식당했으며, 마침내 상호이익의 질서로부터 떠오른 상상들에 의해 내쳐졌던 것이다.[2] 그러나 이는 신이 공적 공간에서는 완전히 부재해야만 한다는 의미가 아니다. 스스로 '우리'로 자처하기에 이르렀던 미국 인민 역시 '신(神) 아래 하나의 인민'(one people under God)으로서 자신을 규정했다(그리고 지금도 그렇게 규정한다). 상호이익의 질서는 본래 신이 창조한 것이며, 그 실현은 신이 정해준 것으로 여겨졌다.

수호자로서의 사형집행인을 열렬히 지지했다.
* 카를 슈미트(Carl Schmitt, 1888~1985): 독일의 법학자이자 정치학자. 1933년에 베를린 대학교의 교수가 되었고, 같은 해에 나치에 입당, 제2차 세계대전이 끝날 때까지 나치 당원으로 활동했다. 주권에 대한 정치철학적 논의로 유명하다. 『독재』(1921), 『정치 신학』(1922), 『정치적인 것의 개념』(1927), 『헌법 이론』(1928) 등의 저작이 있다.

우리가 겪고 있는 현재의 상황을 이해하기 위해서는, 신의 현존에 대한 이 대안적 형태가 결국 무엇에 이르게 되고 당대의 많은 사회들에서는 어떻게 무시되어왔는지를 보아야만 한다.

오랜 여정은 고귀한 시대에 의해 꼴이 잡힌, 주술에 사로잡힌 우주로부터 우리를 멀어지게 만드는 힘 곁에서, 그 힘과 더불어 확실하게 작용해왔다. 물론 탈주술화와 모든 행위를 범속한 시간에로 한정하는 것 사이에는 밀접한 연관성이 있다. 영령과 힘의 세계를 마침내 쫓아내고 텅 비워버리는 동일한 요소들—일상생활을 경건하게 살아가기, 기계론적 과학, 사회생활의 규율 잡힌 재구축— 또한 우리를 점점 더 세속적 시간에 가두는 것들이다. 그것들은 고귀한 시대를 비우고 주변화하며, 카니발의 질적이고 (kairotic) 다층적인 시간*을 억압하며, 반(反) 구조의 필요성, 심지어 그 가능성까지도 차단하고, 따라서 행위 초월적 토대의 개념을 점점 더 이해할 수 없게 만든다. 그것들은 세속적 시간에 우리를 견고하게 위치시킨다. 이 시간은 점점 더 상세히 나타나며 포괄적인 환경으로 측정된다. 고귀한 시대와 이전에 맺었던 연계점들에 접근할 수 있는 여지조차도 주지 않은 채 말이다.

그리고 여러 이행 단계를 통해서긴 하지만, 그 연계점들은 사라진다. 이행 단계의 놀라운 예로는 태양왕[루이 14세]의 고전주의라든지 바로크 시대 공공 공간의 위대한 양식들**을 들 수 있다.

---

* 질적이고(kairotic) 다층적인 시간: 고대 그리스인들은 카이로스(kairos)와 크로노스 (chronos)라는 차별적 시간관을 갖고 있었다. 크로노스는 있는 그대로 흘러가는, 자연적이며 객관적인 시간을 가리킨다. 카이로스란 의식적이고 주관적인 시간, 어떤 일에 합당한 기회와 결단의 질적 시간을 나타낸다.

** 태양왕[루이 14세]의 ~ 공공 공간의 위대한 양식들: 고전주의와 바로크는 모두 17세기 유럽에서 나타난 예술양식이다. 고전주의가 이성과 절도로 특징지어진다면, 바로크는 역동성과 풍부함으로 특징지어진다. 또한 바로크는 반(反)종교개혁을 성공시킨 가톨릭의 전투적이

이러한 사회적 상상이 공공 공간에서의 종교 혹은 신성한 것의 어떤 현존 유형의 종말임은 분명하다. 이는 신 또는 고귀한 시대에 대한 준거 없이는 다른 장소 초월적 공동 행위주체성들은 물론 정치적 권위를 상상할 수도 없는 시대의 종말, 즉 이들이 권위구조 안에 너무나 뒤얽혀 있기 때문에 신성한 것, 고귀한 것, 또는 신비한 것과 정치적 권위를 서로 떼어놓고 이해할 수 없는 시대의 종말이다. 이것이 마르셀 고세(Marcel Gauchet)가 "종교의 종말"이라고 기술한 단계이다. 그런데 이 경종을 울리는 표현에는 좀 더 정확한 의미가 주어진다. 즉 이것은 신 혹은 저 너머 세계에 대한 의존으로 구조화되는 사회의 종말이라는 것이다.[3] 고세가 주장하듯이, 이는 개인적인 신앙의 종말이 아니다.[4] 미국의 경우가 보여주는 것처럼, 이는 반드시 공적 생활에서의 종교의 종말도 아니다. 어쨌든 신앙과 무신앙이 대안으로 공존하는 우리의 근대적 특수 상황의 발전에서 이것이 결정적인 단계라는 데에는 의심의 여지가 없다.

좀 더 정확하게, 차이점은 결국 여기에 이르게 된다. 초기 국면에서는 신 또는 어떤 종류의 고귀한 실재가 존재적 필연(ontic necessity)이다. 다시 말해, 사람들은 어떤 식으로든 고귀한 시대에 기초하지 않으면서 권위를 갖는 장소 초월적 행위주체성을 상상할 수도 없다. 그것이 신의 행위를 통해서든, 존재의 거대한 사슬을 통해서든, 아니면 그 아득한 옛날(*in illo*

고 의기양양한 예술로 일컬어진다. 번창하는 가톨릭 교회의 영향력이 바로크 예술을 지지했고, 그것은 거대한 외관, 눈부시고 화려한 장식, 지나치게 풍부한 색채와 형식 등으로 권력효과를 표현했다. 당시 프랑스는 바로크를 거부하고 고전주의를 발전시켰다. 하지만 프랑스 고전주의는 국가의 권위와 왕의 권력에 연계되면서 바로크 양식의 특성을 받아들인다. 특히 화려한 대형 건축물과 웅장한 기념물, 개방적인 형식을 통해 감각에 호소하며 공간을 지배하는 형식은 그러한 맥락과 관련된다. 루이 14세 치세의 대표적인 건축물인 베르사유 궁전은 프랑스 고전주의의 정수이자 총화로 꼽히는데, 거기에서 예술은 권력에 헌신하며, 신격화된 왕은 상징적인 중심을 차지한다.

tempore)의 창건 행위를 통해서든 간에 말이다. [그런데 근대의] 변화로부터 완전히 세속적인 시간 안에서의 사회적 삶, 정치적 삶에 대한 이해가 떠오른다. 이제 창건은 다른 모든 행위와 존재상 대등한, 세속적 시간에서의 공동 행위로 여겨진다. 비록 그 창건에 우리의 민족 서사 또는 법 체계가 특별히 권위 있는 지위를 부여한다 할지라도 말이다.

때때로 사람들이 공적 공간의 세속성이라는 말로 가리키는 것은 종교에 대한 존재론적 종속으로부터 자유로워진 정치다. 거기에는 아무런 해악도 없다. 사실 그것에 이런 의미를 담는 것은 좋은 생각일지도 모른다. 이것이 브로니슬라우 바스코(Bronisław Baczko)가 이야기하는, "자기 자신 위에 기초한 사회적인 것"의 상이다.[5]

그러나 우리는 이것이 공적 삶에서 종교를 위한 새로운 공간을 열어준다는 점을 시야에서 놓쳐서는 안 된다. 세속적 시간 속에서의 공동 행위를 토대로 하는 정권은 어떤 의미에서는 공동 의지를 기반으로 한다. 그렇다고 해서 그것이 반드시 민주적이라는 의미는 아니다. 공동 의지는 소수의 것일 수 있다. 자기들이 나머지 사람들을 위해 말할 수 있다거나 혹은 나머지 사람들에게는 자치의 능력이 없다고 당연시하는 소수 말이다. 공동 의지는 심지어 파시스트 정권의 기초이기도 하다. 그 기초가 인민의 진정한 의지는 위대한 지도자(Leader)를 통해 표현된다는 데 있다면 말이다. 어떤 점에서 이는 동어반복에 가깝다. 즉 우리가 고귀한 것에 존재론적으로 의존하지 않으며 정치체는 일종의 창건적인 공동 행위(founding common action)로부터 나오는 곳에서 이 행위가 실현하는 공유된 의지에는 창건적인 역할이 주어진다고 거의 같은 말을 되풀이하는 것이다.

물론 공동 의지를 이렇게 준거로 삼는 일이 민주주의에서는 불가피한 것이다. 민주주의는 인민 주권을 기초로 할 것을 요구한다. 여기에는 국가가 무엇인지에 관한 어떤 공통 인식이 존재한다. 그와 같은 인식은 지속적인 숙의(ongoing deliberation)가 일어날 수 있는 틀을 제공하며, 공공 토론의 참조점들을 제공한다. 그리고 이러한 것들 없이는 주기적으로 이루어지는 결정들이 인민 의지의 표현으로 인정될 수 없다. 왜냐하면 우리가 일반적으로 규정되는 쟁점에 관해 토의를 벌이고 각자가 토론 내 발언에서 어떤 기회를 갖는 경우에 한해서만, 우리는 그 결과를 공동의 결정으로 인정할 수 있을 것이기 때문이다.

더욱이, 내 의견을 거스르는 결정을 권위 있는 것으로 받아들여야 한다면, 나는 나 자신을 이 결정을 내린 인민의 일부로 간주해야만 한다. 나는 이 인민을 구성하는 사람들과 유대감을 느껴야만 하며, 그렇기에 이런 식으로 말할 수 있게 된다. 이 결정이 내용상 잘못된 것일지라도, 나는 내가 속한 이 인민의 의지 또는 이해관계의 표현으로서 그것에 동조해야만 한다고 말이다.

무엇이 이런 의미에서 인민을 결속시킬 수 있을까? 그것은 강력한 공통의 목적 또는 가치다. 내가 그들의 '정치적 정체성'(political identity)이라 부르는 것이 바로 이것이다. 이에 관해 좀 더 설명해보기로 하자.

민주주의 사회의 경우를 예로 들자면, 이러한 정체성이 자유를 필요로 하며 의견을 달리하는 소수의 자유를 포함해야만 한다는 점은 분명하다. 하지만 나의 의견을 거스르는 결정이 나의 자유에 도움이 될 수 있을까? 여기에서 우리는 오랫동안 계속되어온 회의론(skepticism)과 만나게 된다. 이는 특히 원자론적(atomist) 정치철학을 고수해온 사람들, 그리고 개인의 선택을 넘어서는 공동선에 대한 호소를 의심하는 사람들 사이에서 강하다. 그들은 이러한 호소가 반대 의견을 가진 유권자들로 하여금 자발적 예속 상태를 받아들이게 만드는 속임수라고 본다.

하지만 우리가 여기서 이 궁극의 철학적 쟁점을 결판낼 필요는 없다. 우리가 논의하고 있는 것은 철학이 아닌 사회적 상상의 문제인 것이다. 우리는 이렇게 질문할 필요가 있다. "심지어 중요한 쟁점에서조차 자신들의 의지가 무시되는 민주 정권 아래에서도 인민은 자주 스스로가 자유롭다고 쉽게 받아들이는데, 우리의 이 '상상된 공동체'의 특징은 무엇일까?"

그들이 받아들이는 답은 다음과 같다. 즉 [전체의 최종 결정이 설령 당신의 의견이나 의지에 반대된다 하더라도] 당신 역시 나머지 우리들처럼 자유롭다. 우리가 우리 자신을 공동으로 지배하고 있으며, 우리를 고려하지 않을 필요가 있는 어떤 행위주체성에 의해 지배당하고 있지 않다는 사실 덕분에 말이다. 당신의 자유는 주권에서 당신이 목소리를 보증받는 데 있으며, 의사결정 과정에서 당신의 발언이 경청되고 일정한 역할을 가질 수 있다는 데 있다. 우리 모두에게 참정권을 부여한 법 덕택에 당신이 이 자유를, 그리고 우리가 함께 이 자유를 누리는 것이다. 특정한 의사결정에서 당신이 이기든 지든 간에, 당신의 자유는 이 법에 의해 구현되며 보호받는다. 이 법은 그것이 함께 구현하는/보호하는 자유를 갖는 사람들의 공동체를 정의한다. 그것은 집단적 행위주체성인 인민을 규정한다. 인민은 법에 따라 함께 행동함으로써 그들의 자유를 보존한다.

타당성이 있든 그렇지 않든 간에, 사람들이 민주사회에서 받아들이게 된 답은 그러한 것이었다. 우리는 함께 모이게 된 그 어느 우연한 집단보다도 이것이 훨씬 더 강한, 일종의 귀속성(belonging)을 수용하는 맥락을 필요로 한다는 점을 쉽게 알 수 있다. 그것은 매우 중요한 무엇인가, 즉 일종의 자유를 실현하는 지속적인 집단적 행위주체성, 성원권이다. 이 선(善)이 구성원들의 정체성에 매우 중요한 한, 그들은 이 행위주체성을 이렇게 강하게 동일시하며, 따라서 그 속에서 공동 참여자들과의 결속력 또한 느끼게 된다. 자신의 뜻과는 다른 의사결정에 자유의 이름으로 반기를 들고자 고민하는 개인 또는 집단의 도전에 대응할 수 있는 것은 그저 이러한 종류의 성원권에 대한 호소일 뿐이다.

여기서 핵심 요점은 다음과 같다. 궁극적으로 누가 철학적으로 옳든 간에, 인민 주권의 정당성 원리는 사람들이 그러한 답을 수용하는 한에 있어서만 그들의 동의를 확보하기 위해 작용할 수 있다는 것이다. 그 원리는 오로지 강력한 집단적 행위주체성에 대한 이러한 호소를 통해서만 효력을 갖는다. 만일 사람들이 [인민에 스스로를] 동일시하기를 거부한다면, 이 정부의 지배는 반대자들에게 정당성이 없는 것으로 비춰지게 될 것이다. 그 수많은 사례를 우리는 국가 내에서 불만을 품는 소수 민족들을 통해 볼 수 있다. 인민에 의한 지배라, 좋다. 그러나 우리는 그 인민의 일부가 아니기 때문에, [어떤 종족에 속하는지와 같은] 운(運)에 따라 달라지는 지배를 수용할 수 없다. 이는 민주주의와 강력한 공동 행위주체성 간의 내적 고리라고 할 수 있다. 그것은 민주 정권들의 근간에 놓인 정당성 원칙의 논리를 따른다. 민주 정권들은 [인민으로서의] 이러한 정체성을 발생시키는 데 실패하면 위험에 처하게 된다.

이 마지막 예는 인민 주권에 대한 호소에서 나타나는 중요한 음조 변화를 지적하고 있다. 내가 지금 제시한 해석에서는 '공화주의적 자유' (republican freedom)라고 일컬어지는 것에 호소했다. 그것은 과거의 공화국들로부터 영감을 받고 미국 혁명과 프랑스 혁명에서 이끌어내진 것이다. 그러나 그 후 머지않아서, 동일한 호소가 민족주의적 형태를 취하기 시작했다. 프랑스 군대의 힘을 통해 프랑스 혁명의 원칙들을 확산시키려는 시도는 독일, 이탈리아, 그리고 다른 지역에서 반작용을 일으켰다. 인민의 이름으로 혁명이 이루어지고 또 수호되었지만 자신들은 그러한 주권을 가진 인민의 일부가 아니며 따라서 그에 의해 대표되지도 않는다는 감각이 바로 그것이었다. 주권을 가진 인민은 집단적 행위주체성에 요구되는 통일성을 갖기 위해 그에 우선하는 문화, 역사, 또는 (유럽에서는 종종) 언어의 통일성을 가져야만 했다는 논리를 많은 집단이 받아들이게 되었다. 그러므로 정치적 국가 뒤에는 그보다 먼저 존재하는 문화적(때로는 종족적) 국가가 버티고 있어야만 했다.

이런 의미에서 볼 때, 민족주의는 민주주의에서 생겨난 (양성 혹은 악성) 종양이었다. 19세기 초 유럽에서 신성동맹(Holy Alliance)*에 참가한 다민족 전제주의 제국들로부터의 해방을 위해 인민들이 투쟁할 때는 양성종양과 악성종양 사이에 어떠한 대립도 없는 것처럼 보였다. 주세페 마치니(Giuseppe Mazzini)**에게 있어, 그 둘은 완벽하게 수렴하는 목표들이었던 것이다.[6] 민족주의의 어떤 형태들이 자기주장이라는 이름으로 인권과 민주주의에 대한 충성을 벗어던진 것은 나중의 일이다.

그러나 심지어 이 단계의 전에도, 민족주의는 인민 주권에 또 다른 음조의 변화를 가져왔다. 위의 반대자에 대한 대답—당신의 정체성에 필수적인 요소는 우리 공동의 법에 매여 있다—은 이제 공화주의적 자유뿐만 아니라, 문화적 정체성 수준에서의 무엇인가를 참조한다. 민족국가가 구현하고 보호하는 것은 인간으로서 당신의 자유뿐만이 아니다. 이 국가는 공통의 문화적 정체성의 표현 또한 보장하는 것이다.

----

* 신성동맹(Holy Alliance): 신성동맹은 러시아의 알렉산드르 1세, 오스트리아의 프란츠 1세, 프로이센의 프리드리히 빌헬름 3세의 주도로 대다수의 유럽 주권국 사이에 느슨하게 결성되었다(1815년). 이 동맹의 기본 구상은 나폴레옹 패전 이후 유럽 정치질서를 기독교의 원칙에 따라 재건하고 국제 평화를 이룩하려는 데에 있었다. 1820년 트로파우 회의 등 일련의 국제 회의에서 유럽의 주요 강대국들이 민족주의적, 자유주의적 반란이나 폭동이 발생할 경우 무력으로 개입하여 진압하는 안이 결정되었다. 그런데 그 내용이 신성동맹의 결과라고 여겨지자 동맹 자체에 대한 반발이 일어나게 되었다. 신성동맹은 1823년의 먼로 선언과 중남미 여러 나라의 독립으로 타격을 받았으며, 그리스 독립을 둘러싼 각국의 이해 대립으로 인해 1825년 와해되었다.

** 주세페 마치니(Giuseppe Mazzini, 1805~1872): 이탈리아의 정치가, 혁명가. 1832년에 '청년 이탈리아당'을, 1834년에는 '청년 유럽당'을 창건해 전 유럽의 민족주의 운동에 나섰다. 1861년 사르데냐 왕국의 이탈리아 통일에 반대하여 공화주의 통일 이탈리아 운동을 벌였으나 생전에 결실을 보지 못한 채 사망했다.

그러므로 우리는 인민 주권에 대한 호소의 '공화주의적' 변이형과 '민족주의적' 변이형에 관해 이야기할 수 있다. 비록 실제로는 이 두 가지가 종종 함께 가는 것이고, 민주사회들의 수사학과 상상 안에 구별되지 않은 채 놓여 있기는 하지만 말이다.

(사실 원초적인 민족주의 이전 단계의 공화주의적 혁명인 미국 혁명과 프랑스 혁명조차도 그것들이 낳은 사회에서는 일종의 민족주의가 발전하는 사태를 보여 왔다. 이 혁명들의 핵심은 자유의 보편적 선이었다. 혁명가들이 사실상 받아들였거나 또는 소중히 여겼던 정신적 배타성이 무엇이었든 간에 말이다. 그러나 미국에서, 프랑스에서 그들의 애국적인 충성은 자유의 실현이라는 **특별한 역사적 기획**[*the particular historical project*]을 향한 것이었다. 바로 그 보편주의가 '인류 최후의, 최고의 희망' 속에서, '인권'의 담지자였던 공화국에서 강렬한 국가적 자부심의 토대가 되었다. 그러한 이유로 자유가, 적어도 프랑스의 경우에는, 쟁취의 기획이 될 수 있었던 것이다. 내가 앞서 언급했던, 다른 곳에서의 반동적 민족주의 속에 나타난 치명적인 결과들과 더불어서 말이다.)

그래서 우리는 새로운 종류의 집단적 행위주체성을 갖게 되었다. 그 구성원들은 이 행위주체성을 자유의 구현/보루이자 민족적/문화적 표현의 장소로서 동일시한다. 물론 전근대 사회에서도 사람들은 정권, 신성한 왕, 또는 위계질서와 스스로를 '동일시'하곤 했었다. 그들은 종종 자발적인 신민이었던 것이다. 그러나 민주 시대에 우리는 자유로운 행위자로서의 정체성을 갖는다. 그러한 이유에서, 인민 의지라는 개념은 정당화 관념에 있어 중요한 역할을 수행하게 된다.[7]

이는 근대 민주주의 국가가 스스로를 자유의 보루이며 시민들의 표현의 장소라고 주장할 수 있는 특징, 공통의 목적, 또는 준거점들을 일반적으로 수용해왔다는 의미이기도 하다. 이러한 주장이 실제로 근거가 있든 아니든 간에, 만약 국가가 정당성을 갖고자 한다면 시민들이 그렇게 상상해야만 하는 것이다.

그렇다면 대부분의 전근대적인 형식과는 어떠한 유사점도 갖지 않는 근대 국가에 대한 의문이 생겨날 수 있다. 이 국가는 무엇/누구를 위한 것인가? 누구의 자유를 위한 것인가? 누구의 표현을 위한 것인가? 이것이, 예컨대 오스트리아나 터키 제국에 적용된다면 아무런 의미도 없을 것 같아 보인다. 우리에게 정당화 관념을 제공하기 어려운 합스부르크(Habsburg) 또는 오토만(Ottoman) 왕조들을 누군가가 언급하면서, "이 국가는 누구를 위한 것인가?"라는 질문에 답하지 않는다면 말이다.

근대 국가는 바로 이러한 의미 속에서 정치적 정체성을 갖는다. 그 정체성은 무엇/누구를 위한 것인가?라는 질문에 대해 널리 받아들여지는 답으로 정의된다. 이는 그 구성원들의 정체성, 다시 말해 수많은 다양한 준거점들과 구별되는 것이다. 이 준거점들은 구성원 각자에게 그들의 삶에서 무엇이 중요한지를 규정해준다. 국가를 구성하는 개인과 집단들의 정체성은 종종 서로 꽤나 상이할 뿐만 아니라, 일반적으로 더욱 풍부하고 복잡할 것이다. 물론 구성원들이 국가와 강한 일체감을 느낀다면 부분적인 일치가 더 잘 일어나겠지만 말이다.[8]

우리는 이제 근대 국가에서 종교를 위한 공간을 볼 수 있다. 신은 정치적 정체성 안에서 강렬하게 나타날 수 있기 때문이다. 많은 미국인들이 혁명 기간에 그리고 그 이후에 그랬듯이, 우리는 신의 계율을 최대한 따르는 정치체를 세우면서 신의 뜻을 이행한다고 생각할 수 있다. 또는 우리가 스스로를 경건하고 독실한 신앙심에 의해 부분적으로 규정된다고 본다면, 우리의 국가적 정체성은 신에 의거할 수 있다. 이러한 현상은 어떤 사람들이 (자기들이 보기에) 이단과 비신자들(예를 들어 아프리카계 미국인, 폴란드계 미국인, 아일랜드계 미국인, 예전의 프랑스계 캐나다인)에게 둘러싸여 있거나, 더 나쁘게는 지배받던 상황에서 종종 일어나곤 했다. 독립을 얻거나 혹은 지키기 위해 투쟁하면서, 신에 대한 모종의 충성심, 종교에 대한 열성적인 소속감이 이 사람들의 정치적 정체성을 구성하게 되는 것이다. 우리는 이것이 나중에는 어떻게까지 타락할 수 있는지, 그리하여 경건한 신앙심은 말라버리고 오로지 맹목적 국수주의만 남게 되는지를 보아왔다. 북 아일랜드와 과거의 유고슬라비아에서처럼 말이다. 하지만 이러한 정체성의 현존은 또한 살아 있는 신앙을 길러낼 수도 있다.[9]

이는 세속의 세계에서 신을 위한 새로운 공간이다. 개인적 삶에서 주술화된 세계의 해체는 내 삶 속에 신이 관여하고 있다는 강한 느낌이나 헌신에 의해 보상받을 수 있다. 마찬가지로, 공적인 세계에서 더 고귀한 무엇에 대한 존재적 의존은 소멸되었지만 이는 우리의 정치적 정체성에서 신이 공고히 현존한다면 [그 점에 의해] 대체될 수 있다. 개인적 삶과 사회적 삶 모두에서 우리는 신성한 것을 더 이상 특별한 장소, 시간, 또는 사람 안에 있는, 여러 대상들 가운데 하나의 대상으로 만나지 않는다. 그러나 신의 뜻이 우주, 국가 그리고 개인적 삶에서, 또 세상만사의 계획 안에서 우리에게 여전히 현존할 수는 있다. 신은, 개인적으로나 사회적으로 우리 삶에 질서를 부여하는 권능을 위한 불가피한 근원처럼 보일 수 있는 것이다.

당대 세계의 세속성을 위한 단계를 마련한 것이 바로 주술성으로부터 현존의 정체성 형식(identity form of presence)으로의 이러한 이행이었다. 이 세계에서 신이나 종교는 엄밀히 말해 공적 공간에 부재하는 것이 아니다. 그것은 개인 혹은 집단의 인격적 정체성에서 중심이 되며, 따라서 언제나 정치적 정체성을 규정하는 가능한 구성요소다. 우리의 정치적 정체성을 특수한 종교적 열성파의 충성심과는 구별하는 편이 현명한 결정일지도 모르겠다. 하지만 이러한 [정교]분리의 원칙은 상당수 시민의 삶에서 종교가 중요한 곳이라면 어디에서든—궁극적으로는 모든 곳이라는 의미이다— 그 적용에 있어서 끊임없이 새롭게 해석되어야만 한다.**10** 그리고 인도에서 강력하게 부상한 [힌두 우파 민족주의 정당인] 인도인민당(BJP) [Bharatiya Janata Party]의 경우에서 보듯, 신념에 찬 종교적 열성파가 정치적 정체성을 다시 잠식할 가능성은 언제나 존재한다.

근대성은 세속적(secular)이다. 이는 이 단어의 빈번하지만 느슨한 의미, 즉 종교의 부재를 가리키는 의미에서가 아니라 종교가 다른 장소를 차지하고 있다는 사실에서 그런 것이다. 그리고 이 사실은, 모든 사회적 행위는 범속한(profane) 시간 안에서 일어난다는 의미와 함께 가는 것이다.

| 지은이 주 |

1 회복 불가능한 것을 회복하려는 노력에 담긴 이 파토스(pathos)를 잘 예증하고 있는 사례는 1825년 랭스(Rheims)에서 열린 대관식 때 전체 예식을 원형대로 복원하고자 했던 샤를 10세의 시도이다. Furet, *Revolutionary France*, pp. 300~303에서의 묘사를 보라.

2 Kantorowicz, *The King's Two Bodies*.

3 "의존성의 원리(principe de dépendance)가 우리 사회를 비롯한 모든 사회에서 수행했던, 사회 공간의 구조화 역할의 종말"(Gauchet, *Le désenchantement du monde*, p. 233). 이 매혹적이고 심오한 작업으로부터 나는 많은 것을 배웠다.

4 *Ibid.*, p. 292.

5 Baczko, *Les Imaginaires Sociaux*, p. 17.

6 사실상, 민주주의를 향한 충동은 압도적으로 '민족주의적인' 형식을 띠었다. 논리적으로는 다민족 권위주의 정권(예컨대 오스트리아, 터키)에 대한 민주적 도전이 범제국적인 '인민' 안에서 다민족 시민권의 형식을 취하는 것도 완벽하게 가능하다. 그러나 실제로는 이러한 시도들이 통상 실패하게 되며, 인민은 자유를 향해 자기만의 길을 간다. 그렇기에 체코인들은 1848년 파울 교회(Paulskirche)에서 민주화된 제국의 일부가 되기를 거부했던 것이며, 오토만 시민권을 위한 청년 투르크당(the Young Turk)의 노력이 실패하고 격렬한 터키 민족주의의 길을 열었던 것이다. [옮긴이 주] 1848년 5월 프랑크푸르트의 파울 교회에서 독일 국민의 회가 개최되었다. 의회는 프로이센 왕으로 하여금 오스트리아를 제외한 전 독일의 황제로 취임하게 함으로써 독일의 통일과 동시에 입헌군주제를 도입하고자 시도했지만, 프로이센의 왕이 이를 거부함으로써 의회 역시 아무런 성과 없이 해산되고 말았다.

7 이러한 발상의 논리를 아주 일찍 밝혔던 루소는, 민주적 주권자가 이전의 강연 청중처럼 단순한 '집합체'(aggregation)일 수는 없다고 보았다. 그것은 '연합체'(association)가 되어야만 한다. 즉 강력한 집단적 행위주체성, '그만의 단일성, 공통의 자아, 삶과 의지'를 갖춘 '도덕적, 집단적 유기체'가 되어야 한다는 것이다. 여기서 의지라는 용어는 핵심적이다. 이 신체에 인성을 부여하는 것이 다름 아닌 일반의지이기 때문이다(*Contrat Social*, Book 1, chap. 6).

8 나는 이 관계에 대해 다음의 글에서 논의했다. Charles Taylor, "Les Sources de l'identité moderne", in Mikhaël Elbaz, Andrée Fortin, and Guy Laforest, eds., *Les Frontières de l'Identité: Modernité et postmodernisme au Québec* (Sainte-Foy: Presses de l'Université Laval, 1996), pp. 347~364.

9 Charles Taylor, "Glaube und Identität", *Transit*, no. 16 (winter 1998/1999), pp. 21~38을

보라.

10 José Casanova, *Public Religions in the Modern World* (Chicago: University of Chicago Press, 1994)를 보라.

제14장

유럽을

지방화하기

그러므로 세속화란, 내가 방금 정의했던 것처럼, 서구 근대성의 또 다른 특징이며 이 문명의 구성에 기여한 사회적 상상의 또 다른 측면이다. 이는 우리를 출발점으로 되돌려놓는다. 나는 애초에 우리의 사회적 상상에 관한 이 연구로부터 얻을 수 있는 중요한 소득 가운데 하나가 바로 이 수준에서 지역적 특수성(local particularities)이 가장 분명하게 나타난다는 점이라고 말했다.

만일 우리가 근대 관료제 국가의 확산, 시장경제, 과학, 그리고 기술 등과 같은 어떤 제도적 변화에 의해 근대성을 규정한다면, 근대성이란 궁극적으로 우리 세계에 수렴과 획일성을 가져오면서 어느 곳에서나 동일한 형태로 일어나도록 되어 있는 단일한 과정이라는 환상을 계속 키워가기 십상이다. 반면 나의 근본적인 직감은 이런 것이다. 즉 우리는 '다원적 근대성'(multiple modernities), 그러니까 내가 그 일부를 열거했던 제도 형식들, 불가피한 것으로 되어가고 있는 그 형식들을 정립하고 생명을 불어넣는 다양한 방법에 관해 이야기해야 한다는 것이다.

이러한 직감은 서구의 세속성을 고찰할 때 가장 강하게 느껴진다. 거기에는 그 단어의 기원이 되는 라틴 기독교 국가가 남긴 유산의 흔적이 깊이 새겨져 있기 때문이다. 그러나 이 연구의 끝에서 나는 이제 많은 영역에서의 논점이 더욱 명확해지기를 바란다. 8장에서 보았듯, 미국과 프랑스에서 인민 주권에 대한 상상이 어떻게 부상했는지 추적하는 작업은 서구사회 안에도 존재하는 정치문화의 여러 차이점을 드러내보였다. 9장에서 논의된 유럽과 미국에서의 오랜 여정의 상이한 궤적이 그렇듯이 말이다. 유사한 제도와 관행에 생명을 불어넣는 이해방식들은 서양 내에서조차 다양하고 상이하다. 만일 우리가 그것을 올바른 자리에 놓기만 한다면, 주요 문명들 간의 차이가 얼마나 더 큰지는 훨씬 명확해질 것이다. 어떤 점에서 이 문명들이 서로 더 가까워지고 있고 서로에게 배우고 있다는 사실은 차이를 없애는 것이 아니라 단지 가리는 것에 불과하다. 왜냐하면 상이한 입장에서는 상대로부터 빌리는 것 혹은 상대에게 가까워지는 것이 무엇인지에 대한 이해가 매우 다른 경우가 많기 때문이다.

이 차이들이 중요하다는 점을 깨달을 때, 우리가 이해하지 못한 사태 전개가 있다는 통찰력, 우리에게는 이 차이들을 기술할 만한 적절한 언어조차 결여되어 있다는 겸손한 통찰력이 생긴다. 부정적으로 말한다면, 디페쉬 차크라바티(Dipesh Chakrabarty)의 함축적 구문인 "유럽을 지방화하기"에 착수하는 일이 아주 중요한 것이다.[1] 이는 우리가 마침내 근대성을 유럽이 패러다임인 단일한 과정으로 바라보는 시각을 극복하고, 유럽적인 모델을 분명히 최초의 것으로서, 자연스러운 창조적 모방의 대상으로서, 하지만 결국에는 여러 가지 가운데 하나의 모델로서, 우리가 질서정연하게 나타나기를 (조금쯤은 희망에 반해서) 바라고 있는 다형적(多形的)인 세상의 한 지방으로서 이해한다는 것을 의미한다. 진정으로 긍정적인 상호 이해의 구축 작업은 그때 비로소 출발할 수 있다. 나는 이 과정을 근대 서구의 사회적 상상을 기술하는 식으로 스스럼없이 시작하였다. 그리고

나는 이 작업이 소박한 방식으로나마 더 커다란 기획에 이바지하기를 희
망한다.

1 Dipesh Chakrabarty, *Provincializing Europe* (Princeton: Princeton University Press, 2000).

| 감사의 말 |

우선 1996년부터 1998년까지 나를 지원해주었던 아이작 킬램 연구기금(Isaac Kilam Memorial Fellowship) 캐나다위원회에 감사드린다. 이러한 지원이 없었더라면, 이 책의 저술에 그렇게 빨리 착수하지는 못했을 것이다.

이 작업은 내가 '세속의 시대에서 살아가기'(Living in a Secular Age)라는 주제로 준비하고 있는 책의 중심 부분을 확장한 것이다. 그것은 또한 내가 1999년 에딘버러(Edinburgh)에서 했던 기포드 강연(Gifford Lectures)의 주제이기도 했다.

다른 종류의 빚 역시 언급해두고자 한다. 이 작업은 트랜스문화연구소(Center for Transcultural Studies)에서 지난 세월 벌어졌던 수많은 토론에서 태어난 것이다. 그 토론들은, 연구소가 이 책의 공저자 집단이라고 주장할 수도 있을 정도로 이 책에 아주 결정적인 역할을 했다. 특히 아르준 아파두라이(Arjun Appadurai), 라이브 바가바(Rajeev Bhargava), 크레이그 칼훈(Craig Calhoun), 딜립 곤카(Dilip Gaonkar), 닐뤼퍼 괼(Nilüfer Göle), 벤자민 리(Benjamin Lee), 토마스 매카시(Thomas McCarthy), 마이클 워너(Michael Warner)에게 고마움을 표하고 싶다.

서구 근대의 도덕질서에 대한 계보학적 탐구

찰스 테일러(Charles Taylor)는 현재 도덕철학과 정치철학 분야에서 가장 커다란 영향력을 행사하고 있는 서구 사상가들 가운데 한 사람이다. 2002년 가을 '다산기념 철학강좌'의 강연자로 한국을 방문한 적이 있기에, 우리나라의 독자들에게도 그리 낯설지 않은 인물이다.* 1931년 캐나다 퀘벡 주 몬트리올에서 태어난 테일러는 캐나다의 맥길대학교(McGill University)에서 역사학을 공부한 뒤, 옥스퍼드대학교에서 철학, 경제학, 정치학을 공부했다. 1961년 영국 유학을 마치고 캐나다로 되돌아온 이래로는 맥길대학교와 옥스퍼드대학교의 교수 등을 역임했으며, 현재는 맥길대학교의 명예교수이자 노스웨스턴대학교의 교수로 재직 중이다.

테일러에 관해 말하면서 그의 정치 활동 이야기를 빼놓을 수는 없을 것이다. 테일러는 철학에 본격적으로 관심을 기울이기 이전이었던 학생시절부터 현실정치에 활발하게 관여했던 이력으로 유명하다. 영국 유학시

---

* 테일러의 강연록은 국내에서 『세속화와 현대문명』[윤평중 외 옮김, 철학과현실사, 2003]이라는 제목으로 편역, 출간되었다. 이 강연록의 내용은 이 책의 일부 내용과도 겹친다.

절에는 반핵캠페인 등 신좌파 정치운동을 벌였으며, 캐나다에 돌아와서는 사회민주주의 계열인 신민주당(Nouveau Parti Démocratique)의 당원이자 핵심 이론가로서 정치를 계속했다. 그는 주류 자유주의 정권의 노선에 맞서 캐나다의 사회민주주의적 개혁을 위해 노력했으며, 퀘벡 주 분리운동과 같은 민감한 현안에도 적극적인 개입을 서슴지 않았다. '다문화주의', '인정의 정치', '진정성의 윤리', '자유주의적 공동체주의' 등의 개념에서 드러나듯, 철학적 사유 전통 속에 '지금 여기'의 정치 문제들을 녹여내는 그의 사고 스타일은 오랫동안 철학자로서 정치에 참여하고, 또 정치가로서 철학해온 그의 공적인 삶과도 결코 무관하지 않을 것이다.*

테일러의 저작 활동은 크게 '철학적 인간학'(philosophical anthropology)과 '서구 근대성'(western modernity)에 대한 탐구라는 두 축을 중심으로 이루어지고 있는 것처럼 보인다. 1950년대 인문과학의 행태주의(behaviorism)를 비판했던 데뷔작 『행위의 설명』(The Explanation of Behavior, 1964)이라든지, 실증주의에 맞서 새로운 철학적 인간학을 구축하려는 성찰이 담긴 논문집 『철학논고 Ⅰ』(Philosophical Papers, I, Human Agency and Language, 1985), 『철학논고 Ⅱ』(Philosophical Papers Ⅱ, Philosophy and the Human Sciences, 1985) 등이 전자에 속한다면, 약간씩 서로 다른 문제들에 초점을 맞추면서도 동시대인이 처한 특수한 상황을 면밀히 검토하고 있는 『자아의 원천』(Sources of the Self, 1989), 『근대성의 불안』(Malaise of Modernity, 1991),** 『다문화주의와 인정의 정치』

---

* 테일러의 경력과 철학 전반에 관한 상세한 해설로는 『세속화와 현대문명』에 실린 윤평중의 글 「찰스 테일러 교수와의 인터뷰」와 김선욱의 글 「현대와 씨름하는 사상가 '찰스 테일러'」를 참조.

** 이 책은 1992년 미국에서 『진정성의 윤리』(The Ethics of Authenticity)라는 제목으로 다시 출간되었다. 우리말 번역본은 『불안한 현대 사회』[송영배 옮김, 이학사, 2001]라는 제목으로 나와 있다.

(*Multiculturalism and the Politics of Recognition*, 1993), 『근대의 사회적 상상』(*Modern Social Imaginaries*, 2004), 『세속의 시대』(*A Secular Age*, 2007) 등은 후자에 속한다.*

철학적 인간학과 관련해 테일러는 무엇보다도 인간 행동과 합리성에 대한 현상학적인 이해를 중시한다. 그는 예컨대 데카르트주의나 경험주의가 전제하는 식의, 어떤 것에도 초연한 행위자(agent désengagé), 객관적 정보에 따라 움직이는 계산적 행위자라는 관념을 비판한다. 이를 위해 그는 주로 메를로퐁티와 후기 비트겐슈타인의 철학에 기댄다. 테일러에 의하면, 메를로퐁티는 우리가 얼마나 의미를 추구하는 존재인지, 또한 세계 인식의 과정에서 우리의 몸이 얼마나 중심적인 자리를 차지하는지를 알려준다. 또 후기 비트겐슈타인의 경우는, 우리가 일상적인 언어 사용을 통해 의미를 만들어가는 존재이며, 의미 생산은 특정한 생활 형식의 공동체 안에서 이루어지는 활동이라는 점을 가르쳐준다.**

이러한 시각에서 테일러는 모든 것에 거리를 두는 객관적 이성, 계산이나 형식적 절차로 환원되는 합리성 개념이 부적절하다고 주장한다. 그 목적?관여?이상의 표현과 반성으로부터 우리의 행동을 떼어놓고 이해할 수는 없다는 것이다. 막스 베버의 유명한 표현을 빌리자면, "우리는 스스로 자아낸 의미의 그물망에 사로잡혀 있는 거미와도 같은 존재"다. 게다가

---

* 당연하게도 이러한 분류는 불완전하며 서로 배타적이지 않다. 테일러의 저서로는 이밖에도 두 계열의 다양한 논문들이 실려 있는 『철학논집』(*Philosophical Arguments*, 1995), 캐나다 연방주의와 민족주의에 관한 글들을 모은 『고독한 이들을 친밀하게 만들기』(*Rapprocher les solitudes*, 1992), 가톨릭 신자로서 그의 종교 문제에 대한 관심과 사유를 드러내는 『가톨릭 근대성?』(*A Catholic Modernity?*, 1999), 『오늘날 종교의 다양성: 윌리엄 제임스 다시 읽기』(*Varieties of Religion Today: William James Revisited*, 2003) 등이 있다.

** Charles Taylor, "De l'anthropologie philosophique à la politique de la reconnaissance", in G. Laforest & Ph. de Lara dir., *Charles Taylor et l'interprétation de l'identité moderne* (Paris: Les Éditions du Cerf, 1998), pp. 351~364 참조.

우리는 자신을 둘러싼 역사적, 사회적 맥락으로부터 영향을 받으며 또 거기 (반)작용한다. 그러한 존재의 동기구조란 단순한 것도 고정된 것도 아니며, 불가피하게도 언제나 도덕적 성찰을 끌어들이게 된다.

테일러의 철학적 인간학은 철저하게 역사적인 관점 위에서 이루어지면서 근대성에 대한 관심과도 자연스럽게 맞물린다. 그가 성찰의 대상으로 삼는 인간이 바로 (서구의) 근대적 주체이기 때문이다. 서구 근대성에 대한 테일러의 논의는 헤겔 철학에 대한 창조적 재해석에 근간을 두고 있다. 그가 헤겔 사상에 대한 정평 있는 해설서 『헤겔』(Hegel, 1975)로 세계적인 명성을 얻었으며, 그 압축본인 『헤겔과 근대 사회』(Hegel and Modern Society, 1979)*에서 동시대의 문제들을 반성하는 데 있어 헤겔 철학이 갖는 유용성을 환기시켰던 사실을 감안한다면, 이는 그리 놀라운 일은 아니다.

테일러는 우리가 근대의 딜레마에 대한 통찰을 얻고자 할 경우 필수불가결한 개념과 사유양식을 헤겔이 구축했다고 본다. 그는 특히 근대 민주주의 체제 아래서 헤겔이 말하는 의미의 인륜성(Sittlichkeit)의 조건들은 무엇인지를 끊임없이 질문한다.** 잘 알려져 있다시피, 인륜성이란 내가 속한 공동체에 대해 내가 갖는 여러 도덕적 의무, 이미 진행 중인 공동생활에서 확립된 규범과 관례에 바탕을 둔 의무를 가리킨다. 그것은 현존하지 않는 무엇인가를 실현해야 하는 의무이자 개인의 이성적 의지에 기초하는 도덕성(Moralität)과 대비되는 것이기도 하다. 인륜성 개념은 실상 도덕성이 공동체 안에서 완성된다는 주장을 함축한다.***

---

* 이는 『헤겔철학과 현대의 위기』[박찬국 옮김, 서광사, 1988]라는 제목의 우리말 번역본으로 나와 있다.
** C. Taylor, art. cit.
*** 찰스 테일러, 『헤겔철학과 현대의 위기』, pp. 141~142.

하지만 근대 사회는 전통적인 공동체로부터 분리된 자율적 개인들을 낳는 동시에, 동일시의 거점으로서의 공동체를 대신할 어떤 것도 제시하지 못한다는 딜레마에 빠진다. 게다가 그 대체물로서 등장하는 전투적 민족주의나 인종주의, 전체주의 이데올로기는 사람들의 차이와 개성, 자유를 파괴하는 반동을 낳는다. 따라서 테일러가 갖는 문제의식의 초점은, 근대 민주사회에서 우리가 완전한 도덕적 실존과 표현적 통일에 이르기 위해서는 과연 어떤 조건들이 요구되는가에 맞춰진다.

이러한 인간학적 · 도덕철학적 지향 위에서 그는 서구 근대성의 역사를 반성적으로 검토한다. 근대적 정체성과 도덕질서, 그리고 세속화가 그 성찰의 한가운데 자리한다. 이 과정에서 그는 베버, 토크빌, 푸코, 하버마스 같은 사상가들과 비판적인 대화를 계속해나간다. 이들과 테일러 사이의 친화성은 단지 근대성에 대한 이해에 있어서만이 아니라, 철학과 역사, 그리고 사회학적 분석을 통합하는 스타일에 있어서도 분명히 드러난다. 또 하나 잊지 말아야 할 점은 이 사상가들처럼 테일러 역시 근대성 연구를 통해 실증주의 정치학이나 전통적인 정치철학과는 다른 방식으로 현실정치의 다양한 쟁점을 문제화한다는 것이다. 그의 저작들에서는 자신의 정치적 열정과 경험을 철학적으로 담론화하려는 행동주의자(activist)의 면모가 강하게 느껴진다. 이는 그의 사유가 때로 격렬한 정치적 논쟁을 불러일으켰던 이유 가운데 하나이기도 할 것이다.

*　　　*　　　*

2004년에 나온 『근대의 사회적 상상』은 테일러 철학의 한 단면이 잘 드러나 있는 저작이다. 사실 이 책은 그의 대표작이라기보다는 깔끔한 소품에 가깝다. 원문은 210쪽 남짓한 분량이며, 우리에게도 비교적 잘 알려져 있는 서구 근대성의 역사를 압축적으로 서술하고 있다. 1995년의 논문 「자유주의 정치와 공론장」에서부터 그 단초가 드러나는 이 책의 주된 내용은, 테일러가 책머리에서 미리 시사한 대로, 2007년에 나온 870여 쪽 분량의 대작 『세속의 시대』 안으로 다시 상당 부분 통합되었다.* 하지만 그렇다고 해서 이 책이 갖는 독자적인 가치와 완결성마저 사라졌다고 말할 수는 없을 것이다.

『근대의 사회적 상상』은 언뜻 근대성의 정치사 내지 문화사에 대한, 흔한 입문서의 일종인 것처럼 보인다. 실제 이 책은 그러한 용도로 읽기에도 손색이 없다. 게다가 테일러 특유의 쉽고 명료한 문체로 씌어 있다는 미덕을 지닌다. 그러나 눈 밝은 독자라면, 평이한 개론서 같은 외양 뒤로 이 책이 독특한 구성과 논점들을 감추고 있다는 사실을 그냥 지나치기 어려울 것이다. 그것들을 세세하게 가려내고 논리적으로 하나하나 따져보는 일은 마땅히 읽는 이들의 몫일 테다. 그러니 여기서는 그저 '다원적 근대성', '계보학적 역사', '사회적 상상'이라는 세 개의 개념만을 뽑아서 그 의미를 간략히 덧붙여보자.

먼저 이 책은 두말할 나위 없이 근대성의 역사이자, 그에 대한 철학적 반성이라고 할 수 있다. 이러한 '역사적 자의식'과 '자기비판'은 그 자체로 근대적 에토스의 핵심이기도 하다. 그런데 테일러는 다원적 근대성 개념을 통해 자신의 분석 대상을 '서구적 근대성'으로 상대화시킨다. 다원적 근대성 개념의 핵심은 근대성이 어디서나 동일한 형식으로 발전하게끔 되어 있는 동질적이고 수렴적인 과정이라는 시각을 거부하는 데 있다. 즉 근대적인 관념과 실천, 제도와 생활양식은 배경 맥락에 따라 상이하게

---

* Charles Taylor, "Liberal Politics and the Public Sphere", *Philosophical Arguments* (Cambridge: Harvard University Press, 1995), pp. 257~287 및 *A Secular Age* (Cambridge: Harvard University Press, 2007), pp. 146~218 참조.

나타날 수 있고, 따라서 언제나 복수형으로 존재한다는 것이다.* 이는 서구의 역사적 사례를 근대성의 다양한 모델 가운데 하나로 '지방화'해야 하며, 어떤 식으로든 타자에게 함부로 부과하지는 말아야 한다는 주장을 이면에 깔고 있다.

물론 테일러가 말하는 다원적 근대성 역시 서구를 중심으로 상정된 단일 패턴의 지역적 변이형에 불과한 것은 아닌가 하는 혐의로부터 완전히 자유롭지는 못하다. 그러한 의심을 불식시키기에는 이 책에 나타난 이론적 논의나 경험적 예시가 충분치 않기 때문이다. 그럼에도 다원적 근대성 개념은 이 책의 기본 좌표를 설정하고 있다는 점에서 여전한 중요성을 지닌다.

다음으로, 『근대의 사회적 상상』은 별로 전형적이지 않은 역사쓰기 위에 구축되어 있다. 그것은 말의 범박한 의미에서의 계보학적 탐구라고 할 만한데, 그러한 접근방식을 테일러는 『자아의 원천』에서 벌써 효과적으로 시도한 바 있다. 그는 현재의 역사적 두께를 의식하면서 그 속에서 작용하고 있는 과거의 요소들을 해명하고자 한다. 이때 그가 제기하는 질문은 '해석적'이라는 특징을 갖는다.

테일러에 따르면, 해석적 질문은 이른바 '통시적 인과성'(diachronic causation)을 발견하려는 '역사적 설명'(historical explanation)의 시도와는 거리가 멀다. 그것은 예컨대 어떤 사회경제적인 요인들이 작용해서 근대적 정체성을 발생시켰는가를 묻지 않는다. 대신 그것은, 현재의 시점에서 근대적 정체성이 지배적이라면 무엇이 사람들을 그리로 끌어당겼는가 하고 묻는다. 그 호소력은 무엇이었는가? 어떻게 해서 사람들은 그것을 그

---

* S. N. Eisenstadt, "Multiple Modernities", *Daedalus*, Vol. 129, No. 1 (Winter, 2000), pp. 1~29를 참조할 것.

토록 널리 받아들이게 되었는가? 이러한 질문들의 의도는 그 정체성의 핵심이 무엇인지를 명확히 이해하려는 데 있다.*

따라서 테일러의 역사쓰기는 가급적 완벽한 과거의 재구성이라든지 어떤 현상의 인과관계 규명을 겨냥하지 않는다. 그것은 현재 상황을 규정하고 있는 특정한 자기 이해(self-understanding) 형식으로부터 출발해 과거를 거슬러 올라간다. 이와 같은 계보의 추적은 그 형식에 내재하는 어떤 자원과 특성들을 재발견하기 위해 상당히 선별적으로 이루어진다는 측면에서 일반적인 역사쓰기와는 다르다.

계보학적 탐구의 대상이 다름 아닌 사회적 상상이라는 사실은 이 책을 특히나 흥미롭게 만드는 지점이다. 즉 테일러는 근대성을 자본주의 경제의 발전이나 도시화, 혹은 과학기술 혁명이라는 차원에서가 아니라 '도덕질서에 대한 사람들의 새로운 상상'이라는 차원에서 접근하고 있는 것이다. '도덕질서'는 『자아의 원천』에서 그가 연구 대상으로 삼았던 '정체성'과 마찬가지로 근대적 자기 이해의 한 가지 중요한 형식이다. 그리하여 그의 계보학은 근대인들이 어떻게 상호이익과 봉사, 개개인의 평등이라는 도덕질서를 상상하게 되었는지, 또 그러한 이해가 경제, 공론장, 인민주권과 같은 근대적 제도들을 어떻게 특징짓고 있는지를 재구성한다. 그 결과, 이 책은 단순한 사상사도, 제도사도 아닌 그 무엇이 되었다.

테일러는 사회적 상상 개념을 통해 관념과 실천, 제도가 서로를 규정하며 영향을 주고받는 양상을 역사적 구체성 속에서 분석한다. 딱히 그 개념을 쓰진 않았지만 비슷한 시각을 발전시켰던 『자아의 원천』에서, 그는 거기에 관념론적 편향은 없는가 하는 의구심에 대해 나름대로의 해명을 제

---

* Charles Taylor, *Sources of the Self: The Making of Modern Identity* (Cambridge: Harvard University Press, 1989), ch. 12를 참조할 것.

시한 적이 있다.* 하지만 그러한 자기변호적인 수준을 넘어 테일러가 모색하는 철학적 인간학의 한 층위를 드러낸다는 점에서도, 사회적 상상 개념은 따로 검토할 만한 가치가 있을 것이다.

＊　　＊　　＊

베네딕트 앤더슨(Benedict Anderson)의 유명한 저작 『상상의 공동체』 (Imagined Communities, 1983) 덕분에 상황이 조금 달라지긴 했지만, '상상'(imaginary, 즉 imaginaire)은 아직까지 영미권보다는 프랑스 학계에서 널리 쓰이는 개념이라고 할 수 있다.** 그런데 이 개념에 대한 명확하고 통일된 정의는 존재하지 않는다. 대부분의 학자들이 그것을 엄밀하게 정의하기보다는, "경험적으로 확증된 사실과 그것이 허용하는 논리적 연쇄를 넘쳐나는 표상들의 총체"***라든지 "이미지, 기억, 열정, 관념 모두"****를 포괄하는 느슨한 의미로 비교적 유연하게 쓰고 있는 상황이다.

상상 개념의 연장선 위에 있는 '사회적 상상'은 두 가지 가정과 관련된

---

* *Ibid.*

** 심성사 계열의 많은 프랑스 역사가들이 이 용어를 일상적으로 쓴다. 또한 철학의 루이 마랭 (Louis Marin), 정치학의 클로드 르포르(Claude Lefort), 코르넬리우스 카스토리아디스 (Cornelius Castoriadis), 인류학의 가스통 바슐라르(Gaston Bachelard), 질베르 뒤랑 (Gilbert Durand), 사회학의 피에르 앙사르(Pierre Ansart), 브로니슬라우 바스코(Bronisław Baczko), 미셸 마페졸리(Michel Maffesoli), 신화학의 장-자크 뷔낭베르제(Jean-Jacques Wunenberger) 등은 상상 개념을 자기 이론의 중심에 놓고 사유한 대표적인 학자들이다.

*** Evelyne Patlagean, "L'histoire de l'imaginaire", Jacques Le Goff dir., *La Nouvelle Histoire* (Paris: Editions Complexe, 1988), p. 307.

**** Mona Ozouf, "Présentation", in François Furet, *La Révolution en débat* (Paris: Gallimard, 1999), p. 12. Jacques Le Goff et al., *Histoire et Imaginaire* (Paris: Poiesis, 1986)를 참조할 것.

다. 하나는 특정한 집단, 계급, 때로는 사회 전체에서 나타나는 다양한 상상체들(관념, 담론, 이미지, 예술적 표상 등)이 어떤 공통점 내지 응집성을 지닌다는 것이다. 다른 하나는 이 상상체들이 사회적 실천의 중요한 구성요소라는 것이다.* 달리 말하면, 사회적 상상 개념은 집단적인 상상의 존재와 기능작용에 대한 성찰을 깔고 있다. 그리고 이러한 성찰의 전통은 멀리 플라톤, 마키아벨리, 파스칼, 스피노자라든지, 좀 더 가깝게는 마르크스, 베버, 뒤르켐 등으로부터 이어져 내려온 것이다.

물론 사상사적 흐름 안에서 사회적 상상이 개념화되고 이용되는 양상은 저자들의 문제의식에 따라 조금씩 다르다. '상상적인 것'의 수준에서 작동하는 권력을 비판하려는 관점이 있는가 하면 '집합적인 것'(le collectif)의 구성과정에서의 상징과 상상력의 개입을 강조하는 관점이 있고, 현존하지 않는 새로운 것을 창조하는 사회구성원들의 능력에 주목하는 관점도 있다. 어쨌거나 이들 시각에서 공통되게 드러나는 것은, 유물론적 환원론과 일정한 거리를 두면서 '관념적인 것'이 사회의 끊임없는 변전 속에서 수행하는 적극적인 역할을 부각시키려는 의지다. 그러한 맥락에서 '사회적 상상' 개념은 물질적 이해관계에 의해 결정되는 허위의식으로서의 '이데올로기'와는 명확한 차별성을 지닌다.**

테일러가 말하는 사회적 상상은 사람들이 자신의 총체적 상황을 어떻게 인식하는가와 관련된다. 이는 그들이 사회적 존재로서의 자기 자신과 자신의 실천, 그리고 사회 안에서 자신의 자리에 대해 갖는 관념이라고 할 수 있다. 그것은 불분명하고 구조화되어 있지 않으며 경계가 불확정적이

---

* Pierre Ansart, "L'imaginaire social", *Encyclopaedia Universalis, Les Enjeux-Symposium* (Paris, 1990), p. 1200.
** 그러니 사회적 상상의 관점에서 중요하게 여겨지는 마르크스는, 이를테면 "루이 보나파르트의 브뤼메르 18일"(1852)의 마르크스다.

라는 점에서 이론이 아닌 상상인데, 이를 테일러는 자기 이해, 또는 도덕질서(moral order)라고도 표현한다. 도덕질서라는 용어를 통해 그가 분석하는 사회적 상상의 무게중심은 사람들이 다른 이들과 서로 어울리고 일하고 생활하면서 그 방식과 결과에 대해 품게 되는 규범적인 기대, 믿음, 상(像)으로 옮겨간다.

그는 근대적인 도덕질서가 평등한 개인들 간의 상호이익, 상호존중과 봉사라는 원칙으로 특징지어진다고 본다. 이러한 사회적 상상은, 일정한 서열구조 내의 행위자들이 서로 보완적인 의존관계를 맺으며 공존한다는 식의 전근대적 도덕질서의 원칙과는 근본적으로 단절해 있다. 그리고 테일러의 논리를 따르자면, 서구 근대성의 핵심은 다름 아닌 이 상상의 질적 전환에 있는 것이다.

이러한 논의에는 명시적으로 드러나지 않은 몇 가지 가정이 있다. 이를테면, 사회적 상상의 단일성 내지 균질성, 장기 지속성, 포괄성 등이다. 그런데 이 가정들은 논리적으로 취약하며, 그에 대한 문제제기는 얼마든지 가능하다. 예컨대, 사회적 상상은 훨씬 더 다양하며 이질적인 원리들의 집합에 가깝지 않을까? 그것은 그렇게나 여러 세대에 걸쳐 존속하는 것일까? 사회구성원들 전체가 공유하는 상상이 과연 있을까? 이러한 질문들을 남겨둔 채, 테일러는 사회적 상상이 어떻게 발전하고 확산되는지의 문제만을 다룬다.

그에 따르면, 사회적 상상은 어떤 이론들로부터 비롯되기도 하고, 사람들의 실천상의 변화와 더불어 서서히 떠오르기도 한다. 이러한 전제 위에서 그는 다음과 같은 세 가지 축을 중심으로 사회적 상상의 발생과 운동을 개관한다. 첫째, 비교적 제한된 식자층 사이에서만 유통되던 정교한 이론으로부터 여러 사회계층 사이로 광범위하게 퍼져나가는 사회적 상상으로의 전환. 둘째, 한 영역에 머물러 있던 원리의 다양한 영역으로의 확산. 셋째, 사회를 '해석하는' 담론으로부터 실천지침들을 '처방하는' 담론으로의 확장.

  이 가운데 첫 번째 축과 세 번째 축은 각별히 흥미롭다. 우선 이론이 사회적 상상으로 진화하고 나아가 사회 변화의 기반이 된다는 발상은 '철학적 실천'에 대한 테일러 나름의 의미부여로 여겨진다. 어떤 이론들이 단순화된 형식 속에서일망정 사람들의 상상으로 자리 잡고 그 적용범위를 여러 분야로 확대시켜나감으로써 새로운 집단행동과 변화를 이끌어낸다면, 사회적 상상이란 결국 지식인 담론과 사회진보 사이의 매개항으로 설정되는 셈이다. 또한 테일러가 보기에, 사회적 상상은 점차 실천의 처방 규정들을 포함하기에 이른다. 새로운 도덕질서에 따라 사회 속에서 살아가려면, 우리는 그 질서의 정당성 원칙에 부합하는 행위 레퍼토리를 공동으로 가져야만 하는 것이다. 그러한 레퍼토리에 대한 일정한 합의가 존재하며 또 우리가 그 사실을 알고 있을 때, 사회적 상상과 실천, 그리고 사회 변화는 긴밀하게 맞물릴 수 있다.

*   *   *

  『근대의 사회적 상상』에서 테일러는 서구에서 17세기 이래 새로운 사회적 상상이 부상하는 과정과 그 결과에 초점을 맞추면서 근대성을 재조명한다. 그에 의하면, 상호이익(mutual benefit)이라는 근대의 도덕질서는 자연법 전통, 특히 그로티우스와 로크의 철학에 기원을 두고 있다. 그는 이 질서가 사회구성원들의 상상 속으로 점점 더 깊숙이 침투했던 지난 삼백여 년의 정치문화사에 '오랜 여정'(long march)이라는 이름을 붙이고는, 이를 인상적으로 스케치한다.

  그는 우선 근대의 도덕질서를 위계적 상보성(hierarchical complementarity)의 원칙으로 특징지어지는 전근대의 도덕질서와 대비시킨다. 전통 사회는 자유인과 노예, 왕족과 귀족과 서민, 성직자와 속인 등의 구분 위에 기초해 있었고, 이는 세상만물과 활동영역에 내재하는 위계서열의 반영으로 제시되었다. 사람들은 다른 이에 대한 인격적 종속과 의존관계를 매개로 해서만 전체 세상과 연결될 수 있었다. 그런데 근대에 들어 이러한 질서관은 신민을 복종시키려는 지배 세력의 기만이며 불평등한 권력관계를 정당화하는 허구라고 비판받기에 이른다. 근대 사회는 대신 수평적이고 비인격적인 평등성을 바탕으로 별다른 매개 없이 사회 전체와 '직접 접속'(direct access)하는 개인들의 연합을 상상한다.

테일러는 근대적 상상이 지니는 두 가지 상호 연관된 특성에 주의를 기울인다. 하나는 존재와 의미 사이의 본원적인 연관성을 거부한다는 것이고, 다른 하나는 세속적 시간 안에 구축된다는 것이다. 전근대적 상상에서의 위계서열은 사실 세계가 목적론적 의미를 갖는 형상들(Forms)의 발현이라는 발상과 연계되어 있었다. 그 구조 속의 인간은 세계의 유기적인 일부로서 나름의 의미를 확보할 수 있었다. 반면, 테일러가 보기에는, 근대인은 세계와 일체가 되기 위한 근거를 제공받지 못하며 이는 일종의 소외상태를 낳기에 이른다.

더욱이 근대의 도덕질서는 세속적 시간 위에 기초해 있다. 그것은 신, 우주, 존재의 '신화적인 시간'이나 아득한 옛날의 '고귀한 시대' 또는 '기원의 시간'에 어떤 공적인 준거도 두지 않는다. 이는 정치체가 갖는 정당성의 근원 또한 변화시켰다. 즉 전근대적 정치체의 정당성이 인간 행위를 초월해 있는 '신성한 시간'의 그 무엇으로부터 나온 것으로 여겨졌다면, 근대적 정치체의 정당성은 오로지 세속적 시간 안에서 이루어지는 사회 구성원들 공동의 창건행위로부터 나온다고 여겨진다.

이렇게 보자면, 근대의 사회적 상상은 이른바 서구의 지속적인 '탈주술화' 내지 '세속화' 경향과 떼려야 뗄 수 없는 관계를 맺고 있는 셈이다. 세속화는 '개인과 전체 세계', '신성한 시간과 사회'를 연결시키는 종교의 공식적인 역할이 쇠퇴하는 과정이다. 사회의 초월적 기반이 더 이상 존재하지 않는 상황에서 이제 중요한 것은 공동 행위(common action)이며, 그러한 행위의 수행 주체로서 등장한 인민, 민족이다. 물론 근대의 도덕질서로부터 이와 같은 시각만이 생겨난 것은 아니다. 신성성, 초월성이 사라져 자연적 과정이나 다를 바 없어진 사회적 삶은 객관화하는 시각 아래 놓이게 되었고, 그 구조와 법칙은 여러 사람들의 필요와 욕망, 목적을 충족시켜주는 수단으로서의 의의 때문에 과학적인 연구 대상이 되었다. 이렇듯 집단적 행위주체성과 객관화는 일정한 긴장관계 속에서 근대적인 사회 인식의 이중초점을 구성한다.

이 행위주체성과 객관화의 바탕에는 '정치적인 것'과 '정치 외적인 것'의 구분, 그리고 후자에 의한 전자의 통제라는 상상이 공통적으로 깔려 있다. 정치 외적인 것이란 정치 이외에 고유한 목적과 형식, 통일성을 갖는 삶의 다른 영역들을 가리킨다. 이 영역들은 그 나름의 조직 원리를 지니고 있으며, 총체적으로는 시민사회를 구성한다. 시민사회가 더 이상은 국가나 정치체와 동일시되지 않기에 이르렀으며, 나아가 그것을 제한하는 역할을 수행하게 된 것이다. 이러한 맥락에서 테일러는 그로티우스-로크 이론이 사회적 상상에 침투하고 그 안에서 변형된 결과로서 나타난 근대적 자기 이해의 세 가지 형식을 꼽는다. 그것은 각각 경제, 공론장, 그리고 주권을 가진 인민이다. 『근대의 사회적 상상』에서 테일러는 서로 얽혀 있는 이 형식들의 발전과정과 역사적 의미를 하나하나 되짚는다.

첫째, 테일러에 의하면, 17세기와 18세기에 걸쳐 인간의 활동영역에 위계가 있다는 기존 관념이 변화하면서 평범한 삶과 일상에 대한 긍정이 널리 퍼지게 되었다. 그가 『자아의 원천』에서 이미 상세히 논의한 바 있듯, 노동과 생산을 중시하고 결혼과 가족생활을 이상화하는 경향이 나타나는 것이다. 이는 소설이 부상하고 감정이 새롭게 중요해지는 변화와도 맥을 같이 한다.* 군사적 승리와 영광을 추구하는 귀족의 명예 윤리는 쇠퇴하는 반면, 상업과 경제 활동은 세련되고 평화로운 사회관계의 원천으로 높이 평가받기에 이른다. 이러한 사고방식의 변환은 근대적인 의미의 '경제적인 것'이라는 범주에 반영되었고, 18세기에 마침내 중상주의자들과 아담 스미스에 의해 정치경제학이 탄생한다.

경제학은 자연과 인간들 간의 상호교환에 초점을 맞추면서, 정치나 문화와 구분되는 나름의 법칙을 가지는 하나의 영역으로 경제를 범주화했다. 게다가 이 학문은 경제에 대한 완전히 새로운 관념을 동반했다. 즉 상호 연계된 생산과 교환, 소비와 같은 행위들이 고유한 역학을 갖는 자기규제적 체계(self-regulating system)를 이룬다는 것이다.

테일러가 보기에, 이는 단순히 과학적인 발견이 아닌, 복합적인 의미를 지니는 문제다. 경제는 정치 외적인 방식으로 조직된 사회의 한 형식이다. 그것은 인간 존재의 경제적 차원에 더 높은 가치를 부여하는 '일상생활의 긍정'에 바탕을 둔다. 이제 우리는 경제적인 교환과 협력을 사회생활의 가장 중요한 목적이자 의제로 인식하며, 다른 사람들과 비인격적이고 계약적인 상호작용을 수행한다. 경제는 원칙상 그 자체로 자족적인 공존과 조화의 영역으로 받아들여지는 것이다.

둘째, 공론장은 사회구성원들이 서로 의견을 교환하고 공론을 형성하는 공동의 토론 공간을 가리킨다. 그것은 특정한 물리적 장소에 구속받지 않는 공간이기도 하다. 발전 초창기에는 책과 신문·잡지, 이후에는 라디오, 텔레비전, 인터넷 등의 다양한 미디어가 사람들을 매개하며 공론장의

---

* C. Taylor, *Sources of the Self: The Making of Modern Identity*, 3부 참조.

기반을 제공해왔기 때문이다. 그런데 테일러는 18세기에 이상적으로 구현되었던 이 근대적 공간이, 예컨대 고대 그리스의 아고라(agora) 같은 정치적 장과는 질적으로 다르다는 점을 지적한다. 그에 따르면, 새로운 공론장의 독창성은 그것이 권력의 외부에 있으면서 권력에 정당성을 부여하는 이성의 담론을 생산한다는 데 있다. 즉 공론장은 장소 초월적인 동시에 정치 외적인 공간인 것이다.

그것은 또 인민이 공동 행위를 통해 스스로를 구성하는 지속적인 행위 주체성(agency)의 공통 공간이기도 하다. 이전에 인민이 자신의 행위를 넘어서 있는 무엇인가(신, 존재의 대사슬 등등)에 의해 구성된 것으로 여겨졌던 사실과 비교해본다면, 이는 전례 없는 혁신이었다. 이러한 맥락에서 테일러는 공론장이 완전히 범속한 시간 안에서 작동하는 세속적 공간이라는 점을 강조한다.

셋째, 인민이 주권을 가진 집단적 행위주체이며 어떤 정치체의 정당성을 보장하는 근원이라는 인식은 영국과 미국, 그리고 프랑스에서의 혁명을 계기로 제도화된다. 테일러에 의하면, 혁명 전후에는 인민 주권의 상상이 집합 행동, 그리고 초기 헌정(ancient constitution)의 신화에 준거해 있었다. 집합 행동(혹은 공동 행위)은 정치체에 선행하는 기초로 간주되는 인민이 스스로를 드러내는 방식이다. 또 초기 헌정의 신화란 아주 오랜 옛날부터 왕 옆에는 의회의 자리가 있었고 신민들의 정치적인 권리가 있었다는 관념을 말한다. 이 관념으로부터 나온 주체의식이 영국의 시민혁명을 정당화했고 식민지인들을 미국 독립전쟁으로 이끌었다.

한데 테일러는 영국내란과 미국 혁명이 새로운 정당성 원리에 적절한 표현을 익숙한 행위 레퍼토리와 제도 속에서 찾을 수 있었던 반면, 프랑스 혁명은 그 과제를 제대로 풀지 못했다고 주장한다. 즉 영국내란과 미국 혁명이 종교적, 역사적 연속성을 유지하면서 대의제 중심으로 강력한 합의의 틀을 마련한 데 반해, 프랑스 혁명은 가톨릭 교회와 왕정에 대한 급진적인 단절을 감행하면서도 무엇 위에 새로운 인간과 사회를 정초할 수 있는지는 의문 상태로 남겨두었다는 것이다.*

테일러에 의하면, 프랑스 혁명의 지도자들에게 영감을 주었던 루소의 이론은 대의제를 의문시하고 투명성을 강조하는 한편, 소수의 덕성 있는 자들에 의한 일반의지의 '체현'이라는 논리로 이어졌다. 거기에 프랑스의 전통적인 민중 봉기문화가 맞물리면서 제도화의 난점을 강화시켰다. 혁명의 과잉, 특히 공포정치는 이러한 맥락에서 불거진 사건이었다. 프랑스 혁명은 민주적인 선거에 인민의지의 표현으로서의 의미를 부여하는 새로운 사회적 상상이 정착하면서야 비로소 종착점에 다다를 수 있었다.

테일러는 이처럼 근대의 도덕질서가 경제, 공론장, 주권을 가진 인민이라는 구체적인 형식들 속에서 어떻게 구현되었는지를 보여준다. 덧붙여 그는 인권 관념의 성장 역시 간단히 언급한다. 그에 따르면, 인민의 자유와 행위주체성을 강조하는 근대적 상상은 개인 권리를 확대하고 강화하는 방향으로의 사회 발전을 촉진시켰다는 것이다. 결국 근대의 도덕질서는 우리가 지금 누리고 있는 자율성의 원초적인 지반을 이루고 있는 셈이다.

*   *   *

『근대의 사회적 상상』은 서구 근대성의 과거에 대한 단순한 해설에 머물지 않는다. 거기에는 지극히 현재성을 띠는 쟁점들에 대한 테일러 특유의 어떤 시각 내지 입장이 있다. 이 글을 맺으며, 그 중에 눈에 띄는 두 가

---

* F. Furet, *La Révolution en débat*, pp. 74~75를 참조할 것.

지, 즉 민주주의와 종교 문제만을 지적해두기로 하자.

먼저 테일러는 인민 주권의 상상과 서구사회 정치혁명들의 역사적 현실을 논의하면서 민주주의 체제가 직면하게 되는 '제한 없는 민주화'라는 문제를 성찰한다. 이는 주로 프랑스 혁명과 관련된 쟁점들에 대한 해석을 통해 드러난다. 이때 그의 시각은 철학적으로는 헤겔, 역사학적으로는 퓌레에 크게 기대고 있는 것으로 보인다. 헤겔은 생애의 대부분을 프랑스 혁명기에 살았으며, 그 사건의 역사적 의미를 자기 사유의 중심에 놓고 고민했던 철학자다. 또 퓌레는 프랑스 혁명사를 당시 행위자들 자신의 경험과 개념으로부터 문제화하고 그 정치적, 이데올로기적 차원의 중요성을 새롭게 부각시켰던 역사가다. 이를 감안하면, 누구보다도 헤겔 사상에 정통한 동시에 언제나 속류 마르크스주의의 경제적 환원론을 비판해 마지않았던 테일러가 이들과 관점을 같이하는 것은 자연스러운 일일 것이다.

테일러는 "프랑스 혁명을 통해 나타났지만 프랑스 혁명에 의해서는 해결되지 않은 문제가 바로 자유의 정치적 실현"*이라는 헤겔의 인식을 온전히 공유한다. 나아가 그는 프랑스 혁명이 확고하고 지속적인 법적, 정치적 질서를 확립할 수 없었다는 헤겔과 퓌레의 근본적인 통찰에 동의한다. 이 대목에서 이른바 '1789년인가 1793년인가', '혁명을 끝낼 것인가 계속할 것인가', 또는 '정치의 새로운 정당성 관념을 안정적인 제도 안에 정박시킬 것인가, 아니면 1793년의 이름으로 1789년의 개인주의적 자유주의를 부정하고 지양할 것인가' 하는 문제가 논쟁적인 해석 대상으로 떠오른다.

그런데 테일러는 1789년은 그저 구체제를 종식시켰을 따름이고, 1793년의 공포정치야말로 인민의 힘이며 역사의 단절이자 미래의 약속이라고

---

* 요하임 리터, 『헤겔과 프랑스 혁명』[김재현 옮김, 한울, 1983], p. 28.

는 평가하지 않는다. 그는 오히려 공포정치를 프랑스 혁명의 '일탈'로 여기며, 이후의 볼셰비즘과 더불어, 스스로 옳다는 확신에 찬 소수의 '일반의지' 구현자들이 수행하는 전위정치(vanguard politics)의 위험성을 드러낸다고 지적한다. 이렇게 해서 그는 헤겔, 토크빌, 아렌트, 퓌레 등 프랑스 혁명에 대한 '보수적 해석'의 계보에 나란히 놓이게 된다. 이 계보의 몇몇 다른 논자들처럼, 그는 일종의 '자코뱅－볼셰비키 전통'을 말하면서 이를 민주주의와 대립하는 전체주의의 틀 안에서 이해한다.*

테일러는 프랑스 혁명, 그리고 루소주의와 연계된 공포정치 속에서 '절대적 자유'와 '보편적이고 전면적인 참여'에 대한 열망을 간파한다. 이러한 열망은, 여러 이익의 촉진과 조정을 위한 도구에 지나지 않으며 정신적인 것을 표현하지 않는 공리주의적 사회관에 대한 깊은 불신과 불만의 산물이다. 그런데 테일러가 보기에 절대적 자유는 그것만으로는 공허하며, 보편적이고 전면적인 참여란 현실적으로 불가능하다. 그에 대한 열망은 정체성의 거점을 제시하지 않으며 이념의 분화를 무시하고 사회구성원들의 동질화를 강화함으로써 문제를 악화시킬 수밖에 없다.** 이와 같은 입장은, 예컨대 인민 주권의 진정한 실현을 위해 공포정치의 현재적 의의에 주목하는 슬라보예 지젝(Slavoj Žižek) 식의 급진적 입장과는 분명하게 갈라진다.***

---

* 사실 아렌트가 지적하듯이, 공포정치와 볼셰비즘 간에는 역사적 연계성 못지않게 중요한 차이점들 또한 존재한다. 한나 아렌트, 『혁명론』[홍원표 옮김, 서울: 한길사, 2004], pp. 186~187. 한편 테일러는, "자코뱅－볼셰비키 전통"이 ('일반의지'라는) 미리 존재하는 기준과 체제의 결과를 비교해 민주주의를 평가한다는 점에서 개인들의 이익이라는 기준을 들이대는 객관적 이익(objective interest)의 관점과 유사성을 지닌다고 지적한다. C. Taylor, "Liberal Politics and the Public Sphere", pp. 274~277.

** 찰스 테일러, 『헤겔철학과 현대의 위기』, pp. 189~191.

*** 지젝은 혁명적 공포가 가져왔던 개탄스러운 과거 때문에 공포정치라는 발상 자체를 부정하지 말라고, "현실로 나타났던 공포에서 벗어나 실제 내용만을 회복할 목적으로" 오늘날

아무리 그렇다 하더라도 두 입장이 일정한 문제의식을 공유하고 있다는 점을 놓쳐서는 안 된다. 그것은 다름 아니라 현재 작동 중인 민주주의가 선거라는 절차로 환원되고 대의제의 논리로 한계지어지는 데 대한 우려다.* 테일러는 민주주의의 핵심이 절차주의적 자유주의라든지 객관적인 성과 산출에 있다고 보지 않는다. 대신 그는 정당체제와 함께 균형을 이루며 공생할 수 있는 다양한 사회운동, 그리고 사회 내의 여러 이질적인 집단과 공동체가 서로의 차이와 자발적인 선택을 인정하면서도 끊임없는 소통을 통해 의미지평을 공유하는 정치생활의 중요성을 강조한다.

그것은 모두 새로운 공공의제가 계속 논의되고 정책으로 발전할 수 있도록 제도화된 정치의 경계를 열어놓는다. 이는 또 실질적인 공동 목표를 창출하는 바탕이 된다. 성공적인 공동 행동은 개인들에게 권능감을 가져다주며 정치공동체와의 일체감을 강화한다. 테일러에 의하면, 이는 특히 시장과 관료제 국가에 깔려 있는 원자화, 도구화, 파편화의 경향에 맞설 수 있는 유일하게 효과적인 힘이다. 즉 민주주의는 끝없는 과정으로서의

에도 공포는 되풀이될 수 있으며 또 그렇게 되어야 한다고 주장한다. 이는 물론 민주주의를 급진적으로 실현하는 방식이다. 지금의 현실 민주주의가 의존하는 논리, 곧 국가가 다수의 이해관계를 대의하고 타협을 중재한다는 대표성의 논리가, 지젝이 보기에는 "본질적인 폭력"에 불과하기 때문이다. 그의 기본적인 관심은 어떻게 '폭력적인 민주주의의 충동'이 '규제된 절차로서의 민주주의'에 함몰되지 않도록 예방하고 제도화할 것인지에 있다. 진정한 민주적 폭발이란 기존 사회 공간의 위계적인 통치질서를 재구성하는 것이다. 지젝은 그 폭발을 어떻게 적극적인 통치질서로 전환하고 그 안에 새겨 넣을 것인지 사유하기 위해서 우리가 공포정치를 새롭게 평가해야만 한다고 본다. 슬라보예 지젝, 「로베스피에르, 혹은 공포라는 '신성한 폭력'」, 『로베스피에르: 덕치와 공포정치』[배기현 옮김, 프레시안북, 2009], pp. 11~62.

* 이러한 우려는 사실 그 연원이 오랜 것이다. 이를테면, 헤겔 역시 선거권의 정치적 의미를 인정하면서도, 개별자와 국가 간에 공동체적 질서라는 매개는 소멸되고 양자의 관계가 선거라는 정치행위로 한정될 때 생겨나는 난점들을 환기시킨 바 있다. 요하임 리터, 『헤겔과 프랑스 혁명』, p. 133.

운동의 정치, 민주적 의지 형성의 정치라는 것이다. 그리하여 테일러는 진정한 자유사회라면 이탈리아 적군파가 내세웠던 혁명운동의 구호인 '투쟁은 계속된다'를 자기표지로 받아들일 수 있어야만 한다고 주장한다.*

그렇다면 개인주의와 도구적 이성의 지배가 심화되는 상황에서 운동의 정치는 어떻게 가능하며 또 지속될 수 있을까? 흥미롭게도 테일러는 이 질문에 대한 대답의 일단을 종교 문제와 관련지어 암시한다. 그에 따르면, 근대 서구사회의 탈주술화 내지 세속화 과정 이후 종교의 위상은 분명히 변화했다. 예를 들어, 신이나 종교는 더 이상 사회의 행위 초월적인 토대를 제공하지 않는다. 또한 모든 사회적 행위는 범속한 시간 속에서 이루어진다. 우리는 이제 특별한 시간, 장소, 사람에서 '신성성'을 경험하지 않는다. 하지만 이것이 종교의 종말이나 의미상실을 뜻하는 것은 아니다. 근대 이후에도 종교는 사적인 영역이나 공적인 영역에서 중요한 자원으로 남아 있기 때문이다.

테일러가 보기에, 아직까지도 종교는 수많은 개인과 집단들의 정치적 정체성을 구성하는 중심 요소 가운데 하나다. 또 이전과는 다른 차원에서의 '종교적인 것'이 우리 문명에서 작동하고 있다. 모든 사람에 대한 박애, 세계적 차원의 평등한 자원배분에 대한 요구, 다음 세대에 대한 배려 등이 그 몇 가지 예다. 그것은 공동의 연대감을 만들어내며 운동의 정치를 효율적으로 뒷받침한다. 집단행동은 사적인 이해관계로부터 나오기도 하지만, 때로는 그 이상의 의미지평을 요구하기 때문이다. 이러한 시각에서 본다면 종교란 집단적 행위주체성으로서 근대 사회의 자기 이해를 실현

---

* 찰스 테일러, 『불안한 현대 사회』, p. 103과 149; C. Taylor, "Liberal Politics and the Public Sphere", p. 286.

하게 해주는 발판이기도 하다. 그러나 그것의 역할이, 미국이나 이슬람의 근본주의 정치 세력의 행태에서 잘 드러나듯, 반드시 긍정적인 결과만을 낳는 것은 아니다. 종교 역시 근대성의 다면적이고 복합적인 양상들이 빚어내는 긴장으로부터 결코 자유롭지 못한 셈이다. 『근대의 사회적 상상』에서 이 까다로운 문제에 대한 논의를 더 진전시키지 않은 채, 테일러는 그 과제를 『세속의 시대』로 미뤄놓는다.

*   *   *

『근대의 사회적 상상』에서 테일러는 서구 사회가 약 400년에 걸쳐 겪어온 근대성이라는 이름의 정치적·문화적 변화와 그 상상적 기반을 명민하게 재구성하고 있다. 이 충실하지도, 풍부하지도 못한 옮긴이의 글이 행여 이 책의 매력적이고 독창적인 논의를 너무 단순화시켜버리지나 않았는지 걱정이 앞선다. 아무리 신나는 파티라도 초대장은 대개 재미없는 법이니, 독자들의 너그러운 양해를 부탁드린다. 이 흥미진진한 책이 우리말로도 널리 읽혀 한국 사회의 근대성을 바라보는 새로운 관심과 시각을 자극할 수 있다면, 옮긴이로서는 그 이상의 보람이 없을 것이다.